A TEORIA
DO CONHECIMENTO

A TEORIA DO CONHECIMENTO

UMA INTRODUÇÃO TEMÁTICA

Paul K. Moser
Dwayne H. Mulder
J. D. Trout

Tradução
MARCELO BRANDÃO CIPOLLA

wmf **martinsfontes**

SÃO PAULO 2011

Esta obra foi publicada originalmente em inglês, em 1997, com o título
THE THEORY OF KNOWLEDGE: A THEMATIC INTRODUCTION,
por Oxford University Press, N.Y.
Copyright © 1997 by Paul K. Moser, Dwayne H. Mulder and J. D. Trout.
Esta tradução foi publicada por acordo com Oxford University Press Inc.
Copyright © 2004, Livraria Martins Fontes Editora Ltda.,
São Paulo, para a presente edição.

1ª edição 2004
2ª edição 2009
2ª tiragem 2011

Tradução
MARCELO BRANDÃO CIPOLLA

Acompanhamento editorial
Luzia Aparecida dos Santos
Revisões gráficas
Adriana Cristina Bairrada
Mauro de Barros
Dinarte Zorzanelli da Silva
Produção gráfica
Geraldo Alves
Paginação/Fotolitos
Studio 3 Desenvolvimento Editorial

Dados Internacionais de Catalogação na Publicação (CIP)
(Câmara Brasileira do Livro, SP, Brasil)

Moser, Paul K.
A teoria do conhecimento : uma introdução temática / Paul K. Moser, Dwayne H. Mulder, J. D. Trout ; tradução Marcelo Brandão Cipolla. – 2ª ed. – São Paulo : Editora WMF Martins Fontes, 2009.

Título original: The theory of knowledge : a thematic introduction
Bibliografia.
ISBN 978-85-7827-012-4

1. Conhecimento – Teoria I. Mulder, Dwayne H. II. Trout, J. D. III. Título. IV. Série.

08-10721   CDD-121

Índices para catálogo sistemático:
1. Teoria do conhecimento : Epistemologia : Filosofia   121

Todos os direitos desta edição reservados à
Editora WMF Martins Fontes Ltda.
Rua Prof. Laerte Ramos de Carvalho, 133 01325.030 São Paulo SP Brasil
Tel. (11) 3293.8150 Fax (11) 3101.1042
e-mail: info@wmfmartinsfontes.com.br http://www.wmfmartinsfontes.com.br

ÍNDICE

Prefácio IX

CAPÍTULO 1 | **A epistemologia: um primeiro exame** 3
    Por que estudar o conhecimento? 4
    Algumas dúvidas sobre o conhecimento 7
    A definição tradicional de conhecimento 17
    Conhecimento e experiência 20
    As intuições e a teoria 25

CAPÍTULO 2 | **Uma explicação do conhecimento** 27
    O campo da epistemologia 28
    O conceito de conhecimento 30
    Epistemologia, naturalismo e pragmatismo 33
    O valor na epistemologia 41

CAPÍTULO 3 | **A crença** 47
    As crenças e os estados de representação 48
    As crenças e a atribuição de crenças 52
    Acaso as crenças são transparentes? 54
    As crenças e os ideais teóricos 57
    O eliminativismo e suas previsões 61

CAPÍTULO 4 | **A verdade** 67
    O relativismo 69
    A verdade e a correspondência 73
    A verdade e a coerência 77
    A verdade e o valor pragmático 80
    Espécies e noções de verdade 81

CAPÍTULO 5 | **A justificação e além** 85
    A justificação, a verdade e a anulabilidade 85
    A justificação pela inferência e o problema da regressão 87
        O problema da regressão 88
        O infinitismo epistêmico 89
        O coerentismo epistêmico 91
        O fundacionalismo e o confiabilismo epistêmicos 95
        O contextualismo epistêmico 103
    Complemento à justificação: O problema de Gettier 105

CAPÍTULO 6 | **As fontes do conhecimento** 111
    O racionalismo, o empirismo e o inatismo 111
    O empirismo, o positivismo e a subdeterminação . 116
    Intuições e relatos em primeira pessoa 121
    A memória 123
    A unificação teórica 125
    O testemunho e a dependência social 128

CAPÍTULO 7 | **A racionalidade** 135
    Distinções preliminares 135
    A inferência racional: normativa e descritiva 139
    A coerência e as crenças extraviadas 145
    A racionalidade e as decisões tomadas em estado de incerteza 148
        A falácia da taxa-base 151
        O desvio por disponibilidade 152
        O desvio por confirmação 154

    O juízo feito em estado de incerteza e as exigências ativas 155
    Considerações integradoras sobre a racionalidade . 161

CAPÍTULO 8 | **O ceticismo** 163
    Algumas espécies de ceticismo 163
    Alguns argumentos do ceticismo 166
    Uma resposta do senso comum 171
    O ceticismo, o naturalismo e o explicacionismo amplo 175

CAPÍTULO 9 | **A epistemologia e a explicação** 181
    As origens da epistemologia contemporânea 181
    A autoridade suprema em matéria de epistemologia 186
    A explicação e o conhecimento 189
      O conhecimento explicativo 190
      A inferência da melhor explicação 194
    Os explicadores, a compreensão e a autoridade epistemológica 200

Glossário 205
Bibliografia 213
Para saber mais 219
Índice remissivo 227

PREFÁCIO

Este livro é uma introdução temática à teoria do conhecimento, ou epistemologia. Muito embora refira-se com freqüência aos grandes vultos da história da epistemologia, não representa de modo algum uma introdução histórica ao tema. Trata principalmente dos desenvolvimentos substanciais ocorridos durante o século XX e apresenta os temas representativos que mais se destacam na moderna teoria do conhecimento.

É muito natural que os filósofos se deixem arrebatar pelas disputas detalhadas e pelos argumentos sutis de seus campos de atividade. Pelo menos sob este aspecto, os epistemólogos são semelhantes a eles. Por isso, muitos livros introdutórios escritos com a melhor das intenções acabam por revelar-se incompreensíveis para os estudantes que começam a aventurar-se nesse campo. Com uma abnegação às vezes espartana, tentamos resistir à tentação filosófica de nos perdermos nos detalhes e sutilezas menos essenciais. Se esta abordagem introdutória não agradar a alguns especialistas mais arrebatados, esperamos que tal desagrado seja compensado pela reação de seus alunos.

Este livro é o fruto uniforme de um trabalho conjunto, muito embora tenha sido escrito por três filósofos que esposam diferentes teorias epistemológicas e têm idéias diferentes sobre o ensino da epistemologia. Todas as páginas, sem exceção, foram revistas pelos três autores. Na verdade, essa diversidade filosófica representou para nós uma nítida vantagem. A limitada gama de temas a respeito dos quais concordávamos só permitiu que o livro apresentasse questões e posições gerais, fazendo descortinar-se assim um panorama da epistemologia que a maioria dos professores e estudantes há de considerar acessível e imparcial.

Posto que inegavelmente introdutório, este livro não tem a pretensão de ser perfeitamente neutro em todos os assuntos. (Não temos sequer a certeza de que a epistemologia *possa* ser neutra em todos os assuntos.) O tratamento temático do campo aqui apresentado reflete nossos juízos comuns acerca de quais são as questões mais importantes, mas contém também duas posições unificantes modestas mas positivas. A primeira é a afirmação de que a verdade é uma espécie de correspondência, independentemente de qual seja a teoria da justificação adotada. A segunda posição unificante é o papel central que atribuímos à explicação – posição às vezes chamada de explicacionismo – para a avaliação da justificação, tanto filosófica quanto científica. Nosso explicacionismo é motivado pelo antigo problema da relação entre as intuições e a teoria na epistemologia.

Uma das lições gerais que se tiram do livro é a idéia de que a epistemologia vai muito bem, obrigado, e que foi fortalecida pela recente interação com as ciências cognitivas, com a teoria das decisões e com os estudos transculturais. Não temos a menor dúvida de que a epistemologia vai continuar a florescer. Agradecemos ao departamento editorial da Oxford University Press pela excelente assistência que nos prestou.

Maio de 1997
Chicago, Illinois

P.K.M.
D.H.M.
J.D.T.

A TEORIA DO CONHECIMENTO

CAPÍTULO 1

A EPISTEMOLOGIA: UM PRIMEIRO EXAME

Este livro é uma introdução ao estudo filosófico do conhecimento. Trata, entre outros, dos seguintes tópicos: em que consiste o conhecimento, como adquirimos o conhecimento, como se distingue o conhecimento da "simples opinião", como dependemos das outras pessoas para obter o conhecimento e como o ceticismo põe em xeque os pressupostos mais comuns acerca do conhecimento. Mas por que é necessário que haja um estudo filosófico do conhecimento? *Talvez* fosse melhor levar a cabo investigações que fizessem aumentar o nosso conhecimento dos mundos subjetivo e objetivo, em vez de nos preocuparmos com o que é o conhecimento em si mesmo. De qualquer modo, qual é a finalidade do estudo filosófico do conhecimento? Que motivo teria alguém para se interessar pela definição das condições, das fontes ou dos limites do conhecimento?

A vida é breve e ninguém quer desperdiçar o seu precioso tempo em debates intermináveis sobre assuntos insignificantes. Como estamos dedicando nosso tempo e nossa energia à teoria do conhecimento, temos o dever de explicar o valor deste ramo tradicional da filosofia. É esse o objetivo deste capítulo e do próximo.

POR QUE ESTUDAR O CONHECIMENTO?

É comum que as pessoas sublinhem a importância de ter conhecimento, ou pelo menos do poder que dele resulta. É assim que, no decorrer de toda a nossa vida, nós nos propomos o objetivo de adquirir conhecimento. Às vezes buscamos o conhecimento pela simples razão de que gostamos de aprender. Às vezes somos exteriormente pressionados a adquirir conhecimento; ocorre até mesmo, de vez em quando, de nos sentirmos como simples receptáculos dentro dos quais os outros despejam continuamente montes de informação. Temos o dever de conhecer o teorema de Pitágoras, de saber o que é um modificador pendente, de conhecer vários fatos da história do mundo, a teoria cinética do calor, a teoria atômica da matéria e assim por diante.

Muitos conhecimentos nos são transmitidos na escola, no trabalho e em casa. Há muitas coisas em que acreditamos, e que até conhecemos, com base na autoridade de outros. Não obstante, adquirimos alguns conhecimentos por nós mesmos, independentemente do testemunho alheio. A experiência pode ter nos ensinado, por exemplo, qual o melhor caminho para chegar do trabalho até em casa, e muita gente conhece por experiência pessoal qual é a sensação de uma dor de cabeça. Quer o conhecimento seja transmitido por outra pessoa, quer seja adquirido diretamente, atribuímos um valor à sua *posse*: esse valor inclui, por exemplo, o valor que tem para nos fazer passar nos exames, o valor que tem para nos ajudar a chegar em casa, o valor que decorre do interesse que tem para nós e até mesmo o seu valor intrínseco.

Como o conhecimento tem valor para nós, podemos e muitas vezes temos até o dever de adotar uma postura crítica perante a sua aquisição. Sem deixar de lado a sensatez, devemos assumir a máxima responsabilidade pelas nossas crenças e, por conseguinte, avaliar cuidadosamente os testemunhos das outras pessoas sempre que possível. Exceto quando se trata de informações incompreensíveis, temos o costume de tomar as crenças que aceitamos inicialmente só por ouvir dizer e corroborá-las através de crenças aceitas com base em nossa própria percepção e raciocínio.

Quando recebemos uma informação de outra pessoa, freqüentemente perguntamos: "Acaso esta pessoa realmente tem condições de *saber* o que está falando?" É evidente que a maioria das pessoas já foi capaz de detectar alguns erros em sua educação. Às vezes, por exemplo, ainda ouvimos, mesmo de professores, a falsa alegação de que, antes de Colombo, todos pensavam que a Terra era plana. Podemos afirmar com certa segurança que não há erro em boa parte das informações que ouvimos das fontes de autoridade. Os erros que ocasionalmente percebemos, porém, nos movem naturalmente a perguntar como saber se as informações obtidas pelo testemunho de outras pessoas são corretas. Esses erros nos levam também a querer saber por nós mesmos qual testemunho aceitar e qual rejeitar. Esta última pergunta não tem uma resposta simples.

Esse questionamento das fontes de informação revela uma necessidade de elucidação das condições que definem o conhecimento. Para nos perguntarmos se certas pessoas realmente *sabem* o que dizem, temos de saber o que é necessário em geral para saber alguma coisa, e não para meramente crer que se sabe. Tipicamente, os filósofos investigam a natureza do conhecimento *em geral* e se perguntam o que é necessário para que uma pessoa realmente saiba que algo é verdadeiro e não falso. A teoria do conhecimento busca lançar luz sobre essas questões gerais acerca do conhecimento.

O valor do estudo filosófico do conhecimento deriva, em parte, do valor que tem a própria posse do conhecimento. De diversas maneiras, a posse de várias espécies de conhecimento é preciosa, e é ruim estar enganado acerca de assuntos importantes. Conseqüentemente, tentamos adquirir conhecimentos verdadeiros e evitar crer em relatos falsos, pelo menos no que diz respeito a assuntos significativos, como a saúde e a felicidade. É assim que cada qual se vê diante da tarefa de separar a imensa quantidade de informações com que se defronta todos os dias a fim de aceitar o verdadeiro e rejeitar o falso. Sob este aspecto, a vida intelectual e a vida prática são excepcionalmente complexas.

Dada a importância da aquisição de informações corretas e de evitar as crenças falsas, precisamos de algumas diretrizes que nos permitam distinguir a verdade do erro. Os filósofos estudiosos do conhecimento procuram identificar essas diretrizes e formulá-las de maneira geral. Uma das diretrizes mais elementares poderia afirmar que nossa confiança numa dada fonte de informação deve variar imensamente de acordo com o número de vezes em que constatamos que ela estava errada. Quanto mais erros encontrarmos num determinado jornal, por exemplo, tanto menos devemos confiar nas novas reportagens publicadas nesse jornal. Nosso objetivo primeiro é encontrar a verdade (as verdades importantes) sem cair em erro. Para buscar judiciosamente a verdade, porém, precisamos de princípios que nos indiquem quando devemos aceitar algo como verdadeiro.

Os filósofos chamam a teoria do conhecimento de "epistemologia" – dos antigos termos gregos "episteme" (conhecimento) e "logos" (teoria ou explicação). Em sua caracterização mais ampla, a epistemologia é o estudo filosófico da natureza, das fontes e dos limites do conhecimento. O adjetivo "epistemológico" se aplica a tudo quanto envolva tal estudo do conhecimento; significa "relativo à teoria do conhecimento". O adjetivo "epistêmico" é próximo dele e significa "relativo ao conhecimento". É claro que o conhecimento não é idêntico a uma *teoria* do conhecimento, assim como a mente não é idêntica a uma teoria da mente, ou seja, a uma psicologia.

A reflexão filosófica sobre as condições e as fontes do conhecimento remonta pelo menos aos antigos filósofos gregos Platão (c. 427-c. 347 a.C.) e Aristóteles (384-322 a.C.). O *Teeteto* de Platão e os *Segundos analíticos* de Aristóteles, mais do que quaisquer outros escritos, prepararam o caminho para a epistemologia, na medida em que delimitaram o conceito e a estrutura do conhecimento humano. No *Teeteto*, por exemplo, vemos Sócrates, a figura central dos escritos de Platão, a discutir com alguns amigos sobre como certos mestres reputados conheciam as coisas nas quais se distinguiam como especialistas. Os amigos lhe perguntam qual é a característica geral que distingue aqueles que realmente sabem, como os mestres, daqueles que ainda não sabem mas estão em vias de adquirir o conhecimento. Essas obras antigas ainda influenciam, direta e indiretamente, boa parte das indagações filosóficas acerca do conhecimento humano.

A epistemologia não existe somente na tradição filosófica ocidental. A filosofia indiana (hindu), por exemplo, trata extensivamente de questões de lógica e epistemologia semelhantes a muitos dos tópicos tratados pela filosofia européia e americana clássica e contemporânea. Os filósofos indianos dedicaram uma atenção considerável ao problema de como reunir e avaliar dados indicativos aos problemas do conhecimento perceptivo e ao papel do raciocínio no conhecimento, entre muitas outras coisas. Perguntas fundamentais a respeito da natureza do conhecimento tendem a surgir em praticamente todas as culturas. Afinal de contas, todas as pessoas têm algo a ganhar com distinguir a verdade do erro, a sabedoria da nescidade e o caminho do conhecimento do caminho da ignorância.

As diversas culturas podem lidar de maneira diversa com as questões filosóficas acerca do conhecimento. Algumas culturas, por exemplo, salientam a natureza social do conhecimento e sublinham a importância das autoridades científicas ou religiosas, dos eruditos, dos comandantes políticos e militares ou de outras pessoas como fontes de conhecimento. Outras culturas encaram o indivíduo como uma figura solitária que passa por uma peneira todos os dados a que tem acesso (quer pelo testemunho de outros, quer pela experiência direta) e decide quais deve aceitar e quais deve rejeitar. Alguns críticos das tradições filosóficas ocidentais acusaram-nas de atribuir demasiada importância ao indivíduo como um conhecedor solitário. Essa acusação fez com que, em épocas recentes, se desse uma atenção cada vez maior aos aspectos sociais do conhecimento, tema a ser discutido no Capítulo 6. Se houve nesse ponto um desequilíbrio na história da epistemologia ocidental, ele provavelmente será corrigido em certa medida pela epistemologia contemporânea, que reúne contribuições vindas de meios intelectuais e culturais diversos. A epistemologia recente recebeu também importantes contribuições de filósofas feministas. Nas seções seguintes, voltaremos a falar desses desenvolvimentos recentes da epistemologia.

ALGUMAS DÚVIDAS SOBRE O CONHECIMENTO

Além de definir as condições e as fontes de conhecimento, os epistemólogos discutem a *medida* do conhecimento humano. Perguntam-se até onde esse conhecimento pode chegar. As duas posições extremas seriam as seguintes:

1. Os seres humanos podem conhecer, pelo menos em princípio, todas as verdades sobre a realidade.

2. Os seres humanos não podem conhecer nada (ou pelo menos não conhecem na prática).

Muitos filósofos chegam a uma posição intermediária entre esses dois extremos. Em específico, muitos rejeitam a posição *1* pelo fato de os seres humanos serem conhecedores *finitos*. Nosso conhecimento parece ter limites. Assim como existem muitas coisas que um cão, por exemplo, não pode conhecer nem compreender, assim também existem provavelmente muitas coisas que estão além da apreensão cognitiva dos seres humanos. A teoria da evolução e algumas das grandes religiões concordam em apoiar a tese das limitações cognitivas do ser humano, justificando-se pelo fato de estes serem criaturas finitas – muito embora discordem quanto à explicação dessa finitude.

A maioria dos filósofos, mas não todos, rejeita a opinião *2*, que é a dos céticos. Muitos filósofos consideram óbvio que nós sabemos pelo menos *certas* coisas, mesmo que esse conhecimento se refira tão-somente a experiências pessoais ou aos objetos físicos com que temos um contato cotidiano. Outros, porém, afirmaram que na realidade não conhecemos absolutamente nada. Esses filósofos admitem que as pessoas em geral confiam em que têm algum conhecimento, mas eles mesmos insistem em que nossos casos aparentes de conhecimento não passam de ilusões. A posição cética mais estrita, de que os seres humanos *não podem ter* (e não que simplesmente *não têm*) conhecimento, advém tipicamente de uma crença de que as *condições* do conhecimento são tão rigorosas que não podemos atendê-las.

Certas pessoas são naturalmente inclinadas a pensar que as condições de conhecimento são muito rigorosas. Isso ocorre especialmente quando essas pessoas querem dar ênfase à distinção entre o conhecimento "propriamente dito" (um conhecimento científico sobre a realidade do mundo, digamos, o qual pode parecer muito raro) e a mera opinião (a mera opinião, digamos, sobre a eficácia das novas dietas alimentares, opinião essa que parece existir comumente na mente das pessoas); ou quando refletem muito sobre a vulnerabilidade da maior parte das nossas mais confiantes alegações de conhecimento. De qualquer modo, é perturbador perceber que as crenças mais firmes de uma pessoa podem de repente revelar-se completamente errôneas.

Pense numa pessoa que viveu há dois séculos e que estivesse considerando a possibilidade de comunicar-se quase instantaneamente com um amigo situado a dois mil quilômetros de distância. Um cavalheiro do século XVIII provavelmente diria que *sabe*, com a mesma segurança com que conhece as coisas que o rodeiam, que tal comunicação a distância é impossível. É claro que nós *sabemos* que ele está errado. Ele *não pode* saber que tal comunicação é impossível, pois nós mesmos já nos comunicamos desse modo várias vezes. Esse conhecimento, que para nós não tem nada de especial, era incompreensível para nossos antepassados. Eles afirmavam com segurança que *sabiam* certas coisas que nós, hoje, sabemos não ser verdadeiras. Tinham o mais elevado grau de confiança, mas não tinham o conhecimento verdadeiro. A partir de casos como esse, certas pessoas sentem-se tentadas a concluir que as condições para que ocorra o verdadeiro conhecimento são extremamente rigorosas e difíceis de ser atendidas.

Certos filósofos, depois de refletir sobre considerações como essas, concluem de fato que as condições do conhecimento são rigorosíssimas. René Descartes (1596-1650), por exemplo, chegou à conclusão de que boa parte das coisas que havia aprendido através da educação formal, e que aceitara como conhecimentos certos, revelaram-se falsas depois de submetidas a um exame atento. Terminou por propor algo semelhante ao que chamamos de *certeza* como condição para o conhecimento filosófico: em particular, a certeza entendida como *indubitabilidade*, a ausência de qualquer dúvida *possível* acerca da veracidade de uma afirmação. Existe um outro tipo de certeza que exige a *infalibilidade*, a ausência de qualquer *possibilidade* real de erro. Parece que são muito poucas as proposições – se é que existem – que podem apresentar o tipo de certeza exigido por alguns filósofos. Infelizmente, proposições aparentemente invulneráveis, como "eu penso" ou "eu duvido", são raras e difíceis de encontrar.

Se nosso cavalheiro setecentista considerasse cuidadosamente o assunto, teria de admitir que não tem *certeza* de que a comunicação instantânea a distância é impossível. Não teria uma noção definida de como tal coisa seria possível, mas provavelmente seria obrigado a admitir abstratamente a possibilidade de uma tal comunicação. *Talvez* esse fato mostre que ele na verdade não *sabia* que é impossível falar instantaneamente com seu amigo distante. Como ele não atendeu à condição da certeza, não tinha conhecimento – tudo isso *se* a certeza é de fato uma condição para o conhecimento.

A maioria dos epistemólogos contemporâneos rejeitou a exigência de certeza como pré-condição para o conhecimento. Nós podemos saber ou conhecer certas coisas sem ter certeza a respeito delas, ou seja, sem indubitabilidade nem infalibilidade. Nosso cavalheiro setecentista sabia, como nós sabemos, que não ocorrem relâmpagos num céu perfeitamente claro e aberto. Nós sabemos disso, mesmo admitindo que a proposição não é nem indubitável nem infalível. Sabemos disso mesmo sem ter certeza disso. Sob esse ponto de vista, a certeza não parece ser um pré-requisito para o conhecimento.

Em capítulos posteriores examinaremos as condições que definem o conhecimento. Por enquanto, basta-nos observar que a afirmação de condições demasiado rigorosas para o conhecimento – como a exigência de certeza, por exemplo – pode conduzir ao ponto de vista cético, segundo o qual o conhecimento não existe. O estabelecimento de padrões excessivamente elevados para o conhecimento pode levar à opinião de que nós não temos conhecimento algum. Isso representaria o que alguns chamaram de uma vitória baixa do ceticismo mediante uma redefinição elevada do que é o conhecimento. A posição filosófica segundo a qual o ser humano não pode ter conhecimento, ou pelo menos não o tem na prática, é chamada *ceticismo*. Esse termo nos é conhecido de diversos contextos não filosóficos.

Lemos numa recente manchete de jornal: "China afirma concordar com proibição de testes nucleares; ceticismo dos EUA" (*Chicago Tribune*, 7 jun. 1996). Nesse caso, o termo "ceticismo" significa que os EUA *têm dúvidas* de que a China realmente venha a aderir ao tratado de proibição de testes nucleares. Já na filosofia, o cético não se limita a ter *algumas* dúvidas acerca da possibilidade de o ser humano adquirir conhecimento. O cético completo afirma que o homem não tem conhecimento algum. É claro que, se o cético afirmasse *saber* que ninguém tem conhecimento, correria o risco de autocontradizer-se. Só um cético extremamente descuidado afirmaria *saber*, por exemplo, que o conhecimento exige certeza, *saber* que o ser humano nunca chega à certeza absoluta e *saber*, portanto, que nós não podemos ter conhecimento. Em suma, os céticos precisam tomar muito cuidado com o modo pelo qual apresentam seu ceticismo, a fim de não sofrer a ameaça dessa autocontradição.

Tradicionalmente, o ceticismo tem sido uma importante fonte de motivação para os epistemólogos. No decorrer de toda a história da epistemologia ocidental, muitos filósofos procuraram refutar o ponto de vista cético, demonstrando que nós realmente possuímos algum conhecimento. Para provar que possuímos um conhecimento propriamente dito, procuraram elucidar as condições que definem o conhecimento humano e as principais fontes desse conhecimento, e esforçaram-se por demonstrar que nós *podemos* atender às condições do conhecimento, pelo menos com os recursos cognitivos a que temos acesso. O tema do ceticismo estará presente em muitas discussões no decorrer do livro, especialmente no Capítulo 8.

O ceticismo assume várias formas. O ceticismo *total* nega a existência de *qualquer* conhecimento humano. O ceticismo *parcial* só nega a existência de algum tipo ou alguns tipos particulares de conhecimento. Certos filósofos, por exemplo, negam a possibilidade de conhecer que Deus existe, mas não negam outros tipos de conhecimento, como o conhecimento de que existem os objetos físicos que nos rodeiam. Outros negam o conhecimento científico teórico, como o conhecimento da estrutura do átomo, ao mesmo tempo em que defendem a afirmação de que podemos conhecer nossos pensamentos e sentimentos. Os céticos parciais afirmam encontrar defeitos num tipo particular de conhecimento, e não no conhecimento em geral. Para entender essas afirmações, temos de compreender algumas distinções entre os diversos tipos de conhecimento, como o conhecimento científico e o conhecimento matemático. Logo voltaremos a falar dessas distinções.

O ceticismo tem suas raízes históricas na filosofia grega. Um tipo de ceticismo remonta a Sócrates (469-399 a.C.); outro tipo vem de Pirro de Élis (c. 365-c. 270 a.C.). O ceticismo socrático é chamado de "ceticismo acadêmico" por ter florescido na Academia de Platão depois da morte de Sócrates. O Oráculo de Delfos (uma espécie de adivinho local) disse a Sócrates que ele era o mais sábio de todos os homens porque sabia que não tinha conhecimento, ao passo que todos os demais homens acreditavam-se conhecedores de coisas que na realidade não conheciam. Os céticos acadêmicos desenvolvem essa proposição e transformam-na numa doutrina filosófica: a única coisa que um ser humano pode saber é que na verdade não sabe nada além dessa doutrina. Trata-se de uma rigorosa negação da existência de qualquer conhecimento humano que vá além do conhecimento de que na verdade não sabemos mais nada.

O ceticismo pirroniano, por outro lado, não faz nenhuma afirmação tão audaz (ou, como diriam alguns, tão dogmática) quanto à dos céticos acadêmicos. É um tipo de ceticismo que dá ênfase à suspensão do juízo sobre a maior parte dos assuntos. Em vez de se enfronhar nas discussões intelectuais aparentemente intermináveis dos filósofos, os pirronianos recomendam que encontremos argumentos pró e contra toda e qualquer posição, e assim nos recusemos a aceitar qualquer conclusão. Segundo os pirronianos, o reconhecimento da suspensão do juízo como a única atitude racional a se tomar nos conduz a um estado de calma ou quietude, libertando-nos dos debates acalorados sobre questões controversas. Essa quietude, segundo os mesmos filósofos, dá origem a uma melhor qualidade de vida, se não mesmo a uma sensação de iluminação ou pleno esclarecimento.

Observamos já que a maioria dos epistemólogos não chega ao extremo do ceticismo total. Muitos procuram não situar o conhecimento além do nosso alcance e esforçam-se por não desesperar da busca de conhecimento; tentam, antes, tornar mais seguras muitas das nossas afirmações comuns de conhecimento mediante a *explicação* de o que é o conhecimento. Procuram explicar em que consiste o conhecimento e como o adquirimos. Pode acontecer de um epistemólogo ficar muito impressionado, por exemplo, com o poder que a ciência tem de expandir o nosso conhecimento sobre o mundo, e passar então a buscar uma explicação de como a ciência aumenta o conhecimento.

Embora muitos epistemólogos se oponham ao ceticismo total, não devemos simplesmente deixar de pensar nas objeções céticas, mesmo que acreditemos possuir uma quantidade substancial de conhecimento. Certas objeções céticas ao conhecimento são instrutivas, pois opõem dificuldades pelo menos às nossas explicações mais superficiais e ingênuas de como o conhecimento surge. Um desses problemas diz respeito, por exemplo, ao nosso cavalheiro setecentista, que tinha grande confiança em sua crença mas, como depois se demonstrou, não possuía um conhecimento verdadeiro.

Uma das opções, da qual já falamos, consiste em tornarmo-nos pessimistas quanto à possibilidade de se obter qualquer espécie de conhecimento. Mas existem também outras opções, opções que preservam o otimismo quanto à aquisição de conhecimento ao mesmo tempo em que reconhecem a falibilidade (a suscetibilidade ao erro) do nosso cavalheiro setecentista e, do mesmo modo, de nós mesmos. Os epistemólogos avaliam e pesam detalhadamente essas opções. Sob esse aspecto, os céticos nos motivam a esclarecer o que se espera de uma explicação mais sofisticada do conhecimento humano. Sem as objeções céticas, talvez nos conformássemos com uma compreensão superficial do nosso papel de agentes da aquisição do conhecimento. Os céticos propõem algumas questões difíceis de responder e, assim, levaram os filósofos a rever de modo significativo suas idéias acerca dos métodos aceitáveis de aquisição de conhecimento. Veremos mais adiante, no Capítulo 8, como a preocupação cética com a circularidade da justificação levanta um problema seriíssimo, senão fatal, para o otimismo quanto à possibilidade de conhecer.

As questões dos céticos acerca da verdade e da evidência nos dão também um outro benefício. Promovem uma medida saudável de humildade epistêmica. Tanto os filósofos quanto os não-filósofos sofrem a tentação de afirmar ter certeza de coisas que na realidade não são certas. Em outras palavras, muitos deixam de reconhecer a magnitude da nossa falibilidade como conhecedores. Por isso, não se dispõem a admitir a dúvida e o possível erro em matérias suscetíveis de dúvida e erro. A recusa de admitir a possibilidade de se estar errado em questões nas quais de fato é possível incorrer-se em erro é chamada *dogmatismo*. A pessoa que se recusa a admitir a possibilidade de estar errada numa certa crença – crença que realmente tem a possibilidade de estar errada – tem uma atitude dogmática em relação a essa crença ou uma aceitação dogmática dessa crença. Muitos céticos tentam eliminar o dogmatismo e, considerada a falibilidade humana, esse objetivo em geral é louvável. Como já dissemos, a maioria dos epistemólogos se mantém a meio caminho entre a excessiva minimização da nossa capacidade de conhecer, por um lado, e, por outro, a excessiva minimização das nossas falhas de conhecimento. Os céticos colaboram para nos mantermos afastados desse último escolho, muito embora nos levem às vezes para perto demais do primeiro.

Certas pessoas parecem alimentar preocupações céticas com base em sua aceitação do *relativismo* no que diz respeito à verdade. A ligação entre o ceticismo e o relativismo merece ser elucidada. O relativista afirma que a verdade de uma afirmação só pode ser considerada em relação a um conhecedor determinado (ou seja, a alguém que ou aceita ou rejeita essa afirmação), ou talvez a um grupo de conhecedores. Ele nega a existência de uma verdade *absoluta* (ou seja, uma verdade que não varie de pessoa para pessoa ou de grupo para grupo), pelo menos no que diz respeito a determinados assuntos. Os temas teológicos são os exemplos mais conhecidos, pois alguns afirmam que o enunciado "Deus existe" é verdadeiro para os crentes e falso para os descrentes. Essa afirmação, quer seja verdadeira, quer falsa, é relativista. Certas pessoas são favoráveis a essa posição por considerá-la um meio de evitar conflitos sensíveis entre os crentes e os descrentes, mas não precisamos explicar aqui por que certas pessoas se tornam relativistas.

Talvez não esteja ainda perfeitamente claro o conceito de relatividade da verdade. Um exemplo tirado de um contexto não epistêmico pode servir para elucidar as coisas. Eis um bom exemplo de uma obrigação relativa: a obrigação (vigente em certos lugares) de dirigir do lado direito da rua. *Em relação* às leis norte-americanas, por exemplo, o cidadão tem a obrigação de dirigir do lado direito. *Em relação* às leis inglesas, porém, tem a obrigação de dirigir do lado esquerdo. Nesse exemplo, a obrigação de dirigir dum ou doutro lado só existe em relação a um determinado código jurídico, sendo que os códigos jurídicos podem variar de acordo com o lugar. A obrigação é apenas relativa, pois, fora desses sistemas jurídicos, não existe nenhuma obrigação objetiva ou absoluta de dirigir deste ou daquele lado.

Em contraposição a isso, muita gente diria que a obrigação de não submeter bebês à tortura, por exemplo, não é relativa. Pode até ser que essa obrigação exista em relação a um determinado código jurídico que proíba os maus-tratos a bebês, mas é de se pensar que ela tem também uma existência objetiva que vai além de todo e qualquer código jurídico. De qualquer modo, muitos consideram-na um dever objetivo, que obriga moralmente o ser humano independentemente das imposições jurídicas. Tal alegação de objetividade é feita pelos chamados "realistas morais". Algumas de nossas leis parecem codificar certas obrigações preexistentes e objetivas como essa, tais como as obrigações de não matar e não torturar. Outras leis, porém, são evidentemente relativas e têm a intenção de criar uma determinada obrigação. As obrigações criadas pelas instituições jurídicas só existem em relação a essas instituições. As obrigações preexistentes que tentamos codificar através das leis são possivelmente não relativas, ou objetivas. Embora não haja controvérsia alguma em torno do fato de que certas obrigações são relativas aos códigos jurídicos, ainda é muito controversa a questão de saber se a verdade é sempre relativa às crenças de um indivíduo ou de uma cultura.

O relativista pode se sentir tentado a encarar com ceticismo a possibilidade do conhecimento humano: diria que o conhecimento é impossível porque a verdade é relativa. Afirmaria, por exemplo, que não se pode *saber* que matar bebês é errado, pois é um ato que só é errado em relação à sua cultura e pode ser aceitável em outras culturas. Uma alegação mais plausível seria a de que não se pode saber com certeza que o aborto é errado (nem certo) porque as pessoas têm, em relação a ele, atitudes tão fundamentalmente diversas. Essa linha de argumentação a favor do relativismo é chamada de "argumento da discordância". O relativismo, porém, não conduz naturalmente ao ceticismo. A verdade é que conduz na direção oposta.

Se a verdade é relativa às suas próprias crenças, por exemplo, sua possibilidade de adquirir conhecimento é muito maior do que se a verdade fosse objetiva e, portanto, difícil de conhecer. O relativismo torna a *verdade* muito fácil de conhecer e, portanto, torna fácil o próprio *conhecimento*. Uma das conseqüências do relativismo é que aquilo que eu sei ser verdadeiro, você pode saber ser falso, porque talvez seja verdadeiro para mim e falso para você. Dado o relativismo, o conhecimento pode variar drasticamente de pessoa para pessoa (ou de cultura para cultura); mas mesmo assim ainda haverá conhecimento, provavelmente em abundância. É claro que o relativista poderia fixar num nível muito elevado outros critérios de conhecimento (os que dizem respeito à justificação, por exemplo), mas isso seria atípico.

O ceticismo floresce quando a verdade é encarada como algo totalmente objetivo. Certos filósofos traçaram com tanta força a distinção entre a *aparência* que as coisas assumem para nós (a aparência, por exemplo, de que o lápis parcialmente submerso na água está flexionado) e a *realidade* objetiva das coisas (o lápis na verdade é reto) que desesperaram da nossa capacidade de conhecer como as coisas são objetivamente. Outros desesperam tão-somente da nossa capacidade de *saber se sabemos* como as coisas são objetivamente, mas admitem que podemos adquirir algum conhecimento da verdade objetiva.

Certos filósofos apóiam o ceticismo somente na medida em que postulam a existência de uma separação significativa entre a verdade (ou o mundo objetivo) e nossa capacidade cognitiva. Para salientar essa separação, pode-se postular a verdade como inatingível por ser independente da mente (ou objetiva) ou em função de uma limitação severa da nossa capacidade cognitiva (ou, ainda, por ambos os motivos). O cético diria que, em nossa busca de objetividade, tudo em que podemos nos apoiar é a nossa limitada experiência; e que a verdade, a realidade objetiva, está sempre além dessa experiência. Além disso, ele pode sublinhar a incômoda circularidade de todas as provas da confiabilidade de nossas fontes de conhecimento (a percepção, a memória e a introspecção, por exemplo), afirmando que não podemos recorrer a outra coisa senão a essas mesmas fontes para provar a confiabilidade delas (ou seja, a qualidade que elas têm de conduzir à verdade) de maneira não circular. (Este problema será elucidado no Capítulo 8.)

No geral, os filósofos distinguem dois tipos de ceticismo: o ceticismo quanto ao *conhecimento* e o ceticismo quanto à *justificação*. O ceticismo irrestrito quanto ao conhecimento afirma que ninguém sabe nada. O ceticismo irrestrito quanto à justificação assevera que ninguém pode justificar (ou seja, ter a garantia de) suas crenças. Segundo o ceticismo quanto ao conhecimento, nós às vezes temos justificativa para crer em algo, mas nossas crenças, mesmo as justificadas, nunca se equiparam a um conhecimento verdadeiro – talvez porque o conhecimento, ao contrário da justificação, é imune à ameaça representada pela obtenção de novas informações por parte do conhecedor. Por exemplo, antes da genética moderna, muitos se sentiriam justificados em crer, com base nos indícios que se lhes apresentavam, que as girafas têm o pescoço comprido porque seus antepassados esticavam o pescoço a fim de abocanhar as únicas folhas então disponíveis, as das árvores. Essa crença justificada foi destruída pela obtenção de novas informações acerca do mecanismo genético interno da transmissibilidade das características das girafas. O conhecimento, por outro lado, é imune a essa destruição – ou invalidação – provocada por novas informações. O ceticismo quanto à justificação afirma que nós não temos, e mesmo que não podemos ter, motivos legítimos para adotar esta ou aquela crença. No Capítulo 8, trataremos mais detalhadamente do ceticismo. Por enquanto, o que precisamos elucidar é a distinção entre conhecimento e crença justificada.

A DEFINIÇÃO TRADICIONAL DE CONHECIMENTO

Na tradição filosófica ocidental, a epistemologia ofereceu até há bem pouco tempo uma definição principal de conhecimento na qual este é analisado em três componentes essenciais: justificação, verdade e crença. Segundo essa análise, o conhecimento propositivo é, por definição, a crença verdadeira e justificada. Essa definição é chamada *análise tripartite do conhecimento* e *análise tradicional*. Muitos filósofos encontram a inspiração dessa análise no *Teeteto* de Platão. Os epistemólogos, em geral, tratam do *conhecimento propositivo*: o conhecimento *de que* algo é de tal jeito, em contraposição ao conhecimento de como fazer algo. Considere, por exemplo, a diferença que existe entre saber *que* uma bicicleta se move de acordo com certas leis do movimento e *saber andar* de bicicleta. É evidente que esta segunda espécie de conhecimento não tem a primeira como um de seus pré-requisitos.

O conteúdo do conhecimento propositivo pode ser expresso por uma proposição, ou seja, pelo significado de uma oração declarativa. (Não obstante, as pessoas que falam línguas diferentes podem afirmar a mesma proposição: "It is raining" e "Está chovendo" significam a mesma coisa e, logo, expressam a mesma proposição.) Por outro lado, o conhecimento de *como* fazer algo é uma habilidade ou competência na execução de uma certa tarefa. Não examinaremos esse conhecimento competente, que mereceria todo um livro só para si. A análise tradicional do conhecimento propositivo implica que o conhecimento é uma espécie de *crença*. Se você não crê que Madagascar fica no oceano Índico, então não sabe que Madagascar fica no Oceano Índico. Assim, como às vezes dizem os filósofos, crer é uma *condição logicamente necessária* para o saber. Seria realmente muito estranho que você soubesse algo mas negasse crer no que supostamente sabe. Parece que a crença é um requisito para o conhecimento propositivo.

A crença não é suficiente para se ter conhecimento. Evidentemente, muitas crenças há que não representam conhecimento algum, pois são obviamente falsas. Certas pessoas, por exemplo, ainda crêem que a terra é plana; nos Estados Unidos, existe até mesmo uma associação (que recolhe contribuições periódicas) de pessoas que crêem nisso. Porém, essas pessoas não *sabem* que a Terra é plana, pois o fato é que ela não é. Para se saber algo, para se ter um conhecimento verdadeiro, é preciso que a crença seja *correta*. É impossível saber algo falso. Assim, a segunda condição do conhecimento, identificada na análise tripartite, é a *verdade*. O conhecimento não é somente uma crença, mas uma crença verdadeira.

A crença verdadeira não é em si mesma suficiente para o conhecimento. É evidente que muitas crenças verdadeiras não se enquadram nessa categoria. Se você constituir espontaneamente a crença de que o seu tio Hud, que mora longe, está agora em pé, e essa crença se revelar verdadeira, nem por isso você passou a saber que o tio Hud está em pé agora. O que falta a essa crença são *razões que a corroborem*; ela se constituiu num capricho e não dispõe de nenhum respaldo. A crença se revelou verdadeira por coincidência, em relação às informações de que você dispunha. Isso porque, para que uma crença verdadeira seja um conhecimento, ela precisa do que os filósofos chamam *justificação*, *garantia* ou *prova*. (Certos filósofos atribuem o mesmo significado a esses três termos.)

Pela análise tripartite, a justificação é a terceira condição essencial do conhecimento. A justificação de uma crença tem de incluir algumas boas razões pelas quais a crença é considerada verdadeira. Os filósofos se perguntam quais podem ser essas boas razões, mas a afirmação de que uma crença precisa de algum tipo de corroboração para ser considerada um conhecimento é largamente aceita entre os filósofos.

Assim, as três condições essenciais do conhecimento são crença, verdade e justificação, e as três juntas são consideradas suficientes para o conhecimento. Nas últimas décadas, os filósofos descobriram que, na realidade, essas três condições não são suficientes; o conhecimento tem ainda outra condição. Voltaremos a essa questão no Capítulo 5. Segundo a análise tripartite tradicional, porém, o conhecimento é a crença verdadeira e justificada. Se você tem bons motivos para corroborar a verdade da sua crença, e essa mesma crença é verdadeira e fundamenta-se em razões sólidas, então, segundo a análise tradicional, você tem conhecimento.

A análise tradicional do conhecimento também admite a existência de uma crença falsa, mas justificada. Com efeito, esse tipo de crença parece muito comum. No passado, era justificável que muitos cressem que a Terra é plana. A crença deles era errada, como sabemos, mas, dadas as melhores informações de que então dispunham, tinham razões justificadas para sustentar essa crença. Como a crença era errônea, eles não sabiam que a Terra é plana. Nesse caso, o fato de lhes negarmos a qualidade de conhecimento não depõe contra o caráter pessoal de cada um deles. Quando negamos que tinham conhecimento, não estamos criticando-os nem culpando-os. Antes, estamos deixando claro que a crença deles era errônea e que as informações de que dispunham não os conduziram à verdade, muito embora constituíssem uma justificativa válida para suas crenças na época. Às vezes, nós mesmos nos encontramos em situação semelhante. Muito embora eles atendessem à condição de crença e à condição de justificação, não atendiam à condição de verdade para terem conhecimento. Vemos agora que uma crença errônea justificada não constitui um conhecimento. (No Capítulo 9, voltaremos ao tema da justificação e do relativismo.)

As três condições essenciais do conhecimento motivaram ferrenhas disputas filosóficas, algumas das quais serão examinadas nos capítulos seguintes. Poucos filósofos discordam de que a crença é necessária para o conhecimento, mas existem muitas divergências quanto à própria natureza da crença. Além disso, diversos psicólogos do conhecimento entraram na refrega, apresentando suas pesquisas empíricas sobre os mecanismos cognitivos da crença. No Capítulo 3, voltaremos a esse tema. Os filósofos em geral concordam em que a verdade é necessária para o conhecimento, mas já apresentaram diversas idéias contraditórias acerca do que é necessário para que uma crença seja verdadeira. No Capítulo 4 trataremos da verdade como condição para o conhecimento. As teorias da justificação epistêmica constituem uma das áreas mais importantes da epistemologia contemporânea, e sobre elas falaremos no Capítulo 5.

CONHECIMENTO E EXPERIÊNCIA

Um dos principais debates que se travam na epistemologia diz respeito às fontes do conhecimento (ver o Capítulo 6) e trata da importância da experiência sensorial para a aquisição de conhecimento. Muitos filósofos concordam em que boa parte do nosso conhecimento é adquirida através da experiência sensorial. Amiúde, para adquirir conhecimento sobre uma coisa, você a vê, a ouve, a toca, a cheira ou sente seu gosto. É possível, por exemplo, saber que existe um pé de lilás nas proximidades por sentir-lhe o perfume. Será a experiência sensorial o único meio para a aquisição de conhecimento? Será possível conhecer algo independentemente da experiência sensorial?

Considere o seu conhecimento de que a soma dos ângulos internos de um triângulo euclidiano é 180 graus. Pode ser que esse conhecimento se relacione de algum modo com a experiência sensorial, talvez em virtude de termos obtido representações perceptivas do triângulo. Mas parece que não dependemos da experiência sensorial para saber que a soma dos ângulos internos de *todos* os triângulos euclidianos é 180 graus. Esse conhecimento não é derivado da investigação *empírica* de muitos triângulos. Muito pelo contrário, parece basear-se tão-somente no nosso *conceito* de o que é um triângulo euclidiano. Ou seja, parece ser um conhecimento derivado da *razão* e não da experiência. Portanto, certos conhecimentos podem não ser dependentes da experiência sensorial, pelo menos não do mesmo modo que o conhecimento da existência próxima de um pé de lilases.

Os epistemólogos possuem termos especiais para designar os dois tipos de conhecimento que acabamos de distinguir. O conhecimento que depende da experiência é chamado de conhecimento *a posteriori*.

Para se lembrar desse termo, talvez lhe convenha pensar que se trata de um conhecimento "posterior" à experiência, que vem "depois" dela, muito embora o termo não tenha realmente um sentido temporal. O conhecimento que não depende da experiência é chamado conhecimento *a priori*. Esse conhecimento é "anterior" à experiência no sentido lógico, muito embora não seja necessariamente anterior no tempo. A diferença entre o conhecimento *a priori* e o conhecimento *a posteriori* é uma diferença da função da experiência sensível para a justificação das proposições conhecidas.

Dependemos da experiência para saber que todos os sinais de trânsito que nos mandam parar são vermelhos, mas não dependemos dela do mesmo modo para saber que todos os sinais de "Pare" nos mandam parar. Não há nada na simples idéia de um sinal de "Pare" que exija para ele a cor vermelha. Tais sinais poderiam ser roxos, ou mesmo de qualquer outra cor. Para saber *por experiência direta* que todos os sinais de "Pare" são vermelhos, você teria de examinar um número suficiente de sinais para convencer-se de que essa é de fato a cor deles. É claro que isso exigiria muito tempo. Porém, na própria idéia de um sinal de "Pare" está implícita a noção de que ele indica aos motoristas que devem parar.

Por definição, a função dos sinais de "Pare" é mandar os motoristas parar; é essa função que os torna sinais de "Pare". Se você encontrar um sinal de trânsito que não tenha (ou, melhor ainda, que não possa ter) essa função, pode deduzir tranqüilamente que não é um sinal de "Pare". Não precisa examinar um grande número de sinais de "Pare", constatar que todos indicam que os motoristas devem parar e depois concluir, a partir desse padrão recorrente, que *todos* os sinais de "Pare" têm essa mesma função. De certo modo, mesmo "antes" de qualquer estudo empírico desses sinais, você já sabe que eles funcionam desse modo. Por outro lado, sem um estudo empírico, você jamais poderia saber que todos os sinais de "Pare" são vermelhos.

A afirmativa de que todos os sinais de "Pare" nos mandam parar é diferente da de que todos os sinais de "Pare" são vermelhos. A primeira afirmativa é *analítica*, sendo uma verdade de definição. Da própria *definição* de um sinal de "Pare" decorre que todos eles de algum modo indicam a necessidade de parar. Um sinal de "Pare" *é tão-somente* um sinal que nos manda parar. As verdades analíticas são verdadeiras simplesmente pelo sentido de seus termos ou pela análise de seus conceitos. Outro exemplo é a afirmativa de que nenhum solteiro é casado. Não ser casado faz parte da definição de "solteiro". Em contrapartida, a afirmativa de que todos os sinais de "Pare" são vermelhos é uma proposição *sintética*. Não há nada no simples conceito de um sinal de "Pare" que indique que ele deva ser vermelho. É claro que tivemos motivos para fazê-los dessa cor. O vermelho é uma boa cor para chamar a atenção, por exemplo. Mesmo assim, os sinais de "Pare" *poderiam* ser de outra cor. A afirmativa de que todos os sinais de "Pare" são vermelhos não deriva da simples análise do conceito desse sinal. Antes, é uma *síntese* do conceito do sinal de "Pare" com o conceito da cor vermelha. Correlacionamos esses conceitos um com o outro de um modo que não depende diretamente de suas definições.

Os filósofos se perguntam se todos os nossos conhecimentos *a priori* são conhecimentos de proposições analíticas. Parece claro que podemos conhecer uma proposição sintética *a posteriori*, desde que a nossa experiência indique que a síntese de conceitos que estamos considerando é correta. Sabemos por experiência, *a posteriori*, que os sinais de "Pare" são vermelhos. Mas as verdades analíticas podem ser conhecidas *a priori*, independentemente da experiência. Sabemos *a priori* que todos os sinais de "Pare" são sinais. Como as proposições analíticas podem ser conhecidas *a priori*, não precisamos dar-lhes uma justificativa *a posteriori*. Para convencer alguém de que todos os sinais de "Pare" são sinais, você jamais (é o que esperamos) sairia andando pela cidade. Imagine: "Veja, aí está mais um sinal de 'Pare', e veja só – ele é um *sinal*, como todos os outros!" Você não precisa fazer isso, pois o sinal de "Pare" é por definição um tipo particular de sinal. Assim, nós nunca tentamos demonstrar as verdades analíticas *a posteriori*. Podemos justificar dessa maneira algumas verdades sintéticas, do mesmo modo que podemos demonstrar certas verdades analíticas *a priori*.

Resta ainda saber se existe alguma verdade sintética que possa ser justificada *a priori*. Os mais recentes desenvolvimentos da filosofia da linguagem embaralharam um pouco a relação estabelecida entre a distinção entre análise e síntese, de um lado, e a distinção entre conhecimento *a priori* e conhecimento *a posteriori*, de outro. (O tema dos parágrafos seguintes é um pouco complexo, mas é importante para quem quer entender os trabalhos recentes sobre o *a priori*.) Alguns filósofos pensam que certas verdades sintéticas podem ser conhecidas, e logo justificadas, *a priori*. As proposições contingentemente verdadeiras podem ser falsas; ou seja, se o mundo fosse um pouco diferente, elas seriam falsas. Muitos filósofos partem do pressuposto de que uma proposição só pode ser conhecida *a priori* se for necessariamente verdadeira (isto é, se não tiver possibilidade de ser falsa); isso porque, se uma proposição pode ser falsa, ela precisa da evidência da experiência sensorial para justificar-se. Segundo essa opinião tradicional, as verdades contingentes não podem ser objeto de um conhecimento *a priori*.

Saul Kripke (1980) afirmou há pouco tempo que certas proposições contingentemente verdadeiras são cognoscíveis *a priori*. Oferece ele o exemplo do conhecimento de que a barra *S* tem um metro de comprimento num determinado momento, sendo a barra *S* o metro-padrão conservado em Paris. Se usarmos a barra *S* para "estabelecer a referência" do termo "um metro", então, segundo Kripke, podemos saber *a priori* que a barra *S* tem um metro de comprimento. A verdade de que a barra *S* tem um metro de comprimento não é necessária, mas contingente, pois ela poderia não ter um metro de comprimento. Se fosse submetida a uma alta temperatura, por exemplo, seu comprimento mudaria. Parece plausível, portanto, que certas verdades contingentes podem ser conhecidas *a priori*, ao contrário do que supuseram muitos filósofos. Essa questão motivou importantes discussões entre os filósofos contemporâneos; alguns ainda defendem a tese de que nenhuma proposição contingentemente verdadeira é cognoscível *a priori*.

Com relação ao exemplo do metro oferecido por Kripke, certos filósofos observaram que "um metro" pode ser (a) quer o nome do comprimento de *S*, qualquer que seja esse comprimento, (b) quer o nome de um comprimento particular, determinado por aquele que fala. Dada a opção *a*, segundo esses mesmos filósofos, a afirmativa de que *S* tem um metro de comprimento seria necessária e cognoscível *a priori*; dada a opção *b*, a mesma afirmativa seria contingente e seu conhecimento só seria possível *a posteriori*. Se esses filósofos estiverem com a razão, teremos de procurar em outra parte uma verdade sintética cognoscível *a priori*.

Segundo alguns filósofos contemporâneos, o exemplo de Kripke representa uma verdade sintética cognoscível *a priori*. Immanuel Kant (1724-1804) afirmava que certas verdades sintéticas – como as da geometria, por exemplo – são dotadas de uma espécie de necessidade que não pode ser derivada da experiência, de tal modo que podem ser conhecidas *a priori*. Segundo Kant, essas verdades sintéticas podem ser conhecidas fazendo-se uso tão-somente da razão e do entendimento puros, independentemente de qualquer evidência fornecida pela percepção sensorial. A doutrina kantiana das verdades sintéticas cognoscíveis *a priori* ainda gera controvérsias entre os filósofos, especificamente no que diz respeito a proposições aparentemente sintéticas como "Nada pode ser totalmente verde e totalmente vermelho ao mesmo tempo" e "Uma linha reta é a distância mais curta entre dois pontos". Certos filósofos, seguindo a tradição de Kant, ainda sustentam a opinião minoritária de que as verdades da epistemologia, e da filosofia em geral, são verdades sintéticas necessárias e cognoscíveis *a priori*. (Ver Pap, 1958, que nos dá um quadro geral das principais teses acerca da verdade sintética *a priori*.)

As distinções entre o conhecimento *a priori* e o conhecimento *a posteriori*, bem como entre as proposições analíticas e sintéticas, serão úteis para a compreensão de muito do que se dirá daqui em diante. Além da questão de saber se existe alguma fonte de conhecimento que seja independente da experiência sensorial, existem muitas questões sobre o modo de operação dessa própria experiência e sobre o processo pelo qual uma experiência pode levar ao conhecimento. As pesquisas empíricas da psicologia cognitiva, dos estudos do cérebro e de outros campos nos dão muitas informações sobre como a experiência sensorial funciona (ou, às vezes, deixa de funcionar). Uma das principais perguntas que os filósofos fazem é: como a sensação nos leva à percepção do ambiente circundante? Muitos temas filosóficos incluem-se na categoria dos problemas de *percepção*. Outra fonte importante de conhecimento é a *memória*, tema que apresenta muitas complicações próprias. O *testemunho* de outras pessoas é também uma fonte importante, mas é evidente que não pode ser objeto de uma confiança acrítica. No Capítulo 6, voltaremos a tratar desses assuntos.

AS INTUIÇÕES E A TEORIA

Já estamos de posse de alguns dos termos e distinções que nos permitirão estudar as *condições*, as *fontes* e a *medida* do conhecimento humano. Vale agora chamar a atenção para um último tema introdutório que diz respeito à metodologia. Muitas teorias epistemológicas chamam em seu socorro as nossas intuições comuns acerca da natureza do conhecimento. Já recorremos às nossas intuições para chegar a um acordo, por exemplo, em torno da idéia de que o conhecimento é uma espécie de *crença* que também tem como pré-requisitos a *verdade* e alguma espécie de *justificativa*. Consideramos o exemplo de alguém que afirma *saber* que Madagascar fica no Oceano Índico ao mesmo tempo em que nega *crer* que Madagascar fica nesse oceano. Quando pensamos num caso como esse, julgamos que ele implica uma contradição. Assim, chegamos à conclusão de que é preciso crer em algo para saber esse algo. Os epistemólogos valem-se muitas vezes de intuições ou juízos como esse (grosso modo, intuições sobre o que é verdadeiro e o que é falso) a fim de dar sustentação às suas teorias epistemológicas.

Devemos tomar cuidado com a confiança que depositamos em nossas intuições. As intuições sobre o conhecimento que decorrem do senso comum precisam às vezes ser corrigidas por certas considerações epistemológicas mais gerais e teóricas. Porém, às considerações relativas à plausibilidade geral de nossas intuições comuns temos de contrapor considerações relativas à plausibilidade geral das teorias epistemológicas. Temos de contrapor essas duas coisas porque as intuições têm algo a nos dizer acerca da validade das teorias, e as teorias têm algo a nos dizer acerca da validade das intuições. Isso talvez o deixe perplexo agora, mas ficará claro no decorrer do livro.

Por enquanto, o ponto principal é que nossas intuições acerca do conhecimento, fornecidas pelo senso comum, podem elas mesmas ser ajustadas, corrigidas ou mesmo rejeitadas à luz de nossa aceitação de afirmativas teóricas mais gerais sobre a natureza do conhecimento. As intuições do caráter estacionário da Terra, por exemplo, podem ser corrigidas pelas teorias astronômicas estabelecidas. No Capítulo 9 voltaremos a esse tema.

Em suma, percebemos que a teoria do conhecimento merece ser estudada cuidadosamente, e por diversos motivos. As diversas espécies de argumentos céticos, por exemplo, comumente movem as pessoas a pensar de modo mais crítico a respeito das condições, fontes e limites essenciais do conhecimento humano. A definição tradicional de conhecimento identifica as condições essenciais do conhecimento como a crença, a verdade e a justificação. Estudaremos de modo mais detalhado cada um desses elementos e constataremos, no Capítulo 5, a necessidade de impor mais uma restrição à definição de conhecimento. Já dispomos de alguns conceitos básicos, como os de conhecimento *a priori* e conhecimento *a posteriori*, conceitos esses que nos permitirão discutir com mais detalhes as condições, fontes e limites do conhecimento humano. No decorrer de nossas discussões, prestaremos especial atenção ao papel das intuições e das considerações teóricas na epistemologia. Passaremos agora a explicar o conhecimento propositivo humano.

CAPÍTULO 2

UMA EXPLICAÇÃO DO CONHECIMENTO

Desnecessário dizer que certas pessoas pensam que sabem muito mais do que sabem na realidade. Talvez esse fato ocorra às vezes com a maioria das pessoas, muito embora não tenhamos motivo algum para dar nome aos bois em público. É certo que, infelizmente, o fato de crermos correta a resposta que demos à pergunta de um teste não a torna automaticamente correta. Do mesmo modo, o fato de pensarmos saber alguma coisa não significa que a saibamos efetivamente.

Uma teoria do conhecimento tem o dever de, no mínimo, elucidar a diferença entre o conhecimento verdadeiro e o conhecimento aparente, entre o artigo genuíno e as imitações plausíveis. Se não lançar luz sobre essa diferença, a teoria do conhecimento será deficiente no que diz respeito a uma de suas principais funções: esclarecer em que consiste o verdadeiro conhecimento. Na mesma medida em que o conhecimento é algo a que atribuímos um grande valor (como o conhecimento da melhor maneira de realizarmos nossos objetivos, sejam eles quais forem), a teoria do conhecimento deve nos habilitar a distinguir as imitações da mercadoria legítima. Em muitos casos, as imitações nos decepcionarão. Pense, por exemplo, nas conseqüências terríveis da falta de um conhecimento certo a respeito da confiabilidade dos infames "anéis em 'O'" do ônibus espacial. Dada a preciosidade do conhecimento, devemos ter por objetivo adquiri-lo, bem como adquirir meios razoáveis de adquiri-lo. A teoria do conhecimento nos oferece a promessa de melhorar os meios de que dispomos para adquirir o conhecimento. Este capítulo tratará de alguns dos principais objetivos de uma tal teoria.

O CAMPO DA EPISTEMOLOGIA

Idealmente, uma epistemologia lançaria luz sobre todos os domínios potenciais do conhecimento, que são o conhecimento científico, o conhecimento matemático, o conhecimento comum pela percepção, o conhecimento ético e o conhecimento religioso. Sob esse aspecto, uma epistemologia ideal seria abrangente e maximamente explicativa. Postulamos esse ideal muito embora não o realizemos. O ideal representa ao menos uma meta digna de se tentar alcançar com toda a seriedade, dado que o conhecimento em seus diversos domínios é valioso.

Como dissemos no Capítulo 1, aquele que esposa o *ceticismo* quanto a um certo domínio de conhecimento nega, geralmente baseado em argumentos e correndo o risco de perturbar os outros, que os seres humanos têm de fato esse tipo de conhecimento. Falamos de domínios *potenciais* de conhecimento para evitar que os céticos nos acusem de incorrer numa petição de princípio por pressupormos a realidade de certas espécies de conhecimento. Uma epistemologia pode elucidar um *conceito* (ou, o que dá no mesmo, uma *noção* ou uma *idéia*) de conhecimento científico, por exemplo, sem que o epistemólogo se comprometa com a existência real de um tal conhecimento. Analogamente, o fato de você clarear o *conceito* de unicórnio não exige que você creia na existência real dos unicórnios. Até mesmo a maioria dos filósofos concorda com isso – acontecimento raro entre os que se alimentam da discordância. Os conceitos não devem seu significado ao fato de se realizarem na prática; caso contrário, não poderíamos pensar sobre objetos fictícios, o que inviabilizaria boa parte da literatura clássica. Para o bem ou para o mal, as noções inteligíveis de unicórnios e trolos florescem sem que para isso seja necessário que haja uma população real de trolos e unicórnios.

Ao mesmo tempo em que distinguimos os diversos domínios potenciais do conhecimento, alguns filósofos não conseguem chegar a um acordo quanto a quais os domínios potenciais que poderiam de fato ser englobados na categoria de conhecimento, e não de ficção. O desacordo, como se vê, é uma constante na teoria do conhecimento (bem como na filosofia em geral), mas, como veremos, isso não é motivo para que desesperemos de encontrar a verdade ou abracemos o relativismo. O desacordo persistente dificulta o *consenso*, mas não afeta a verdade que independe das opiniões. Apesar das tendências contrárias que surgem nos meios de comunicação de massa, não estabeleceremos aqui uma identidade entre verdade e consenso. Houve época em que as pessoas *discordavam* quanto ao fato de a Terra girar em torno do Sol, mas nem por isso esse fato deixou de ser *verdadeiro*. O acordo dos seres humanos nesse campo não mudou a natureza dos movimentos celestiais.

Os domínios potenciais de conhecimento acima mencionados têm algo importante em comum: todos são domínios potenciais de *conhecimento*. Ou seja, são casos específicos da categoria geral "conhecimento". Isso pode parecer óbvio, mas não deixa de ser objeto de disputa para alguns filósofos, para os quais, aliás, a maioria das noções é objeto de disputa. Ao lançar luz sobre a categoria geral "conhecimento", uma epistemologia deve explicar o que une os vários domínios potenciais dessa categoria. Essa atividade é fundamental para a explicação de qualquer um desses domínios potenciais, pois, se não compreendermos a categoria geral, não compreenderemos nada do que se vier a dizer sobre o conhecimento científico, o conhecimento matemático, o comum conhecimento pela percepção, o conhecimento ético ou o conhecimento religioso. Tome esta analogia: se não compreendermos a categoria "*snark*"* (cuja criação deve ser atribuída com todas as honras a Lewis Carroll), tampouco compreenderemos o que é um *snark* científico, um *snark* matemático, um *snark* ético e assim por diante. Uma epistemologia abrangente tratará pois de elucidar primeiro a categoria geral do conhecimento, considerando tal elucidação um pré-requisito para o esclarecimento dos domínios potenciais de conhecimento específicos.

▼

---

* Termo inventado por Lewis Carroll e que designa o colapso de um sistema, uma falha generalizada. (N. do T.)

O campo ou envergadura de uma epistemologia é determinado pela gama de domínios potenciais de conhecimento que ela explica. Uma epistemologia de pouca envergadura pode lançar luz sobre a categoria do conhecimento perceptivo, por exemplo, mas não dar contribuição alguma à compreensão de qualquer outro domínio potencial de conhecimento. Dadas as notáveis complexidades que caracterizam todos esses domínios (e o adjetivo "notáveis" não é um exagero), muitos epistemólogos contemporâneos contentam-se com a elucidação de um único domínio. Não obstante, até mesmo uma epistemologia de pouca envergadura tem de definir a categoria geral de conhecimento que é para ela um pressuposto, uma vez que tudo o que se disser a respeito de um domínio particular será obscuro na mesma medida em que for obscura a noção geral de conhecimento. Se essa noção não estiver clara, a noção de conhecimento científico, por exemplo, será igualmente nebulosa. Pelo menos é esse o conselho que nos dá a sabedoria pré-filosófica.

O CONCEITO DE CONHECIMENTO

Alguns filósofos, influenciados quer pela opinião filosófica (baseada na linguagem comum) de que todos os conceitos são "texturalmente abertos", quer pelas já clássicas *Investigações filosóficas* de Ludwig Wittgenstein (1958), negaram a existência de uma única noção geral de conhecimento que esteja por trás de vários domínios epistêmicos potenciais. Dizem eles que os vários usos que se dão a um mesmo termo geral, como "conhecimento", por exemplo, não precisam ter todos um sentido geral comum, mas podem relacionar-se entre si por semelhanças diversas (chamadas "semelhanças de família") que nem todos os usos em questão têm em comum. Segundo esse ponto de vista, o uso padrão de "conhecimento" na expressão "conhecimento matemático", por exemplo, pode ter um significado diferente do uso padrão de "conhecimento" em "conhecimento religioso". Com efeito, alguns defensores do ponto de vista wittgensteiniano sustentam que cada um desses usos tem um significado. Recomendam-nos, assim, que deixemos completamente de lado a tradicional atividade filosófica de tentar caracterizar o conhecimento humano *em geral*, pois tal termo não teria uma noção dotada de significado.

Como resolver as disputas acerca do sentido do termo "conhecimento"? Uma das estratégias naturais seria perguntar às pessoas o que elas querem dizer com essa palavra em vários contextos, pressupondo que a maioria delas saiba o que querem dizer por "conhecimento". Certos filósofos dizem que muita gente usa a palavra "conhecimento" de modo unívoco, com um único significado, quando falam de conhecimento científico, conhecimento matemático, conhecimento da percepção, conhecimento ético, conhecimento filosófico e conhecimento religioso. Se esses filósofos estiverem com a razão, muitas pessoas usam uma única noção geral de conhecimento como núcleo comum nos domínios epistêmicos potenciais acima mencionados. Disso não decorre, porém, que *todos* façam o mesmo. Segundo a opinião de Wittgenstein, outras pessoas podem usar o termo "conhecimento" de modo equívoco, com significados diversos, quando falam sobre os vários domínios potenciais. Nesse caso, diferentes grupos de pessoas usam o termo "conhecimento" com sentidos diferentes. Essa variedade de significados lingüísticos é uma possibilidade real entre certos usuários da linguagem; pelo menos não pode ser excluída em princípio.

Certos filósofos falam "do" conceito de conhecimento, mas devemos nos manter abertos, pelo menos em princípio, para a variabilidade de conceitos específicos empregados por pessoas diversas. Esta idéia de conceitos específicos de conhecimento parece pressupor um núcleo unívoco dos vários conceitos, uma vez que todos são conceitos de *conhecimento*. Alguns filósofos retrucam, porém, que a *linguagem* comum – por exemplo, o termo lingüístico "conhecimento" – é o único núcleo real. Não podemos decidir aqui essa questão, mas vale observar que a variação dos conceitos usados por algumas pessoas em suas tarefas de descrição e explicação não implica necessariamente uma variação dos conceitos *entendidos* por essas pessoas. Você pode entender um certo conceito específico de conhecimento, como o conceito oferecido por um livro de filosofia ou psicologia, sem empregá-lo em suas tarefas descritivas e explicativas. De modo mais geral, você pode entender as definições dadas por um autor, mas abster-se de adotá-las em seu próprio pensamento e em suas próprias explicações. O ponto mais importante, porém, é que certas pessoas podem usar conceitos específicos de conhecimento que sejam divergentes, e devemos estar atentos a essa possibilidade de variação conceitual. Em decorrência disso, uma teoria do conhecimento poderia ter de explicar não só um conceito geral de conhecimento subjacente aos vários conceitos específicos, mas também toda essa variedade de conceitos específicos. O objeto da epistemologia, em outras palavras, pode ser conceitualmente diverso, pelo menos no nível dos conceitos específicos de conhecimento.

Mas, nesse caso, uma teoria do conhecimento é uma teoria *do quê*? Ou seja, que espécie de "coisa" é o conhecimento, o qual é o objeto da epistemologia? Será ele (a) uma espécie natural (ou seja, uma espécie de coisa existente no mundo que apresenta propriedades estáveis e suscetíveis de explicação e indução); (b) um construto social; (c) um construto individual; ou (d) nenhuma das anteriores? Essas perguntas são, por si mesmas, temas de debates significativos no campo da epistemologia, e por isso mesmo resistem a respostas fáceis. Além disso, qual é a estratégia ou o método que devemos usar para responder a essas perguntas? Podemos acaso respondê-las sem lançar mão de uma teoria do conhecimento já formada? Se não pudermos, teremos de fazer uso de uma teoria do conhecimento sem levar em conta o nosso ponto de vista pessoal acerca do que o conhecimento realmente é. Se o conhecimento for uma espécie natural, a epistemologia terá um objeto tão "objetivo" quanto, por exemplo, o objeto da biologia ou da psicologia cognitiva. Nesse caso, haverá uma maneira *correta* – o contrário de incorreta – de explicar o que é o conhecimento, e tudo isso devido às características mesmas do conhecimento.

Acabamos de mencionar a meta do epistemólogo, de "explicar o que é o conhecimento". Mas em que consiste exatamente essa meta? Os filósofos não dão a essa pergunta uma resposta sempre igual. Desde a época do *Mênon* e do *Teeteto* de Platão, muitos epistemólogos, buscando explicar o conhecimento, procuraram formular os elementos essenciais do conhecimento humano. A formulação desses elementos consiste no que os filósofos modernos chamam de uma "análise" do (conceito de) conhecimento. Como dissemos no Capítulo 1, um dos pontos de vista tradicionais mais influentes, proposto por Platão (ver *Mênon* 97e-98a) e Kant, entre outros, é o de que o conhecimento propositivo humano (o conhecimento de que tal coisa é de tal jeito) tem três elementos individualmente necessários e conjuntamente suficientes: a justificação, a verdade e a crença. Segundo esse ponto de vista, o conhecimento propositivo humano é, por natureza, uma crença verdadeira e justificada.

Como observamos também no Capítulo 1, os epistemólogos dão o nome de "análise tradicional" à explicação tripartite apresentada a seguir. A condição de justificação exige que uma pessoa que saiba P (sendo "P" qualquer proposição) tenha uma justificação, justificativa, garantia ou corroboração de evidência suficiente para afirmar P. A condição de verdade exige que a proposição conhecida não seja falsa, mas verdadeira; não seja errônea, mas factual. A condição de crença exige que a pessoa que saiba P também creia em P, ou seja, tenha uma atitude psicológica de confiança em P. A exata caracterização de cada uma dessas condições supostamente necessárias para o conhecimento é objeto de constante disputa entre os epistemólogos. Nos Capítulos 3 a 5, voltaremos a essas condições e à questão da sua suficiência para o conhecimento.

EPISTEMOLOGIA, NATURALISMO E PRAGMATISMO

Acaso deve o ser humano dedicar seu tempo e sua energia para formular uma explicação filosófica do conhecimento humano? Em caso afirmativo, por que deve fazê-lo? Na ausência de respostas decisivas ou universalmente aceitas na epistemologia, podemos propor uma simples mudança de tema. Talvez as explicações filosóficas do conhecimento sejam substituíveis pelas ciências, ou simplesmente dispensáveis. Hoje em dia, muitos parecem pensar assim, mesmo que seja somente porque as discordâncias filosóficas sobre o conhecimento parecem perenes e infinitas.

A epistemologia tradicional, representada por Platão, Aristóteles, Descartes, Locke (1632-1704), Kant e Russell (1872-1970), entre outros, recomenda um estudo filosófico da natureza, das fontes e dos limites do conhecimento. Conta entre seus pressupostos comuns, primeiro, o de que o conhecimento é, grosso modo, uma crença verdadeira e justificada; e, segundo, que o estudo epistemológico não exige (embora possa lançar mão de) padrões de avaliação distintamente científicos. Alguns filósofos contemporâneos, como W. V. Quine e Richard Rorty, rejeitam a epistemologia tradicional.

A rejeição da epistemologia tradicional por parte de Quine nasce do seu *cientificismo substitutivo*, a idéia de que as ciências detêm o monopólio de todas as explicações teóricas legítimas. Quine (1969) propõe que tratemos a epistemologia como um capítulo da psicologia empírica e afirma que esta última pode esgotar as atividades teóricas dos epistemólogos. Essa proposta audaz pode ser chamada de *naturalismo substitutivo*. Ela implica que a epistemologia tradicional é dispensável e pode ser substituída pela psicologia empírica. De início, podemos nos sentir tentados a dar adeus à epistemologia tradicional, em vista do seu histórico turbulento de recorrentes discordâncias, mas vamos afastar essa tentação por ora.

Outra importante rejeição da epistemologia tradicional nasce do que podemos chamar de *pragmatismo substitutivo*: a dúplice idéia de que: (a) o vocabulário, os problemas e as metas da epistemologia tradicional não são lucrativos nem proveitosos (não são "úteis") e, por isso, precisam ser substituídos por seus sucedâneos pragmatistas; e (b) a principal tarefa da epistemologia é estudar as vantagens e desvantagens relativas dos diversos vocabulários das diferentes culturas. (Em defesa desta posição, ver Rorty 1982.) O pragmatismo substitutivo afirma a inutilidade e, logo, a dispensabilidade das preocupações filosóficas acerca de como o mundo realmente é (e sobre a verdade objetiva) e recomenda que se dê a máxima importância filosófica a tudo quanto é proveitoso, vantajoso ou útil. Como as crenças úteis podem ser falsas – afinal de contas, antes de Copérnico, houve muitos calendários precisos baseados numa falsa astronomia –, e podem portanto simplesmente não representar o mundo como ele é, o desejo de ter crenças úteis não equivale automaticamente a um desejo de ter crenças que representem o mundo como ele é. Uma crença obviamente falsa pode ser útil para uma pessoa que tem um determinado objetivo. É muito comum ver as pessoas mentindo umas para as outras e obtendo resultados.

O pragmatismo substitutivo afirma que uma proposição só nos é aceitável quando nos é *útil*, ou seja, quando sua aceitação é útil para nós. (Para não complicar a argumentação, vamos deixar que os pragmatistas definam "útil" da maneira que lhes parecer mais útil.) Mas, se é a utilidade que define a aceitabilidade, uma proposição será aceitável se, e somente se, for *verdade* (e, portanto, *factualmente real*) que a proposição é útil para nós. O apelo pragmático à utilidade, portanto, acarreta considerações acerca da veracidade da utilidade. Trata-se de uma *exigência de factualidade* que incide sobre o pragmatismo. Fica assim manifesto que o pragmatismo não foge – e evidentemente não pode fugir – às considerações acerca da natureza real ou factual das coisas, acerca de como as coisas realmente são.

Dada a exigência de factualidade do pragmatismo, é fácil propor questões epistemológicas tradicionais sobre o que é de fato "útil". Podemos perguntar, por exemplo, se é *verdade* que uma proposição determinada é útil para nós e se temos *provas* suficientes de que tal proposição é útil. Podemos perguntar, além disso, se *sabemos* ou não que a proposição é útil, e mesmo se temos *certeza* – digamos, em virtude de não encontrar nenhum fundamento possível para a dúvida – de que a proposição é útil. Naturalmente, precisamos nos valer de noções epistemológicas inteligíveis para fazer tais perguntas, mas esse obstáculo não é insuperável, nem mesmo pelos típicos critérios pragmatistas. Por isso, a epistemologia tradicional, com todas as perguntas que a distinguem, pode florescer até mesmo num ambiente que espose o pragmatismo. O pragmatismo não representa um desafio fatal à epistemologia tradicional.

É o próprio pragmatismo substitutivo que se defronta com um sério problema. Acaso pretende propor uma afirmativa *verdadeira* acerca da aceitabilidade das proposições? Pretende caracterizar a *natureza real* da aceitabilidade, pretende defini-la tal e qual *realmente é*? Nesse caso, sua caracterização é ilícita pelos seus próprios critérios. Contradiz o próprio pressuposto de que deveríamos eliminar da filosofia toda e qualquer consideração acerca do ser real das coisas. Em decorrência disso, o pragmatismo substitutivo depara-se com uma autocontradição perturbadora: faz o que diz que *não se deve* fazer. Seguindo a mesma linha destas últimas observações, podemos ainda propor questões epistemológicas tradicionais acerca do próprio pragmatismo substitutivo. Por exemplo: será que esse pragmatismo propõe uma afirmativa *verdadeira* a respeito da aceitabilidade? Além disso, será que essa afirmativa é cognoscível ou mesmo justificável? A epistemologia tradicional pode proceder com segurança a partir de perguntas como essas.

Se o pragmatismo substitutivo não oferece nem pretende oferecer uma caracterização da natureza real da aceitabilidade, por que devemos levá-lo em conta se o nosso objetivo é exatamente o de caracterizar a aceitabilidade das proposições? Dado esse objetivo, não devemos levá-lo em conta, pois ele nada tem a ver com o objetivo, é *inútil* para a realização do objetivo. A idéia de utilidade, de importância suprema para o pragmatismo, pode assim ser usada para refutar o próprio pragmatismo substitutivo. Essa corrente defronta-se assim com um dilema: ou o pragmatismo substitutivo é autocontraditório ou nada tem a oferecer ao típico epistemólogo que busca uma explicação da aceitabilidade. Esse dilema não é fácil de resolver e indica que o pragmatismo substitutivo não põe em xeque a epistemologia tradicional. Muitos epistemólogos, dado o seu objetivo de obter explicações, se recusam a considerar "útil" uma teoria autocontraditória. Dados os próprios critérios do pragmatismo substitutivo, pois, a autocontradição é perturbadora para esses estudiosos. Parece, enfim, que a epistemologia tradicional pode levar adiante a sua tarefa principal de explicar o conhecimento humano.

O naturalismo substitutivo suscita um problema semelhante ao que confronta o pragmatismo substitutivo. Tal naturalismo não tem por objetivo simplesmente descrever os nossos comuns conceitos epistemológicos, mas antes chegar a uma espécie de "desdobramento" ou "explicação" que, nas palavras de Rudolf Carnap, "consiste em transformar um dado conceito mais ou menos inexato num conceito exato, ou, antes, em *substituir* o primeiro pelo segundo" (1950, p. 3; grifo nosso). Em busca desse desdobramento, os naturalistas substitutivos introduzem os *substitutos* conceituais de vários conceitos epistemológicos e psicológicos comuns. Quine (1969) propõe, por exemplo, que *substituamos* a nossa comum noção de justificação por uma noção behaviorista da relação entre sensação e teoria. Propõe, de modo mais geral, que os naturalistas substitutivos encarem a teoria do conhecimento como um sub-ramo da psicologia empírica, ao mesmo tempo em que afirma que a psicologia empírica esgota (e pode portanto substituir) a epistemologia.

Uma das objeções que naturalmente se impõem é que o naturalismo que pretende substituir a epistemologia não é por si só uma tese científica, nem mesmo da psicologia empírica. Dada essa objeção, o naturalismo substitutivo evidentemente se afasta do próprio compromisso de Quine com um cientificismo substitutivo. O cientificismo substitutivo nega a existência de qualquer filosofia cognitivamente legítima antes das ciências ou independentemente delas (ou seja, de qualquer dita "filosofia primeira"), querendo dizer com isso que os teóricos não devem fazer afirmações filosóficas que excedam as ciências (ver Quine 1954, p. 222; 1981, p. 21, onde ele identifica os domínios científico e cognitivo).

O próprio naturalismo substitutivo de Quine, aplicado à epistemologia – tipicamente chamado de sua "epistemologia naturalizada" –, parece ser um caso de filosofia anterior às ciências. Dada essa objeção, Quine fica obrigado a demonstrar que sua epistemologia naturalizada é uma hipótese científica. Os naturalistas substitutivos terão dificuldades para se livrar desse fardo, pois as ciências não parecem ter por objetivo formular afirmações universais acerca do *status* da epistemologia (mesmo que um ou outro cientista faça essas afirmações às vezes). Talvez essa verdade sobre as ciências seja uma verdade empírica, mas é mesmo assim uma verdade justificada, e caracteriza as ciências em geral. É evidente, portanto, que o naturalismo substitutivo, aplicado à epistemologia e associado ao cientificismo substitutivo, é autocontraditório. O naturalista, qualquer que seja a corrente a que pertença, tem de tomar cuidado para não cair em autocontradição, na mesma medida em que as ciências tomam esse cuidado e em que todo conflito teórico é desvantajoso para a explicação unificada.

Pode-se tentar resgatar o naturalismo substitutivo propondo-se uma noção de *ciência* mais ampla do que a adotada pelas ciências tais como se entende normalmente. Essa proposta poderia mitigar a exigência implícita de que o naturalismo substitutivo seja uma hipótese científica. Com isso, porém, os naturalistas substitutivos vêem-se diante de um terrível dilema: ou se estabelecem restrições apriorísticas para o que pode ser considerado ciência (uma vez que o uso normal que se faz do termo "ciência" não determinaria a noção mais ampla) ou essa noção mais ampla de ciência seria excessivamente vaga e seu uso não seria regido por princípio algum. No mínimo, e na ausência de qualquer critério independente das ciências, precisamos de uma explicação de como devemos discernir quais as ciências que teriam papel regulador na formulação das teorias da epistemologia. A astrologia, por exemplo, seria excluída, e a astronomia seria incluída. Tal explicação poderia perfeitamente nos levar para além das ciências, uma vez que seria uma explicação *das* ciências, e, em particular, da função destas em vista da normatização da epistemologia.

Para atender aos propósitos do naturalismo substitutivo, qualquer nova noção de ciência que se venha a propor terá de excluir a epistemologia tradicional e incluir o naturalismo epistemológico, mas não poderá fazer isso *ad hoc*. De qualquer modo, tal estratégia para fugir à autocontradição exige uma noção inaudita de ciência, e isso não é pedir pouco. Os naturalistas substitutivos nunca adotaram tal estratégia nem jamais chegaram a resolver a mencionada autocontradição. Esse problema só diz respeito ao naturalismo substitutivo, mas não atinge as versões mais moderadas de naturalismo epistemológico que ora encontram-se em circulação. (Ver Goldman 1992, que apresenta algumas versões moderadas de naturalismo epistemológico.)

No Capítulo 8 voltaremos ao problema do naturalismo epistemológico e apresentaremos uma alternativa a essa corrente. Em particular, diremos que a epistemologia poderia ter se desenvolvido mesmo se as ciências empíricas, como as modernas física, química e biologia, não tivessem sequer surgido. Veremos que isso se deve ao fato de que o papel da explicação na epistemologia é intelectualmente geral, e não depende de características específicas das ciências. Várias versões moderadas do naturalismo, em acordo com as ciências, atribuem do mesmo modo um papel intelectual especial à explicação, mas não pedem nem exigem a substituição da epistemologia pela psicologia empírica (muito embora a epistemologia se aperfeiçoe por levar em conta os dados das nossas melhores psicologias). O fulcro do debate contemporâneo entre as abordagens epistemológicas naturalista e não naturalista é a questão de saber se a epistemologia é empírica ou *a priori*.

Ao propor a eliminação das categorias epistemológicas tradicionais, os adeptos do naturalismo substitutivo tipicamente fazem apelo à capacidade das ciências de prever e explicar certos aspectos significativos do universo. Partem do pressuposto de que nós, na qualidade de explicadores, não devemos nos valer do esquema conceitual tosco e popularesco de crença, justificação e conhecimento, dado que podemos explicar tudo o que precisa ser explicado através das avançadas categorias técnicas das neurociências e da psicologia científica. Muitos filósofos puseram-se contra esta última afirmação. Nós mesmos dissemos que o naturalismo substitutivo é autocontraditório, pois constitui por si mesmo um caso particular de filosofia anterior às ciências. De modo mais geral, os debates sobre o naturalismo tipicamente envolvem questões sobre o "reducionismo". Muitos naturalistas reducionistas afirmam que as únicas coisas realmente existentes no mundo são os componentes de nível inferior (elétrons e prótons, por exemplo) que constituem os fenômenos de nível superior (indivíduos humanos e grupos sociais, por exemplo). De acordo com eles, termos como "crença" e "justificação" constituem tão-somente meios práticos que o senso comum inventou para estabelecermos uma relação com uma realidade que pode ser mais bem caracterizada pelas ciências físicas. Muitos filósofos, porém, apresentam o argumento de que a maior parte da atividade científica é profundamente anti-reducionista, tanto na prática quanto em princípio. Partindo desse ponto de vista e do nosso próprio argumento de autocontradição, não vemos de que maneira se poderia inferir plausivelmente do mero sucesso das ciências a necessidade de eliminação da epistemologia.

Philip Kitcher (1992) propôs a seguinte estrutura básica para uma epistemologia naturalista não substitutiva:

1. O problema central da epistemologia consiste em compreender a qualidade epistêmica do desempenho cognitivo humano e em especificar estratégias pelas quais os seres humanos possam aperfeiçoar seus estados cognitivos.
2. A qualidade epistêmica de um estado determinado depende dos processos que a geram e sustentam.
3. O projeto epistemológico essencial deve ser realizado mediante a descrição de processos confiáveis, na medida em que gerariam com freqüência estados epistemicamente virtuosos nos seres humanos vivos em nosso mundo.

4. Praticamente nada há que seja cognoscível *a priori*, e, em particular, nenhum princípio epistemológico é cognoscível *a priori*. (Pp. 74-6)

Este livro não pode decretar o sucesso definitivo da epistemologia naturalista acima caracterizada. Os benefícios e as fraquezas de uma tal epistemologia devem ser ponderados à luz de considerações técnicas metaepistêmicas que vão muito além do que se propõe este livro. Não obstante, cabe fazer algumas observações de caráter geral.

O fato de adotarmos uma epistemologia naturalista afetaria o modo pelo qual avaliamos as teorias do conhecimento e da justificação. Por exemplo: dada uma epistemologia naturalista, segundo a qual os fundamentos causais de uma crença são essenciais para a sua justificação, o estudo da justificação envolveria a investigação de complexas relações *a posteriori*, idealmente com a ajuda da melhor psicologia empírica. Alguns naturalistas afirmam que as tradicionais teorias não naturalistas do conhecimento encontram-se agora, quando consideradas em sua relação com as áreas da psicologia que dizem respeito ao conhecimento, numa posição tão fraca quanto a da metafísica do século XIX quando procurava tratar dos fundamentos químicos da vida. Nós mesmos já afirmamos que o naturalismo mitigado não recomenda a substituição da epistemologia pela física, pela biologia, nem mesmo pela psicologia, ou seja, não leva ao naturalismo substitutivo. O naturalismo mitigado preserva o objetivo epistemológico tradicional de formular a explicação mais plausível do conhecimento humano, tanto em sua estrutura quanto em suas fontes. Os critérios de explicação que a isso se aplicam podem incluir, entre outras coisas, os critérios explicativos da investigação intelectual em geral, mais amplos do que os critérios estritamente científicos (por exemplo, padrões de coerência lógica, compatibilidade com todos os dados disponíveis, unificação de todos os temas tratados e compatibilidade com as melhores ciências). Nos Capítulos 3, 6 e 7, apresentaremos algumas considerações psicológicas pertinentes ao naturalismo mitigado na epistemologia.

O VALOR NA EPISTEMOLOGIA

A epistemologia, tal e qual é praticada tradicionalmente, parece intrinsecamente avaliativa e, portanto, normativa; não é somente descritiva. Oferece padrões pelos quais as crenças particulares podem ser avaliadas, sendo algumas aceitas como casos de conhecimento verdadeiro e outras, excluídas dessa categoria. Alguns debates recentes acerca do sentido da "justificação" giram em torno de saber se o conceito de justificação epistêmica (relativa ao conhecimento) é normativo e, em caso afirmativo, de que modo o é.

Desde a década de 1950 que Roderick Chisholm defende a seguinte noção avaliativa "deontológica" (ou seja, relativa ao dever) da justificação: A afirmação de que a proposição *P* é epistemicamente justificada para você *significa* que é falso dizer que você deve se abster de aceitar *P*. Em outras palavras, dizer que *P* é epistemicamente justificada é o mesmo que dizer que aceitar *P* é *epistemicamente admissível* – pelo menos na medida em que a aceitação de *P* é coerente com um determinado conjunto de regras ou requisitos epistêmicos. Tipicamente, essas regras especificam como a pessoa *deve* adquirir crenças verdadeiras (informativas) e evitar as crenças falsas. Podemos concebê-las como análogas às regras da ética que tratam das ações adequadas e inadequadas (ver Chisholm 1989, pp. 59-60).

A interpretação deontológica da justificação goza de certa popularidade na epistemologia contemporânea e combina muito bem com o que os filósofos chamam de "ética da crença". Está implícita nela a idéia de que um dos temas centrais da epistemologia é a avaliação de quais as espécies de crenças admissíveis e obrigatórias para os seres humanos em determinadas circunstâncias. A abordagem deontológica constitui, na epistemologia, um análogo da nossa preocupação com as ações admissíveis e obrigatórias na familiar ética da conduta. Não exige, porém, que as crenças estejam sujeitas ao nosso controle *direto*, como ocorre com muitas ações. Exige somente que a formação de crenças seja controlada por nós de modo indireto, do mesmo modo que muitos hábitos estão sujeitos a um controle indireto da nossa parte.

Temos de tomar cuidado ao formular uma noção deontológica da justificação. Suponha que você tenha sido criado numa cultura isolada em que todas as fontes confiáveis a que você tinha acesso asseveravam que uma certa dança faz chover. Isolado em sua cultura, você não tem acesso à teoria meteorológica que põe em xeque os relatos das suas fontes. Certas pessoas sentem-se inclinadas a admitir que, encontrando-se você nessa situação, ser-lhe-ia epistemicamente admissível crer que existe uma dança que faz chover. Outras objetarão que, na ausência de provas substantivas de que a dança causa a chuva, você não teria nenhuma justificativa epistêmica para crer nisso. Ao que parece, a abordagem deontológica da justificação tem de cuidar para não separar completamente a justificação epistêmica das provas corroborantes. Nesse sentido, a mesma abordagem não deve confundir uma crença epistemicamente justificada com uma crença *desculpável*. Uma crença pode ser desculpável, mesmo que lhe faltem as provas corroborantes. O tipo de justificação necessária ao conhecimento depende de uma corroboração suficiente fornecida pelos dados disponíveis; e a uma crença desculpável, dentro de um determinado contexto, pode faltar essa corroboração suficiente. Podemos dizer que a crença desculpável é um fenômeno mais comum do que a crença epistemicamente justificada, muito embora seja difícil especificar exatamente o que caracteriza a "suficiência" da corroboração. Como veremos no Capítulo 5, os epistemólogos contemporâneos divergem quanto às condições exatas que configuram uma tal situação.

Não é necessário que uma interpretação da justificação seja deontológica para que seja normativa, uma vez que o uso das noções de obrigatoriedade e admissibilidade não é necessário para a caracterização da justificação. William Alston (1985), por exemplo, apresentou um conceito normativo e não deontológico da justificação, valendo-se principalmente da noção do que é *epistemicamente bom*, avaliado segundo o ponto de vista da maximização das crenças verdadeiras e minimização das crenças falsas. Esse "bem" não é necessariamente entendido segundo as categorias de obrigatoriedade (ou dever) e admissibilidade; pode ser um objeto de avaliação independente de ambos os conceitos. Considere, por exemplo, a afirmativa de que um determinado atleta (Michael Jordan, digamos) está em "boa" forma. Dessa afirmação não decorre nenhuma inferência de obrigatoriedade ou admissibilidade; ela pode ser avaliativa sem ser deontológica.

Alston vincula a "bondade" epistêmica ao fato de uma crença ser baseada em fundamentos suficientes, na ausência de razões contrárias excessivamente fortes. Um exemplo simples é o caso da sua crença atual de que existem palavras escritas na página à sua frente. Essa crença se baseia na sua experiência perceptiva atual, e (presumimos) não há nada que a ponha em xeque. A noção crucial de fundamentos *suficientes* garante que a epistemologia resultante seja avaliativa e, logo, normativa, mesmo que não seja deontológica. A epistemologia talvez não seja uma simples "ética da mente", mas, de qualquer forma, ela repousa tipicamente sobre noções avaliativas que vão além da mera descrição.

Vamos admitir que a epistemologia, em sua prática padrão, é intrinsecamente avaliativa e não meramente descritiva. Duas perguntas se impõem. Em primeiro lugar, será que a maioria das pessoas realmente dá algum valor ao projeto avaliativo que se chama de "epistemologia"? Em segundo lugar, *devemos* dar algum valor a isso, especialmente quando consideramos o quanto nosso tempo é precioso? Parece que muitas pessoas dão valor a isso, na mesma medida em que dão valor à compreensão da diferença entre um conhecimento verdadeiro e um conhecimento meramente aparente. Querem compreender essa diferença porque querem apreender a distinção que existe entre reconhecer os meios eficazes para a realização de seus objetivos (sejam estes quais forem) e não reconhecer esses meios.

A incapacidade de reconhecer os meios que conduzem à realização de nossos objetivos normalmente resulta numa frustração desses objetivos; é por isso que nos preocupamos com o reconhecimento desses meios. Como nos preocupamos com isso, preocupamo-nos também com compreender a distinção que existe entre o verdadeiro reconhecimento dos meios e a *aparência* de um tal reconhecimento. Não ficaríamos satisfeitos, por exemplo, com o mero reconhecimento de meios que *pareçam* poder nos garantir a obtenção de um diploma de faculdade; o que queremos são os meios reais. Pelo menos nessa medida, a maioria das pessoas tende a atribuir valor ao projeto avaliativo que se chama "epistemologia".

Se "devemos" ou não nos preocupar com a epistemologia, isso talvez dependa dos objetivos que temos na vida. Mesmo assim, se tivermos na vida um objetivo qualquer (mesmo que seja o objetivo de ordem superior de não ter objetivos de primeira ordem), a epistemologia será valiosa para nós. Acabamos de observar que, por atribuir valor ao reconhecimento de meios eficazes para a realização dos objetivos, a maioria das pessoas se preocupa em apreender a distinção entre o reconhecimento verdadeiro desses meios e o reconhecimento meramente aparente. Em decorrência disso, devemos atribuir valor à epistemologia, pelo menos na medida em que ela lança luz sobre a distinção entre o conhecimento verdadeiro (ou o reconhecimento) e o conhecimento aparente. Podemos concluir assim que a epistemologia tem valor, pelo menos para as pessoas que se preocupam em reconhecer meios eficazes para atingir seus objetivos – e mesmo que a epistemologia não forneça uma receita para a realização de todos os nossos objetivos particulares. Uma vez que entre essas pessoas se incluem provavelmente todos os adultos normais, o valor da epistemologia é de fato muito alto. Poucas disciplinas, se é que existem outras, gozam de uma tal amplitude de valor demonstrável.

Evidentemente, o valor da epistemologia transcende os limites ordinários que separam as disciplinas entre si. Em qualquer disciplina para a qual o conhecimento tenha algum valor, a epistemologia pode contribuir na medida em que elucida as condições, as fontes e os limites do verdadeiro conhecimento. Além da filosofia propriamente dita (se é que é possível ir além da filosofia), disciplinas como a física, a química, a biologia, a antropologia, a psicologia, a sociologia e a teologia se beneficiam da epistemologia, pelo menos na medida em que dão valor a uma ou outra espécie de conhecimento verdadeiro. A epistemologia não é a juíza suprema das disputas específicas internas a essas disciplinas. Os epistemólogos tradicionais não podem ser, por exemplo, os juízes indicados para julgar as disputas teóricas específicas relativas às técnicas usadas pelo Projeto Genoma Humano. Não obstante, a epistemologia pode oferecer uma contribuição significativa à formulação desses juízos, pois lança luz sobre as noções de conhecimento e justificação e sobre os princípios correspondentes que podem ser usados para identificar a justificação e o conhecimento verdadeiros. A epistemologia, portanto, não é de modo algum só para os filósofos. É uma disciplina essencial para quantos desenvolvem projetos cognitivos – ou, aliás, projetos de qualquer natureza.

Já vimos que uma teoria do conhecimento suscita diversas perguntas difíceis acerca da natureza do seu próprio objeto. As respostas dadas a essas perguntas variam conforme sejam dadas por esta ou aquela teoria do conhecimento, mas disso não decorre que todas as respostas sejam igualmente válidas. As respostas divergentes dadas pela epistemologia podem incluir proposições insustentáveis ou mesmo falsas. Devemos, portanto, nos guardar contra a noção de que os desacordos epistemológicos acarretam uma atitude de "vale tudo" no que diz respeito ao conhecimento ou às teorias do conhecimento. Vale observar, de qualquer modo, que os defensores da atitude do "vale tudo" não costumam adotar essa mesma atitude no que diz respeito à própria idéia do "vale tudo". No Capítulo 4 voltaremos a falar do relativismo.

Em suma, pois, identificamos alguns debates importantes a respeito da natureza do conceito de conhecimento e afirmamos, com argumentos, que a epistemologia é de fato indispensável. A epistemologia tradicional, segundo dissemos, não é substituível nem pelas ciências (ao contrário do que diz o naturalismo substitutivo) nem pelo estudo do que é útil para nós (ao contrário do que afirma o pragmatismo substitutivo). Demonstramos também o valor que a epistemologia tem para qualquer pessoa que tenha objetivos definidos. A epistemologia é uma disciplina avaliativa de capital importância para qualquer ser humano dotado de objetivos. Trataremos agora da crença como elemento do conhecimento.

CAPÍTULO 3

A CRENÇA

Para o bem ou para o mal, nossa mente é repleta de crenças. Além das crenças comuns que se referem à percepção, temos crenças científicas, morais, políticas e teológicas. Se a análise epistêmica tradicional estiver correta, a crença é uma condição necessária para o conhecimento. Descrita desse modo, a crença pode afigurar-se como um simples traço lógico do conhecimento, e talvez isso explique por que diversos epistemólogos tradicionais não estudaram a crença como um estado psicológico complexo. Pelo contrário, trataram a crença como um estado monolítico que pode tomar por objeto um número indefinido de proposições. Dada a análise tradicional, se você não compreender em certa medida o que a crença é, não compreenderá tampouco o que é o conhecimento. Desse modo, a crença deve ser estudada cuidadosamente pelas teorias do conhecimento.

Este capítulo pretende examinar diversas características da crença que desempenham papel central em suas funções epistêmicas. Veremos que a importância atribuída à análise filosófica geral do conhecimento gerou um conceito de crença (e de justificação) rarefeito e abstrato, e deixou assim de englobar não só diversas diferenças epistemologicamente significativas entre vários estados cognitivos, mas também muitas relações igualmente importantes entre a epistemologia e a psicologia.

AS CRENÇAS E OS ESTADOS DE REPRESENTAÇÃO

Uma crença, pelo menos segundo o uso comum que damos ao termo, é sempre uma crença *em* um determinado estado de coisas. Em virtude dessa propriedade, a crença é *intencional* ou, de modo mais genérico, tem *significado*. Assim como o significado de uma frase é dado pela proposição que expressa, o significado de um estado mental como uma crença é proporcionado pelo estado de coisas, ou a proposição, que tem de existir para que a crença seja verdadeira. Dada essa característica intencional, as crenças são sempre *representativas* e funcionam como mapas pelos quais retratamos o mundo que nos cerca e nele "navegamos" (ver Armstrong 1973, Cap. 1).

Um dos principais pontos de vista da filosofia da mente tem uma importância epistemológica evidente. Segundo esse ponto de vista, cada uma das "atitudes propositivas" – o nome que os filósofos dão a estados psicológicos como a crença, o desejo, a esperança e o medo – é totalmente especificada por dois fatores: a relação psicológica e o conteúdo propositivo. Considere um estado mental que tenha por objeto, por exemplo, a superioridade dos mastins sobre todos os outros animais de estimação. Tal estado seria uma atitude de crença em virtude da *natureza* da relação psicológica que existe entre você e a proposição de que os mastins são os melhores animais de estimação. É claro que você pode ter atitudes diferentes em relação à mesma proposição. Pode acreditar que os mastins são os melhores, mas pode também desejar isso, ter medo disso ou ter esperança disso. As diferenças entre essas atitudes propositivas se refletem no modo pelo qual você pensa e age em relação aos mastins. Se você simplesmente *desejasse* (mas não cresse) que os mastins fossem animais superiores, não necessariamente procuraria convencer os outros disso nem teria necessariamente a vontade de comprar um mastim (no mais não havendo diferenças).

Além disso, qualquer relação psicológica (crença, desejo, medo, etc.) pode ter por objeto diversas proposições. Você pode crer que os mastins são animais de estimação superiores, que o cavalo de corrida Ernie R. corre bem em pista molhada, que o quadro *Jardim das delícias terrenas* de Hieronymus Bosch é mais apocalíptico do que pagão ou que a Bosch fabrica velas de alto desempenho para motores a explosão. O que torna esses estados diferentes entre si não é a atitude propositiva, mas sim o *conteúdo* propositivo de cada um deles, as proposições às quais a atitude (no caso, a crença) se refere.

Na epistemologia tradicional, os filósofos chegaram por vezes a considerar a crença como um estado em que vale o tudo-ou-nada: ou você crê em *P* ou não crê. Essa noção parece, na melhor das hipóteses, uma idealização, uma simplificação exagerada que facilita a análise. Quando examinamos os casos reais de obrigação epistêmica, constatamos que variam tanto em *grau* quanto em *relação*. A variação em grau por si só não representa nenhum problema para a suposição de que a noção de crença é algo muito claro. Podemos ter graus diversos de confiança; em específico, podemos estar mais ou menos confiantes na verdade de uma proposição. O fato de você não ter confiança em sua *crença* de que os mastins são suscetíveis a tumores não significa que você tenha alguma outra relação psicológica com essa proposição – por exemplo, o *medo* de que os mastins sejam suscetíveis a tumores ou a *esperança* de que não sejam. Sua confiança faz variar, porém, a probabilidade que você atribui (ou atribuiria) a uma proposição na qual crê.

Boa parte da epistemologia contemporânea surgiu nas décadas de 1960 e 1970, período que produziu análises volumosas e sutis da justificação e do conhecimento. Mas boa parte desse esforço teórico teve por objeto a produção de intricados exemplos contrários às análises da condição de justificação, e o fato é que a noção de crença mereceu muito menos esforços por parte dos investigadores. As obras fundadoras tratavam a crença como uma noção mais ou menos indiferenciada e só mencionavam aquelas diferenças entre os estados de crença que pudessem ser apreendidos a partir de uma investigação filosófica superficial. Por isso, embora possa haver tantas crenças particulares quantos são os *objetos possíveis* de crença, o sentido segundo o qual alguém pode crer nesses objetos era entendido de modo mais ou menos uniforme pelas diversas análises epistemológicas.

Há pouco tempo, os filósofos e psicólogos passaram a estudar a crença em diversos de seus papéis cognitivos: na formação de atitudes, na indução, na sua contribuição para os desvios cognitivos e num sem-número de outros processos psicológicos. Hoje em dia, chegou-se virtualmente ao consenso de que as crenças são estados que contêm informações, estados de um tipo especial. O tipo de informação contida nas crenças depende, pelo menos em parte, do modo pelo qual essas crenças representam o mundo. Se uma crença representa o mundo incorretamente – se o representa mal –, a crença é falsa. Se, por outro lado, ela representa o mundo corretamente, é verdadeira ou factual. Como já dissemos, nem todos os estados mentais são crenças. Temos também desejos, esperanças, medos e outros estados propositivos. Todos esses são estados de representação, na medida em que fornecem uma espécie de mapa ou panorama de uma parte do mundo. O medo de que haja uma cobra escondida na relva, por exemplo, é um medo de que o mundo seja de uma determinada maneira – de que seja tal que haja uma cobra escondida na relva. A representação é um elemento indispensável da nossa vida mental.

Certos estados mentais não são representativos e, nesse sentido, podem ter um papel epistemológico diferente do das crenças. Considere, por exemplo, os chamados estados qualitativos não propositivos, como as experiências auditivas que temos ao ouvir um recital de piano ou as sensações de cor que temos quando apertamos as mãos contra os olhos fechados. Estes últimos estados não implicam uma proposição *sobre* alguma coisa. Os processos nervosos que subjazem a esses estados ou os realizam podem ter alguma relação causal com o mundo. Mesmo assim, é duvidoso que só por isso o conteúdo das sensações de cor acima mencionadas seja portador de uma representação, como é por exemplo a crença.

Nossas experiências qualitativas não propositivas podem parecer diferentes das crenças típicas pelo fato de serem "incorrigíveis", para usar o termo proposto por certos filósofos: evidentemente, não podemos cometer engano algum a respeito de seus conteúdos. A tese da incorrigibilidade, porém, só é correta na medida em que não haja nenhum juízo envolvido com os objetos dessas experiências. Quando bate nas teclas do piano, você tem a sensação de um barulho alto. Você pode estar certo ou errado quanto ao juízo *de que* o barulho é alto, mas na sensação em si mesma não pode haver erro (nem acerto), pois não é um juízo.

As crenças são intrinsecamente propositivas, pois exigem um objeto propositivo. Não são, porém, nem ações psicológicas nem episódios ocorrentes; são *estados* de representação psicológicos que podem ou não se manifestar no comportamento. Você pode crer em que 2 + 2 = 4, por exemplo, e não estar *fazendo* nada enquanto isso; pode crer nisso mesmo enquanto está dormindo a sono solto, sem pensar minimamente em aritmética. A crença parece semelhante a certos hábitos que temos, pois envolve a *tendência* da pessoa a se comportar de determinado modo em determinadas circunstâncias. No caso das crenças, a tendência em questão, sendo um caso de representação, parece ser a disposição a concordar com certos conteúdos propositivos sob as circunstâncias adequadas. A concordância ou assentimento em questão é em si mesma episódica, uma vez que é uma ação, e não precisa se manifestar no comportamento evidente. Como você pode crer em algo sem expressar seu assentimento a essa crença agora (lembre-se de que você pode estar dormindo enquanto crê que 2 + 2 = 4), a crença não se identifica ao ato do assentimento.

Embora nosso uso ordinário da palavra "crença" seja um tanto vago e não nos habilite a decidir da validade de muitos casos de crença possível, não nos devemos deixar perturbar por esse fato agora. Estamos interessados no papel cognitivo da crença, e o fato de a nossa noção de crença nem sempre esclarecer se uma pessoa acredita numa proposição determinada não é uma objeção grave à afirmação de que a crença tem uma função cognitiva importante. Certos filósofos defenderam a opinião de que essa inexatidão é incompatível com um estado cientificamente aceitável. Esse argumento deriva sua força do caráter aparentemente holístico das atribuições de crença.

Num exemplo famoso, Stephen Stich (1983, pp. 54-6) pede que consideremos a pessoa da Sra. T, que no passado acreditava que McKinley foi assassinado, mas de lá para cá sofreu uma perda progressiva de memória. Não tem certeza do significado do termo "assassinato" e se lembra do nome "McKinley", mas não se lembra de ter havido um presidente com esse nome nos Estados Unidos. Acaso acredita realmente que McKinley foi assassinado? Talvez não. Porém, se imaginarmos uma memória um pouquinho melhor e uma apreensão mais nítida dos conceitos pertinentes, podemos ver de que modo as crenças podem existir em vários graus. É evidente que, felizmente, as pessoas podem ter uma crença não muito clara sem chegar ao nível da patologia. Uma criança, por exemplo, pode acreditar que o irmão de seu pai é seu tio, mesmo que não compreenda claramente a questão das relações de parentesco. Se a crença exigisse a compreensão plena de todas as noções que a constituem, teríamos na verdade pouquíssimas crenças.

AS CRENÇAS E A ATRIBUIÇÃO DE CRENÇAS

Temos de fazer uma distinção entre a crença e a sua atribuição, ou seja, entre a crença e a atribuição de crenças. A atribuição de crenças é um procedimento pragmático, na medida em que tem relação com a linguagem, e particularmente com a linguagem das crenças. A tolerância com que atribuímos a uma pessoa a crença em P não exige necessariamente que a pessoa tenha a posse de todos os conceitos necessários para crer em P. Você pode atribuir a um bebê, por exemplo, a crença em que o aquecedor ao lado está quente, muito embora admita que o bebê não tem a menor idéia do que é um aquecedor. Assim, a útil tendência a atribuir crenças a certas pessoas não nos deve levar a concluir simplesmente que elas têm de fato essas crenças. A utilidade da atribuição de crenças não é uma prova automática da existência das crenças. A crença é uma coisa; a atribuição útil é outra. Do mesmo modo, a útil tendência de atribuir crenças *como se fossem verdadeiras* não nos deve levar a concluir que essas crenças existem na pessoa nem mesmo que são *verdadeiras de fato*. O fato de atribuirmos crenças aparentemente verdadeiras segundo o nosso olhar não garante que as crenças assim atribuídas sejam de fato crenças da outra pessoa ou sejam realmente verdadeiras. Desnecessário dizer que o mundo nem sempre corrobora as crenças que parecem verídicas.

O Princípio de Caridade, como modalidade de atribuição de crenças, postula que devemos atribuir aos nossos interlocutores crenças que são em sua maioria verdadeiras. Esse Princípio tem importância epistemológica porque alguns filósofos utilizaram-no para argumentar contra o ceticismo. Donald Davidson, em particular, afirmou que o ceticismo tem de ser falso porque o Princípio de Caridade é verdadeiro. Como quer que utilizemos o Princípio de Caridade em nossas práticas interpretativas, e mesmo quando interpretamos pessoas de outras culturas, o Princípio induz a um erro filosófico que precisamos identificar.

A atribuição de crenças e preferências a outras pessoas, inclusive a pessoas vindas de uma cultura radicalmente diferente, nos põe diante do problema de traduzir a fala dos outros para uma linguagem que sejamos capazes de compreender. Sob este aspecto, o Princípio de Caridade nos oferece um método rápido de racionalização da explicação. Os historiadores e os psicólogos clínicos se defrontam com o mesmo problema que os antropólogos – descrever e tornar inteligível o comportamento de outros agentes, às vezes radicalmente diferentes. Os filósofos simpáticos ao Princípio afirmam que a pressão de compreender favorece um método de interpretação que "coloque o intérprete numa posição de concordância geral com o falante" (Davidson 1980, p. 169).

Segundo Davidson, a interpretação caritativa não depende de uma *escolha* nossa. Antes, diz ele, "a caridade nos é imposta; quer gostemos disso, quer não, se quisermos compreender os outros, temos de partir do princípio de que eles estão certos com respeito à maioria das questões" (1980, p. 197). Com medo do desacordo, porém, o intérprete toma o lugar do falante. Segundo Davidson, é o intérprete que diz quem está com a razão. É claro que isso torna mais leve o fardo da caridade para nós, intérpretes. Dado o Princípio de Caridade, se formos intérpretes diligentes, não precisaremos dar justificativa nenhuma para o nosso provincianismo interpretativo. Segundo Davidson, mesmo um intérprete onisciente "atribui crenças às outras pessoas e interpreta a fala delas com base em suas próprias crenças, como fazemos todos nós" (1980, p. 201).

O Princípio de Caridade não é de forma alguma uma manifestação de sabedoria filosófica aceita por todos. Muitos filósofos o rejeitam e afirmam que a interpretação sensível exige às vezes que partamos do pressuposto de que a outra pessoa está enganada quanto à maioria dos assuntos, e que não existe nenhum número específico de crenças falsas que nos impeçam de interpretar com inteligência o comportamento alheio. A tarefa de interpretar o comportamento é explicativa; se a melhor explicação de um comportamento exige que se atribua uma maioria de crenças falsas à pessoa objeto de interpretação, que assim seja. Pelo menos não podemos excluir essa possibilidade *a priori*. De qualquer modo, o Princípio de Caridade por si só não elimina a ameaça do ceticismo, pois pode ser verdade que tenhamos de atribuir crenças *como se* as crenças da pessoa fossem majoritariamente verdadeiras, mesmo que as crenças em questão não o sejam. Por tudo isso, é duvidoso que o Princípio de Caridade possa lançar luz quer sobre a natureza das crenças, quer sobre o problema do ceticismo.

ACASO AS CRENÇAS SÃO TRANSPARENTES?

A epistemologia não diz respeito somente ao conhecimento que temos dos outros, mas também ao conhecimento que temos de nós mesmos, e trata portanto do caráter do autoconhecimento. Muitos filósofos teceram comentários sobre as dificuldades de conhecermos o conteúdo de nossos próprios pensamentos, e alguns, como Kant, concluíram por fim que chegamos a conhecer o conteúdo da nossa mente do mesmo modo pelo qual chegamos a conhecer qualquer outro fato empírico. Por causa disso, podemos nos enganar em nossa crença acerca do que nos motivou num acontecimento particular. Em suma, portanto, quando as crenças que atribuímos a nós mesmos têm o caráter de conhecimento, é porque são (aproximadamente) verdadeiras e justificadas. Também neste caso a verdade e a justificação são essenciais para o conhecimento.

Certos filósofos propuseram a idéia de que nossos estados mentais são imediatamente acessíveis à introspecção – opinião que se chama às vezes de *tese da transparência*. Segundo esse ponto de vista, podemos conhecer nossas crenças pela simples interiorização da atenção, por assim dizer, e pela observação imediata do conteúdo da nossa mente. Segundo Descartes ([1640]): "Nada pode haver em mim, ou seja, em minha mente, de que eu não tenha consciência." (Alguns comentadores afirmam que Descartes restringiu sua tese da transparência aos estados mentais *atuais*, mas não vamos tratar aqui das vicissitudes da exegese do cartesianismo; estamos discutindo posições filosóficas, e não as pessoas dos filósofos.) Além disso, George Berkeley pensava que a demonstração de que um estado mental não está presente parte do fato de que o pensador não tem consciência do estado: "Cada qual é ele mesmo o melhor juiz do que percebe e do que não percebe. Em vão me dirão todos os matemáticos do mundo que eu percebo certas *linhas* e *ângulos* que introduzem em minha mente as diversas *idéias* de *distância* se eu mesmo não tiver consciência dessas coisas" ([1709], § 12).

Várias considerações se apresentam contra qualquer versão inflexível da tese da transparência. Em primeiro lugar, às vezes a melhor explicação do nosso comportamento exige que nos seja atribuída uma atitude que não é imediatamente perceptível pela introspecção. A idéia de que podemos ter estados mentais que não são imediatamente acessíveis à introspecção não precisa de provas fornecidas pela psicanálise nem parte do pressuposto de que qualquer outra pessoa tem mais condições de conhecer nossos estados mentais do que nós mesmos. Antes, essa idéia afirma simplesmente que certos estados intencionais necessários para a explicação de importantes comportamentos psicológicos não são imediatamente acessíveis ao sujeito desses estados. Em segundo lugar, certos estados intencionais importantes para o processamento psicológico não podem ser "acessados" à vontade, e não temos consciência deles enquanto estão em operação. Esses estados são chamados às vezes de *subdoxásticos*, e logo voltaremos a falar deles. Em terceiro lugar, se as crenças não são ações, mas estados de disposição, não será surpresa se tivermos crenças que não sejam imediatamente acessíveis à introspecção. Afinal de contas, um estado de disposição, como um hábito, pode existir sem se manifestar.

Vamos refletir sobre a primeira consideração contra a tese da extrema transparência. Segundo uma grande tradição da psicologia, podemos ter estados mentais inconscientes. O pensamento de Freud adquiriu fama, mas muitos teóricos anteriores a ele também disseram que boa parte do nosso comportamento só pode ser satisfatoriamente explicada por desejos e crenças inconscientes. Pode ser que você não planeje conscientemente chegar atrasado em seus encontros com um colega de quem não gosta, mas mesmo assim sempre se atrasa. Se esse atraso não é típico da sua pessoa, pode ser que o desejo inconsciente de evitar o colega faça parte da melhor explicação do seu comportamento. Tal explicação não implica nenhuma teoria psicanalítica específica. Assim, podemos aceitar a afirmação de que temos estados mentais inconscientes e ao mesmo tempo rejeitar quase tudo o que Freud, Adler ou Jung tinham a dizer a respeito desses estados. De qualquer modo, é importante deixar claro que não temos motivos para pensar que todos os nossos estados mentais inconscientes são imediatamente acessíveis à nossa introspecção.

Quanto à segunda consideração contra a transparência, pense nos estados mentais *subdoxásticos*. Tais estados refletem convicções cognitivas de um tipo especial. Stich (1978) afirma que a distinção entre os estados psicológicos comuns e os estados "subpessoais" ou "subdoxásticos" estudados com sucesso pela psicologia cognitiva se define por duas características. Os estados subdoxásticos, representados, por exemplo, pelo estudo do diâmetro pupilar de E. H. Hess (1975), se distinguem dos comuns estados de crença pelo seu *isolamento inferencial* e pela sua *inacessibilidade à consciência*. No experimento de Hess, apresentaram-se a vários homens duas fotos quase idênticas da mesma mulher. Uma das fotos, porém, tinha sido retocada, tornando as pupilas da mulher um pouquinho maiores do que na outra foto. Os homens estudados, em sua maioria, consideraram mais atraente a mulher da foto retocada, muito embora não soubessem dizer por quê nem identificar a diferença entre as duas fotos. Não há dúvida, portanto, de que existe algum mecanismo que processa as informações sobre o diâmetro das pupilas e reage às diferenças nesse diâmetro (mecanismo, aliás, curiosamente inexprimível pela pessoa que nele não presta atenção); isso nos dá a justificativa da afirmação de que certos estados subjacentes à produção de uma crença são inacessíveis à consciência.

Embora os estados subdoxásticos possam servir de premissas para se inferir uma crença, não são (para usar a expressão de Stich) tão "inferencialmente promíscuos" quanto as crenças comuns. As crenças acessíveis à consciência têm uma potencial relação de inferência com uma enorme gama de outras crenças; ou seja, podem ter relação de inferência com crenças a respeito de praticamente qualquer tema. Por outro lado, os meandros inferenciais que correlacionam os estados subdoxásticos às crenças são sempre especializados e limitados. Só uma estreita variedade de crenças (crenças visuais de uma certa espécie, por exemplo) podem decorrer de um estado subdoxástico determinado. Quando Stich afirma que os processos que operam nos estados subdoxásticos são "especializados e limitados", ele antecipa a influente explicação que Jerry Fodor deu dos módulos psicológicos, chamando-os de "mecanismos computacionais altamente especializados" (ver Fodor, 1983).

É evidente, portanto, que as explicações dadas pelos diferentes campos da psicologia experimental fazem uso de noções de "estado psicológico" que diferem da noção "popular" desse mesmo termo. Faltaria precisão a uma explicação que remetesse o fato de os homens acharem "mais atraente" a mulher da foto retocada a uma crença de que as mulheres com pupilas maiores são mais atraentes. Uma vez deixada de lado a idéia de que os conteúdos de nossas preferências epistêmicas têm de ser imediatamente transparentes ou acessíveis à nossa introspecção, podemos reconhecer a importância psicológica daqueles estados que ocupam de fato um papel central nas melhores teorias contemporâneas da percepção e da cognição.

AS CRENÇAS E OS IDEAIS TEÓRICOS

Todo discurso epistemológico, como seria de esperar, é cheio de idealizações. Classificamos as crenças nas categorias simples de "justificadas" e "injustificadas", muito embora não reste a menor dúvida de que existem vários graus de justificação. Outra idealização importante feita pela epistemologia contemporânea é a referência incondicional à crença "verdadeira". Na verdade, muitas crenças incluídas na categoria do conhecimento não são estritamente verdadeiras; são apenas *aproximadamente* verdadeiras. Com freqüência, alegamos conhecer algo (mesmo que essa alegação seja feita somente de modo implícito) acerca do nosso peso ou altura, por exemplo, e quase nunca conhecemos esses valores *com exatidão*. (Isso é verdade mesmo que arredondemos o valor.) Do mesmo modo, se você quer instalar janelas novas em sua casa, não tem de medir as aberturas em mícrons, mesmo que isso seja possível; uma precisão de meio centímetro é suficiente, mesmo para ser considerada um exemplo de conhecimento factual. Entretanto, os céticos habituaram-se a usar dessa imprecisão para apregoar o pessimismo epistemológico global.

Para aqueles que consideram o cético uma pessoa insincera, incoerente ou mal informada (deixando de lado qualquer dúvida sobre a sua sanidade mental), existe um raciocínio pelo qual podem justificar o fato de incluírem certos casos de inexatidão de medida na categoria do conhecimento factual: dadas as metas intelectuais propostas, as afirmações se justificam suficientemente; além disso, são adequadamente verdadeiras, embora imprecisas. Com efeito, dados os objetivos típicos de qualquer atividade de medida, há dois motivos pelos quais seria epistemologicamente irresponsável a idéia de que uma afirmação *aproximadamente* verdadeira não é *realmente* verdadeira. Em primeiro lugar, além de não ser recomendado usar-se de uma precisão desnecessária nas medidas em geral, é errôneo dizer que a precisão de um mícron é de fato mais "precisa", do ponto de vista do conhecimento, do que a precisão de um centímetro, uma vez que não há diferença de confiabilidade entre as duas estimativas, dada a imprecisão dos instrumentos e os objetivos da medida, que já permitem que a precisão seja menor. Em segundo lugar, a precisão geralmente se obtém à custa de mais tempo, dinheiro e esforço. Seria irresponsabilidade exigir uma tal precisão quando ela em nada pode nos ajudar.

A característica pragmática do conhecimento, sua variabilidade de acordo com o contexto, manifesta uma lição acerca da dependência da justificação em relação às teorias: são os nossos objetivos teóricos que determinam qual é o grau de apoio ou confiabilidade necessários para que uma crença seja considerada justificada. (Para um raciocínio de apoio a esta concepção, ver Helm 1994.) Se quisermos simplesmente estimar a velocidade de uma molécula num volume fechado de gás, não precisamos nos preocupar com o fato de a distância do recipiente em relação ao sol variar com as estações do ano. Embora as influências gravitacionais sobre a molécula sejam reais, elas não têm relação com os objetivos teóricos de se medir a velocidade da molécula (dada a pressão do gás). Na epistemologia como na física, esse juízo pela similaridade depende da teoria. Quando julgamos que a posição da lua não influencia em nada a justificação da minha crença de que há uma árvore diante de mim, estamos fazendo uso de uma teoria.

Um dos principais temas deste livro são as influências filosóficas que determinam um ponto de vista epistemológico. Os que submetem as nossas noções comuns de crença ao eliminativismo, como W. V. Quine (1954) e Paul Churchland (1989), não têm muita paciência com um ponto de vista epistemológico que tem por centro exatamente essa noção comum. O mesmo vale para a psicologia behaviorista radical.

A corrente do behaviorismo lógico, comum nas décadas de 1950 e 1960, foi completamente refutada de lá para cá. (Em função de um notável desenvolvimento da filosofia da mente, que em si mesmo vai além do tema deste livro; os detalhes do assunto são apresentados em Gardner, 1987, e Fodor, 1981, dá um panorama dos pontos de vista envolvidos.) Mas o behaviorismo lógico pode ser citado aqui por dois motivos. Em primeiro lugar, é um exemplo de como nossos pontos de vista filosóficos em um campo dependem dos nossos pontos de vista filosóficos em outros campos. Muitos filósofos fizeram observar que a exigência lógico-behaviorista de que as palavras que designam estados mentais (como "crença" e "desejo") sejam definidas em função do comportamento observável é um resquício de um ponto de vista empirista (ou seja, baseado na experiência) mais amplo. A moral da história: saiba desde já que os behavioristas lógicos vão defender uma teoria empírica da justificação; e, de modo mais geral, saiba também que os diversos pontos de vista de um filósofo sempre guardarão entre si um vínculo temático definido. Sob este aspecto, a filosofia é irremediavelmente holística.

O segundo motivo pelo qual mencionamos o behaviorismo lógico diz respeito à opinião genérica, aqui apresentada, acerca da natureza da crença. Até aqui, partimos confiantemente do princípio de que a crença é uma representação mental. Entretanto, a postulação de um estado interno não observável, como uma representação mental, por exemplo, tende a melindrar os behavioristas lógicos e pode inclusive ter o mesmo efeito sobre outros filósofos, como os materialistas eliminativistas.

Os que defendem o eliminativismo com relação aos estados intencionais não precisam negar que a afirmação da existência de estados intencionais é *útil*. Mas eles negam que essa afirmação seja *verdadeira*. É difícil, porém, conciliar o eliminativismo (relativo especificamente às crenças) com os impressionantes resultados obtidos pela psicologia perceptiva, cognitiva e social. Se tivermos o cuidado de distinguir as crenças propriamente ditas dos motivos que temos para atribuir uma crença a uma pessoa, podemos postular um modo de provar que alguém tem uma crença: se uma pessoa acredita em P, essa pessoa há de concordar com a proposição *P* em determinadas condições (entre as quais se inclui, por exemplo, a ausência da intenção de dissimular a própria crença). O uso desse critério é falível e ele não basta para fornecer uma definição total do termo "crença". Uma pessoa, por um motivo que lhe pareça suficientemente forte, sempre pode se recusar a concordar com uma proposição. Pode, por exemplo, buscar iludir os outros com respeito às suas crenças verdadeiras. Mesmo assim, se a pessoa acredita em *P*, ela há de concordar com a proposição *P* nas circunstâncias adequadas.

Se a crença inclui essa tendência ou disposição de concordar com uma proposição determinada, podemos naturalmente nos perguntar quantas outras crenças temos em virtude de ter uma crença particular. Será que, se você crê nas leis da matemática, também crê em todas as conseqüências lógicas dessas leis, ou seja, nas conseqüências que delas decorrem pelas leis da lógica? Cremos que 63 dividido por 9 é igual a 7. Acreditamos nisso em virtude de certas relações que, segundo cremos, existem entre a divisão, a multiplicação e o sistema dos números. Será que por isso também acreditamos que $15.346 \times 241 = 3.698.386$? Em caso afirmativo, acreditamos em proposições com as quais não necessariamente nos sentiríamos inclinados a concordar imediatamente. Em caso negativo, precisamos de uma explicação de quando realmente acreditamos nas conseqüências lógicas de nossas crenças.

Embora nosso exemplo seja matemático, o fenômeno da crença tácita ou implícita é bastante generalizado. Não precisamos aqui de nenhuma interpretação psicanalítica. Podemos afirmar que certas crenças encontram-se abaixo do limiar da observação consciente sem afirmar que essas crenças permanecerão para sempre reprimidas na ausência da firme orientação de um psicanalista. Muito pelo contrário, existem vários outros motivos pelos quais as crenças podem desempenhar um papel causal na produção do comportamento (ou na interação com outros estados mentais, como o medo e o desejo), muito embora não tenhamos consciência direta da sua presença. Mesmo assim, a suposição de que cremos em todas as conseqüências dedutivas de nossas crenças tem algumas implicações que vão contra a intuição. Certos filósofos que defendem essa posição simplesmente engolem o sapo e afirmam que nós temos um número infinito de crenças. Outros buscam um meio claro de distinguir a mera disposição a crer em *P* da crença propriamente dita em *P*.

Não precisamos resolver aqui a complexa questão de definir com exatidão as condições da crença. A plausibilidade de uma resposta a uma questão tão complexa não se julga com base na simples intuição. Muito pelo contrário, essa plausibilidade é avaliada segundo o critério de opiniões teóricas de natureza geral. Para todos os efeitos, dois pontos nos importam agora: as crenças são representativas e implicam disposições; e parecemos ter estados cognitivos cujo conteúdo representativo não é transparente, não é imediatamente acessível à intuição. Uma das causas desse limite imposto à introspecção deriva do fato de que nós só somos capazes de processar uma quantidade limitada de informações num tempo determinado, ao passo que são muitos os acontecimentos interiores e exteriores que competem pela nossa atenção. Se afirmássemos que só são crenças propriamente ditas as crenças "ocorrentes" (ou episódicas), nos veríamos na incômoda obrigação de afirmar que muitos estados de crença aparentemente importantes para a nossa vida cognitiva não são crenças de modo algum.

O ELIMINATIVISMO E SUAS PREVISÕES

Tangenciamos aqui um ponto de vista que assumiu diversas formas na filosofia recente: a posição eliminativista com respeito às crenças, ou eliminativismo. Os filósofos eliminativistas afirmam que nossas crenças são meros estados cerebrais e que um dia descobriremos que a crença tal e qual atualmente a concebemos é algo que simplesmente não existe. Prevêem esses filósofos que o apelo às crenças nos discursos psicológicos e epistemológicos será eliminado em favor do apelo a estados neurológicos especificamente importantes do ponto de vista teórico. Segundo esse modo de ver, a epistemologia será redefinida como um ramo das neurociências, ou será simplesmente substituída por elas.

Duas razões se impõem contra o eliminativismo em sua forma atual. Em primeiro lugar, a previsão feita pelo eliminativismo não é perfeitamente clara. Ou seja, não está claro o que seria necessário para que um dia descobríssemos que "as crenças não existem". Em específico, os filósofos eliminativistas não ofereceram uma explicação adequada da redução radical – uma explicação que nos diga exatamente quando uma teoria pode tomar por completo o lugar da outra e quando uma teoria pode ratificar de fato a existência dos objetos postulados pela outra. Em segundo lugar, a principal previsão do eliminativismo ainda não foi confirmada. Os fascinantes desenvolvimentos da neurociência cognitiva não tolheram nem tornaram desnecessários os avanços ocorridos em campos da psicologia que evidentemente fazem uso da nossa comum noção de crença, como a psicologia cognitiva e a psicologia social. (Quanto a alguns desses desenvolvimentos, ver Goldman, 1986, 1992.)

Como a questão de saber se o eliminativismo é verdadeiro, a questão de qual o lugar ocupado pela noção comum ou popular de crença numa psicologia científica pode ser decidida por uma investigação empírica. Mesmo assim, certos filósofos, sem fazer apelo aos dados empíricos, procuraram provar que o eliminativismo é incoerente e falso. Segundo o argumento por eles apresentado, os eliminativistas cometem um "suicídio cognitivo", dado que as afirmações eliminativistas sobre a *crença* são autocontraditórias pelos próprios critérios do eliminativismo. Se o eliminativismo for verdadeiro, não existem crenças de nenhuma espécie; logo, os eliminativistas não podem afirmar que *acreditam* no eliminativismo. Voltando-se assim para a estrutura lógica das alegações eliminativistas, certos filósofos criticam o eliminativismo independentemente dos dados empíricos que poderiam confirmá-lo ou refutá-lo.

Os argumentos de autocontradição dependem, para sua eficácia, de uma correta reconstrução da posição atacada. Quando falta essa reconstrução, os atacados escapam do problema. Neste caso, os eliminativistas alegam que o eliminativismo *prevê* que a verdade eliminativista vai superar a capacidade de expressão das noções populares. Segundo os eliminativistas, a crença não é uma categoria teórica de um vocabulário científico amadurecido. Mesmo que agora nos falte um substituto adequado do vocabulário da crença, disso não decorre que o vocabulário da crença reflita nossas posições teóricas mais dignas de confiança. Tudo o que se pode dizer é que, às vezes, o único vocabulário de que dispomos (neste caso, o vocabulário da crença) é errôneo. Pode ser que, um dia, uma nova teoria científica forneça um vocabulário que expresse novas noções cognitivas e neurológicas que, juntas, substituam a noção popular de crença. Segundo os eliminativistas, se essas noções neurocientíficas surgirem, só então deveremos decidir, a partir dos novos dados empíricos obtidos, se o eliminativismo tem razão de ser e se a psicologia popular é falsa ou verdadeira.

Os críticos do eliminativismo devem reconhecer seu caráter previsivo e avaliá-lo segundo esse fato. Dois problemas surgem desde logo. Em primeiro lugar, atualmente não temos motivos suficientes para pensar que a nota promissória assinada pelo eliminativismo será de fato paga pela ciência do futuro. É perigoso profetizar acerca do futuro da ciência, e é perfeitamente razoável que nos recusemos a aceitar as previsões eliminativistas. Em segundo lugar, podemos avaliar nossas teorias cognitivas de acordo com os dados *atuais*, dados esses que não exigem, de maneira alguma, a eliminação da noção de crença. É claro que esses dados podem se modificar com o tempo, mas seria apressado de nossa parte formular teorias baseadas numa previsão grandiosa acerca de como tudo vai mudar.

A descrição dos estados subdoxásticos deixou claro que a psicologia científica tem importante papel a desempenhar para a formulação de uma teoria epistemológica. Os filósofos se ocuparam de delinear noções epistemológicas gerais, como as de crença e justificação, ao passo que os psicólogos se dedicaram a especificar, pelo menos em certa medida, os mecanismos que de fato são responsáveis pela formação e justificação das crenças. Nos Capítulos 8 e 9, trataremos de qual pode ser o papel epistemológico da filosofia quando as noções epistemológicas começarem a ser influenciadas por investigações empíricas sistemáticas.

A partir dos melhores dados empíricos de que dispomos, temos de reconhecer que a capacidade de crer não é um privilégio dos seres humanos. Qualquer animal capaz de representar – acertada ou erroneamente – o mundo é um crente em potencial. Porém, nem sempre é fácil identificar o *conhecedor* potencial, por maior que seja a inocência com que venhamos a empregar o vocabulário da intencionalidade para descrever o comportamento animal. Certas abelhas fazem uma "dança" para comunicar a outras a direção de uma fonte de néctar. Para evitar um possível ataque, a cobra heterodonte se finge de morta e, num gesto ainda mais dramático, é capaz de pôr sangue por uma glândula especial. Muitos pássaros que aninham no chão, para proteger a ninhada dos predadores, fingem-se feridos e desviam a atenção dos predadores dos passarinhos que estão no ninho. Será que esses animais têm crenças? Será que a comédia da asa quebrada da tarambola nasce de uma *crença* de que, se o predador crê-la ferida, perseguirá a ela e não a seus filhotes?

No Capítulo 6 apresentaremos a idéia de que certos conhecimentos são inatos. Para atribuir um legítimo comportamento inteligente à tarambola, precisamos saber se ela executa a sua rotina dramática independentemente de qualquer ameaça real à ninhada. Em suma, o típico comportamento inteligente é comportamentalmente *flexível*. Se um comportamento automático não é interessante do ponto de vista epistêmico, é importante determinar se a tarambola é incapaz de agir de outra maneira e se o mesmo comportamento pode ser mecanicamente suscitado por uma larga variedade de condições. A chave para saber se alguns animais têm crenças parece estar na flexibilidade do comportamento. Quando o comportamento é flexível, pode ser que o animal seja capaz de *representar* para si mesmo diversos estados possíveis do mundo. Um programa de pesquisas empíricas procura determinar em que consiste exatamente essa flexibilidade.

Há uma outra questão: se todas as crenças animais podem ser avaliadas quanto à sua justificação. Segundo a análise epistêmica tradicional, o fato de os animais poderem ter um conhecimento propositivo depende do fato de suas crenças poderem ser justificadas. De acordo com essa análise, o conhecimento propositivo se define como crença verdadeira e justificada. O pressuposto que serve de base para todo este capítulo é que o conhecimento propositivo, tal como é entendido tradicionalmente, tem como pré-requisito o tipo de estado de representação que chamamos de "crença". A crença, porém, é um fenômeno psicologicamente complexo, e cabe à psicologia cognitiva decifrar com exatidão o seu funcionamento. Pelo menos sob este aspecto a epistemologia tem algo a lucrar com as lições da psicologia.

Em suma, pois, verificamos que as crenças são intrinsecamente representativas e que não devem ser confundidas com uma mera atribuição de crenças. Nossas crenças como estados de disposição não nos são sempre imediatamente acessíveis, mas essa falta de transparência não põe em xeque a realidade das crenças. Não encontramos motivo algum para adotar o eliminativismo no que diz respeito às crenças; muito pelo contrário, manifestamos nossas dúvidas acerca da previsão eliminativista de que o progresso da ciência virá um dia a tornar dispensável a própria idéia de crença. Depois de assim delinear a natureza da crença, podemos nos voltar para a próxima condição essencial do conhecimento: a verdade.

CAPÍTULO 4

A VERDADE

No capítulo anterior, investigamos a natureza da crença, uma vez que esta é um pré-requisito para o conhecimento. Para saber P (qualquer proposição dada), temos de crer em P. A próxima condição essencial para o conhecimento é a verdade. Só sabemos P se P for verdadeira. Depois de ouvir pela primeira vez essa restrição ao conhecimento, certas pessoas apresentam objeções. Pensam nos seres humanos do passado que criam, por exemplo, numa Terra estacionária no centro do universo. Percebem que muitos dos nossos antepassados não tinham indício algum de que a Terra se move pelo espaço numa velocidade considerável. Acham que, como nossos antepassados não tinham sinal algum do movimento terrestre e, logo, adotavam sua crença com racionalidade e responsabilidade, devemos honrar e respeitar essa racionalidade atribuindo à sua crença o título honorífico de "conhecimento". Sustentam que, como nossos antepassados eram racionais e como nós teríamos acreditado na mesma coisa se estivéssemos no lugar deles, não devemos refutar sua alegação de que tinham conhecimento.

Como dissemos no Capítulo 1, a negação da alegação de nossos antepassados, que diziam saber que a Terra é estacionária, não é uma crítica *a eles* nem uma negação da racionalidade deles. É muito possível que eles tenham prestado cuidadosa atenção a todos os dados disponíveis e constituído suas crenças de forma epistemicamente responsável. Acontece, porém, que estavam errados, e isso não é incomum para os crentes humanos. Justificavam sua crença a partir das melhores informações de que dispunham – podemos reconhecer esse fato, muito embora a crença fosse falsa. No Capítulo 5, levaremos em conta algumas explicações de como tais crenças poderiam se justificar, mas por enquanto devemos observar que o fato de uma crença ser *falsa* não significa que não seja *justificada*. Nossos ancestrais tinham, como nós provavelmente temos, muitas crenças falsas; e, em virtude dessa falsidade, essas crenças não podem ser englobadas na categoria "conhecimento".

Este capítulo trata da questão de o que é a verdade. Para muitos, essa parece ser uma pergunta filosófica excessivamente profunda, que exige, para ser respondida, reflexões laboriosas mas jamais conclusivas. Em face da grave questão "O que é a verdade?", muitos teóricos se sentem assoberbados e incapazes de encontrar uma resposta significativa. Segundo esses teóricos, a Verdade (com "V" maiúsculo) deve ser temida e venerada, mas não analisada. Para muitos outros, porém, a pergunta não tem uma tal aura de profundidade; surge como uma pergunta mais tangível, sem deixar de ser difícil. Está intimamente ligada às questões de como as frases e afirmações verbais podem ser verdadeiras e como as atitudes propositivas chamadas "crenças" podem ser verdadeiras. A questão a ser respondida neste capítulo é aparentada com a questão geral de como a linguagem se torna significativa de modo que possa referir-se às coisas presentes no mundo; tem relação, ainda, com a questão de como podemos representar em nossa mente afirmações acerca do mundo e, logo, o próprio mundo. Quando nos perguntamos a respeito da verdade, nosso interesse específico é o de descobrir a quais condições uma frase, afirmação ou crença tem de atender para que seja verdadeira.

À semelhança da maioria dos epistemólogos contemporâneos, somos favoráveis à segunda abordagem acima delineada. Essa abordagem é preferível porque pelo menos nos dá alguma idéia de como proceder rumo à obtenção de uma resposta satisfatória à questão de o que é a verdade. A primeira abordagem nos deixa indecisos até mesmo quanto ao modo de começar a encarar a pergunta. Ficamos, assim, perplexos e boquiabertos diante de um mistério aparentemente insondável.

Dado que os filósofos são explicadores, eles devem tentar, sempre que possível, eliminar tal mistério.

O RELATIVISMO

No Capítulo 1, mencionamos de passagem o tema do relativismo. Deixamos claro que o relativismo, longe de dar sustentação ao ceticismo, na realidade torna o conhecimento algo muito fácil de adquirir. Desnecessário dizer que a idéia de que a verdade é relativa é popular em muitos meios. Certas pessoas gostam de dizer, por exemplo, que, *para* muitas sociedades do passado, *era verdade* que a terra é o centro estacionário do universo. Também mencionamos o exemplo daqueles que afirmam que a proposição "Deus existe" é *verdadeira para* o crente e *falsa para* o incrédulo. Mas a que se resumem, na realidade, essas afirmações do relativismo? De que serve dizer que algo é *verdadeiro para* uma pessoa, e não simplesmente *verdadeiro*? A investigação destas questões lançará luz sobre o relativismo.

É fácil confundir a tese do relativista com a afirmação de que as pessoas podem, de algum modo, fabricar a própria verdade. Esta última afirmação é vaga e ambígua, mas existe pelo menos uma interpretação que a torna evidentemente correta. Todos nós temos o poder – um poder limitado, é certo – de tornar verdade certas coisas. Se a janela está aberta e estou com frio, por exemplo, tenho o poder de "criar" a verdade de a janela estar fechada; levanto-me e fecho a janela. A frase "A janela está fechada" era falsa, mas, fechando a janela, tornei-a verdadeira. (Muitos filósofos acrescentariam aqui uma palavra de alerta quanto ao modo pelo qual se deve lidar com os valores mutáveis da verdade, mas não precisamos nos preocupar com isto agora.) De algum modo, pois, podemos "construir nossa própria verdade" ou "construir nossa própria realidade", mas essa é apenas uma maneira pomposa – e que tende a conduzir ao erro – de dizer que temos algum poder de influência sobre o nosso ambiente circundante. Não devemos confundir essa afirmação vulgar com as alegações mais controversas dos relativistas. Temos de admitir que certas coisas estão além do nosso poder.

A afirmação mais forte do relativista seria, por exemplo, a de que pode ser verdade *para mim* que a janela está aberta e, ao mesmo tempo, isso ser falso *para você*. Muitas pessoas confundem essa afirmação com a alegação mais modesta de que a janela pode *me parecer* aberta e *lhe parecer* fechada. Nesta última afirmação não há controvérsia, pois é muito claro que a mesma coisa pode assumir aparências diversas para pessoas diferentes, dependendo, por exemplo, do lugar onde estão colocadas, da capacidade de percepção de cada uma, etc. Essa afirmação mais modesta *não é* a tese relativista.

Há uma outra afirmação parecida, mas que também não resume em si a tese relativista. A maioria dos filósofos concorda em que a crença racional pode ser relativa, na medida em que uma pessoa numa determinada situação pode crer racionalmente em algo que seria irracional para outra pessoa em outra situação. Uma pessoa pode ter dados que corroborem uma crença, ao mesmo tempo que outra não dispõe desses dados. Assim, a primeira pessoa pode crer justificadamente em algo que a segunda não pode. A crença *é justificada para a pessoa A* e *não é justificada para a pessoa B*, mas isso não é o mesmo que dizer que a crença *é verdadeira para A* e *falsa para B*.

Aquele que adota a posição relativista com respeito à verdade pode estar afirmando, enfim, que de algum modo são os critérios usados para se *determinar* ou *identificar* o que é verdadeiro que constituem, na realidade, a *verdade* propriamente dita. Está envolvida aí uma importante distinção. Por um lado, podemos discutir o que torna algo *verdadeiro*. Ou seja, podemos discutir quais são as condições que definem quando uma crença ou uma afirmação é verdadeira. Por outro lado, podemos discutir quais métodos a pessoa deve empregar para *discernir* ou *identificar* as crenças e afirmações verdadeiras. São esses os métodos ou regras que se usariam para procurar ou escolher as crenças e afirmações que atendem às condições que definem a verdade.

Por analogia, considere a distinção que traçamos entre as condições que definem que algo *é* uma nota de um dólar e os critérios que usamos para *identificar* as notas de um dólar. Identificamos as notas de um dólar sobretudo com base em sua aparência. Procuramos a efígie de George Washington, o número 1, as palavras "Federal Reserve Note", o selo da Secretaria do Tesouro, etc. Para que algo *seja* uma nota de um dólar, porém, é preciso mais do que essas meras características superficiais. Um pedaço de papel pode ter a aparência de uma nota de um dólar, mas ser na verdade falsificado. Pode ser até mesmo uma imitação barata que não enganaria senão um pequeno número de pessoas. Para ser uma nota de um dólar, o pedaço de papel tem de (a) ter uma origem adequada (ser emitido pelo governo federal), (b) funcionar de uma maneira determinada na economia (ser usado para comprar e vender) e (c) ser identificável pela maioria das pessoas que operam na economia. Assim, existe uma diferença clara entre os critérios pelos quais normalmente tentamos identificar as notas de um dólar e as características que de fato definem essas notas. Existe, do mesmo modo, uma importante distinção entre os critérios pelos quais tentamos identificar as afirmações verdadeiras e a definição da verdade de uma afirmação.

Como dissemos, pode ser que os relativistas eliminem a distinção entre as condições de identificação e as condições de definição. Duas pessoas em situações diferentes, que usam os mesmos critérios ou métodos para discernir a verdade, podem obter resultados diferentes em relação à mesma afirmação. Uma delas pode identificar a afirmação como verdadeira enquanto a outra a identifica como falsa. Essa diferença pode ser explicada pela diferença das situações (que inclui, entre outras coisas, diferenças nas informações disponíveis). Se os critérios usados pelas duas pessoas para identificar a verdade também são as condições que definem o que *é* a verdade, chegamos à conclusão relativista. Nesse caso, a afirmação considerada não só é *identificada* como verdadeira pela primeira pessoa como também *é verdadeira de fato* para essa pessoa, pois os critérios de definição e identificação da verdade são os mesmos. Ao que parece, temos de admitir a possibilidade de que as pessoas cheguem a conclusões diferentes em sua determinação do que é verdadeiro e o que é falso, muito embora usem elas os mesmos critérios de identificação. Se existe, pois, uma certa relatividade na identificação do que é verdadeiro, e se as regras para a identificação da verdade são também os próprios critérios de verdade e falsidade, decorre daí que a verdade é relativa.

Não temos motivo algum para eliminar a distinção entre os critérios de discernimento da verdade das afirmações e os critérios que definem quando uma afirmação é verdadeira. A distinção é claramente inteligível e, potencialmente, é extremamente útil. Assemelha-se à distinção entre a aparência que as coisas assumem para uma pessoa (os critérios de identificação da verdade) e a realidade dessas mesmas coisas (os critérios que definem a verdade). Temos de fazer de tudo para discernir a verdade da falsidade com base nas aparências (nossos critérios de identificação), mas as aparências podem enganar; nesse caso, haverá uma diferença entre a aparência que as coisas assumem para nós e o modo como elas são na realidade. Em outras palavras, nossa crença pode ser errônea.

A distinção de que estamos falando é necessária para garantir a possibilidade de podermos estar *errados* em alguns de nossos juízos. Sem essa distinção, desde que aplicássemos um conjunto aceitável de critérios para discernir a verdade, o erro e o engano seriam absolutamente impossíveis. As regras seguidas para encontrar a verdade seriam a própria verdade. É evidente que não podemos negar a possibilidade do erro; assim, temos de preservar a distinção da qual falamos. E, se preservarmos essa distinção entre os critérios de discernimento da verdade e os critérios que definem a verdade de uma afirmação, eliminamos um argumento a favor do relativismo.

Os relativistas se vêem diante de um grave dilema que nasce desta simples pergunta: a suposta verdade do relativismo é também relativa? Ou seja, é relativa à crença de um indivíduo ou grupo de indivíduos? Se, por um lado, for relativa desse modo, a suposta verdade do relativismo não será nem um pouco diferente da mera *opinião* de um indivíduo ou grupo de indivíduos. Se, por outro lado, a verdade do relativismo não for relativa, teremos uma suposta verdade (a saber, a verdade do relativismo) incompatível com a afirmação relativista de que toda verdade é relativa a um indivíduo ou grupo de indivíduos. Qualquer que seja a alternativa escolhida, o relativismo se vê em maus lençóis.

Os relativistas podem fazer uso de argumentos diferentes desses que consideramos. Podem, por exemplo, preservar a distinção entre os critérios de discernimento da verdade e a definição de verdade, mas ao mesmo tempo alegar que as condições que definem a verdade de uma afirmação dependem em certa medida dos fatos que dizem respeito a um conhecedor em particular. Para explorar mais a fundo essa possibilidade, teremos de examinar algumas outras teorias filosóficas acerca do que é a verdade. No restante deste capítulo, trataremos de encontrar os critérios que definem a verdade. Não trataremos dos critérios de discernimento da verdade, pois esse tema surgirá no Capítulo 5.

A VERDADE E A CORRESPONDÊNCIA

Segundo uma antiga tradição do que é necessário para que uma afirmação seja verdadeira, é preciso haver uma *correspondência* adequada entre as afirmações verdadeiras e as características reais do mundo. Por exemplo, a afirmação verdadeira de que você está lendo este livro corresponde, de algum modo, às características reais do mundo que o rodeia. Várias versões dessa idéia constam dos escritos de muitos filósofos de diversos períodos da filosofia ocidental.

As afirmações verdadeiras correspondem de algum modo à realidade, e as afirmações falsas não correspondem ao estado real das coisas no mundo. Essa idéia é intuitivamente evidente, pelo menos quando submetida a uma primeira consideração. Por exemplo: a afirmação de que Chicago é uma grande cidade norte-americana é verdade, ao que parece, porque corresponde ao fato de que Chicago *é* uma grande cidade norte-americana. A afirmação de que Seattle fica ao sul de Los Angeles é falsa, ao que parece, porque não corresponde aos fatos. Em específico, contradiz o fato de que Seattle fica ao *norte* de Los Angeles. Se empregarmos essa definição da verdade como uma correspondência, não seremos relativistas. Segundo essa concepção, a verdade não é verdade *em relação* a esta ou aquela pessoa. Antes, provém de como as coisas são realmente no mundo, independentemente, talvez, das crenças dos seres humanos. Como dissemos no Capítulo 3, uma afirmação pode ser "aproximadamente" verdadeira, e a definição da verdade como correspondência tem de dispor de recursos para salvaguardar esse fato. No caso de uma crença aproximadamente verdadeira, a relação entre nossa representação mental do mundo e o mundo em si mesmo pode ser mais ou menos precisa.

A definição da verdade como uma correspondência tem sua raiz na proposição de Aristóteles, feita no Livro IV da *Metafísica*, de que uma afirmação só é verdadeira se afirma *que* o que é, é, ou *que* o que não é, não é. Nessa mesma linha, uma afirmação só é falsa se afirma *que* o que é não é ou *que* o que não é, é. O sentido do fraseado pode ser muito difícil de apreender à primeira vista, mas a idéia fundamental fica clara como água depois de um pouco de reflexão. A afirmação de que Chicago é uma grande cidade norte-americana é verdadeira porque afirma *que* o que é (Chicago como uma grande cidade norte-americana) é de fato (Chicago é uma grande cidade norte-americana). A afirmação de que Seattle fica ao sul de Los Angeles é falsa porque afirma *que* o que não é (Seattle ao sul de Los Angeles), é (afirma que Seattle fica ao sul de Los Angeles).

Apesar do seu forte apelo intuitivo, a definição da verdade como uma correspondência enfrenta algumas dificuldades. O primeiro problema é que é difícil definir exatamente em que consiste a relação de *correspondência* entre uma afirmação (ou crença) e o mundo. Segundo uma hipótese, a correspondência seria uma espécie de *retrato* do mundo. Sob esse aspecto, as afirmações verdadeiras retratam com exatidão o estado das coisas. Essa interpretação é plausível, pelo menos no que diz respeito às afirmações que descrevem diretamente um estado de coisas, como a localização de um objeto. "A escrivaninha está junto à janela" parece retratar, através do uso de nomes e de relações gramaticais, a situação física de uma escrivaninha situada espacialmente próxima à janela.

A idéia da correspondência como um retrato se mostra insuficiente em muitos casos. Pense nas afirmações sobre o que *aconteceria* numa determinada situação que não corresponde aos fatos. "Se você fosse presidente dos Estados Unidos, seria famoso" – essa é uma afirmação verdadeira, mas é difícil ver o que ela *retrata*. Na verdade, é difícil até mesmo identificar uma realidade à qual ela *corresponda*. Existem também afirmações verdadeiras acerca do que *deve* ou *tem de* acontecer, que podem ser contrapostas às afirmações sobre o que *acontece de fato*: são as chamadas *afirmações normativas*. Por exemplo: "Você deve ajudar alguém cuja vida esteja em perigo, desde que seja capaz disso e não coloque a sua própria vida em perigo" – essa afirmação parece ser verdadeira. Também nesse caso, porém, é difícil ver qual realidade ela retrata, a qual realidade corresponde. Muitas das nossas afirmações verdadeiras mais complexas parecem não corresponder (pelo menos não diretamente) a nenhum aspecto do mundo.

Talvez possamos evitar os problemas ligados à noção de correspondência se formularmos uma definição de verdade que não parta de um conceito tão específico. Podemos definir a afirmação verdadeira simplesmente como uma afirmação tal que o que ela afirma ser de fato é. A afirmação já feita, e que não corresponde aos fatos, é evidentemente verdadeira, pois o que ela afirma ser de fato é; especificamente, que, se você fosse o presidente dos Estados Unidos, seria famoso. Do mesmo modo, nossas afirmações normativas podem ser verdadeiras quando o que afirmam ser de fato é. Esta versão mais simples da definição da verdade como uma correspondência, e que não emprega nenhuma noção específica de correspondência, assemelha-se à afirmação de Aristóteles segundo a qual é verdadeiro dizer, do que é, que é.

Segundo alguns filósofos, a recente e influente "abordagem semântica" da verdade, proposta por Alfred Tarski, define a verdade como uma espécie de correspondência. Tarski introduziu o princípio seguinte, não como uma definição de verdade, mas como uma condição suficiente que tem de ser atendida por qualquer definição que se pretenda aceitável: X é verdade se P, e somente se P (sendo "P" uma oração declarativa, e "X" o nome dessa oração). Dada a condição de Tarski, a frase "Todos os cirurgiões são ricos" será verdadeira se e somente se todos os cirurgiões forem ricos. Na condição de suficiência de Tarski, o que se segue a "se e somente se" é uma situação real com a qual a sentença verdadeira em questão tem uma relação adequada; por isso, vários filósofos encaram a condição de Tarski como a especificação de uma exigência de correspondência para a verdade. Entretanto, os filósofos em geral ainda não chegaram a um consenso quanto ao fato de Tarski propor, ou não, um conceito da verdade como uma correspondência.

Um aparente problema epistemológico confronta qualquer definição que caracterize a verdade como uma relação entre uma afirmação (ou crença), de um lado, e o mundo, de outro. O problema é que não parecemos estar em condições de julgar, de maneira não circular, se a afirmação se relaciona ao mundo de maneira adequada. A confirmação não circular de um juízo qualquer acerca da adequação da relação aparentemente exige que tenhamos algum acesso (cognitivo) ao mundo que não seja mediado pela nossa aceitação de uma declaração acerca do mundo ou por outros processos sujeitos ao impedimento cético. *Talvez* não possamos ter um acesso (cognitivo) ao mundo que não seja mediado por esses processos. Trata-se de questão controversa entre os filósofos.

Se esse acesso nos fosse impedido, não teríamos condições de fazer, sem incorrer em circularidade, a necessária comparação entre uma afirmação e o aspecto do mundo sobre o qual versa. No Capítulo 8 voltaremos a uma versão deste problema epistemológico. Caso se trate de um problema de fato, ele não passa de uma contestação do modo pelo qual identificamos quais afirmações são verdadeiras. Não põe em questão a definição da verdade como uma correspondência, pois uma afirmação pode guardar uma relação adequada (verdadeira) com o mundo muito embora não tenhamos condições de descobrir essa relação. O que está posto em xeque aqui é a nossa capacidade de encontrar os critérios corretos para discernir a verdade; mas nenhum problema se apresentou para a definição da verdade como uma espécie de relação de correspondência entre uma afirmação e o mundo.

Podemos dar um exemplo para deixar claro que a verdade como correspondência não depende do nosso conhecimento da verdade nem da nossa capacidade de discernir a verdade. Pense, por exemplo, na idéia de que a relação de verdade em questão seja causal de uma maneira especial. Segundo essa idéia, a relação fundamental entre uma afirmação verdadeira e o mundo é causal, e talvez possa ser compreendida mediante uma comparação com a relação entre um substantivo próprio e o objeto a que ele se refere. O uso do nome "Elvis Presley", segundo alguns filósofos, é *reference-fixing*, ou seja, fixa uma referência. As ocorrências desse nome selecionam o objeto Elvis e assim correlacionam-no causalmente com o mundo. Essa relação de seleção é complexa e provavelmente inclui acontecimentos fundadores como o ato de dar nome à criança, bem como processos sociais posteriores pelos quais esses usos do nome "Elvis Presley" variaram lado a lado com as mudanças das características da pessoa em questão, como as costeletas e a gordura. Como essa variação colateral parece não ser acidental, muitos filósofos pensam que ela reflete alguma espécie de relação causal.

A verdade da afirmação "Elvis Presley gostava de comer lanches gordurosos de madrugada" é determinada em parte pelo fato de o nome "Elvis Presley" se referir à pessoa à qual se refere. Se o substituirmos por um nome diferente, como, por exemplo, "Shirley Temple", o valor de verdade da afirmação resultante pode mudar de verdadeiro para falso. Assim, parece que a relação de verdade depende de algum modo da relação de referência. Se a relação de referência é causal, a relação de verdade depende de uma relação causal, muito embora não seja uma relação causal. Como a relação causal em questão pode se estabelecer sem que disso tenhamos conhecimento, também a verdade será independente do nosso conhecimento.

Não é motivo de surpresa que algumas verdades sejam independentes do nosso conhecimento. Afinal de contas, se existe um mundo independente da mente, e se o nosso conhecimento é limitado, então a verdade é naturalmente capaz de superar o que conhecemos. Parece haver, por exemplo, muitas verdades relativas a Plutão, Júpiter e Marte que estão além do nosso conhecimento e possivelmente aguardam o dia em que serão descobertas.

A VERDADE E A COERÊNCIA

As dificuldades gerais que rodeiam a tarefa de se especificar exatamente o tipo de relação que deve haver entre uma afirmação e o mundo levaram alguns filósofos a desenvolver uma definição de verdade bastante diferente. Definiram eles a verdade como uma relação entre afirmações. Segundo a definição da verdade como *coerência*, uma afirmação só é verdadeira se guarda uma relação adequada com algum sistema de outras afirmações. Essa relação adequada é chamada *coerência*. Essa definição de verdade foi apresentada por Espinosa (1632-1677) e Hegel (1770-1831), e em tempos mais recentes foi associada à figura de Brand Blanshard.

A concepção da verdade como coerência tem de tratar da questão da natureza da coerência. Qual o sentido de dizer que uma afirmação "coere" com algum sistema de outras afirmações? Uma das possibilidades faz apelo à noção de implicação lógica: uma afirmação coere com um sistema de outras afirmações se e somente se decorre logicamente desse sistema ou implica logicamente algum subconjunto do sistema. Os coerentistas propõem às vezes o sistema das verdades matemáticas como paradigma de um sistema coerente, capaz de produzir a verdade. Não é tão evidente, porém, que espécie de sistema real pode servir como base de coerência para todas as verdades.

Um problema de circularidade surge quando definimos a "verdade" em função do conceito de coerência e definimos a "coerência" de tal modo que a noção de verdade fica implícita nessa definição. Os coerentistas podem definir a coerência através de um rol de inferências formais, ou seja, formas de inferência determinadas pela gramática (como, por exemplo, "Se P, então Q"; e "P, portanto Q") que não pressupõem a noção de verdade em questão. Mas, nesse caso, precisamos saber por que devemos aceitar como definitivas essas inferências formais e não outras – inferências conflitantes com aquelas, por exemplo. Pode-se dizer que o coerentista é incapaz de justificar um rol de formas inferenciais sem lançar mão de uma noção de implicação que pressupõe a própria noção de verdade a ser definida. Qualquer que seja a solução dada a este problema, a marca registrada do coerentismo é o fato de não definir a "verdade" como uma determinada relação entre as afirmações e o mundo não propositivo, mas sim como uma interligação sistemática de várias afirmações.

É difícil especificar a relação de coerência de modo que produza uma definição plausível de verdade. Com freqüência, a explicação permanece num nível intuitivo. O problema principal, porém, é o seguinte: com qual sistema de afirmações uma afirmação tem de ser coerente para ser verdadeira? Pode ser o sistema inteiro das crenças de uma pessoa, ou um sistema de crenças comuns a uma determinada cultura, ou um sistema de crenças que não tem nenhuma relação direta com as crenças da pessoa. Veremos que essa questão resiste a uma solução fácil, solução essa que favoreceria a definição da verdade como coerência.

A consideração de qual o sistema com que uma afirmação tem de ser coerente a fim de ser verdadeira deixa claro que a definição coerentista da verdade pode ser relativista, na medida em que as afirmações só são verdadeiras em relação a um determinado sistema de afirmações. Se o sistema em questão provém do conjunto de crenças de um indivíduo, a verdade será relativa ao indivíduo. Pessoas diferentes, dotadas de diferentes sistemas de crenças básicas, só poderão aceitar afirmações que tenham coerência com seus sistemas pessoais; conseqüentemente, aceitarão como verdadeiras afirmações diferentes, talvez até conflitantes. Uma afirmação pode ser coerente com o sistema de crenças de uma pessoa, e assim ser verdadeira em relação a esse sistema, e ao mesmo tempo não ser coerente com o sistema de outra pessoa e ser, portanto, falsa com relação a esse outro sistema. Aqueles que consideram inaceitável essa relativização radical da verdade sentir-se-ão inclinados a rejeitar essa versão do coerentismo. Com efeito, a relativização da verdade aos indivíduos pode ser tomada como uma *reductio ad absurdum* dessa corrente do pensamento coerentista.

Somos obrigados a considerar a possibilidade de uma pessoa com delírios e alucinações, cujo sistema de crenças seja em grande parte falso. Evidentemente, seria errado pretender que uma afirmação seja verdadeira pelo simples fato de ser coerente com o sistema de crenças de um indivíduo delirante. Nosso senso comum nos diz que essa coerência talvez esteja mais próxima de uma definição de o que é a falsidade. É claro que o mesmo senso comum pode não ser confiável neste caso, tendo sido moldado em demasia por alguma versão da teoria da verdade como uma correspondência. Mesmo assim, a possibilidade de o sistema de crenças de um indivíduo ser quase totalmente falso nos dá, ao que parece, uma boa razão para negar que a coerência com as crenças do indivíduo seja uma definição suficiente de verdade.

Objeções semelhantes se aplicam ao apelo dos coerentistas a um sistema de crenças comuns a uma determinada cultura. Seguindo o raciocínio da objeção anterior, devemos observar que é possível que o sistema de crenças de uma dada cultura seja em grande parte falso. Certas pessoas chegam até a dirigir uma tal crítica à sua própria cultura, quando têm indícios de que sua cultura está quase totalmente errada. A aceitação da possibilidade de um erro a tal ponto disseminado pode resultar de uma aceitação anterior de alguma versão da definição da verdade como correspondência. Mesmo assim, todo aquele que rejeitar a relativização da verdade às culturas particulares se sentirá igualmente inclinado a rejeitar a versão cultural da definição da verdade segundo a coerência.

Um sistema de afirmações supostamente produtor da verdade pode ser independente de qualquer indivíduo ou cultura. Entretanto, não deixa de ser difícil especificar qual deve ser esse sistema. Os coerentistas, por pressuposto, não podem dizer que se trata de um conjunto adequado de afirmações *verdadeiras*, pois o que estão tentando é exatamente dar uma definição da verdade. Um sistema de afirmações meramente *coerentes* não basta, pois é possível chegar a dois sistemas diferentes e incompatíveis um com o outro, posto que internamente coerentes consigo mesmos. Dada a abordagem coerentista, nada haverá que nos faça considerar um desses sistemas como mais adequado para produzir a verdade, sendo o outro considerado falso por não coerir com o anterior. Qualquer versão da definição coerentista da verdade tem de especificar as condições que definem o sistema de afirmações coerentes que há de produzir a verdade. Sem uma tal especificação, temos todo o direito de nos negar a aceitar a definição da verdade como uma forma de coerência.

A importância atribuída à coerência – como quer que seja esta definida – parece ter mais relação com a questão da justificação epistêmica do que com a questão da verdade. No Capítulo 5, falaremos sobre a coerência no contexto das teorias sobre a justificação. Por enquanto, devemos tomar cuidado para não confundir a coerência como definição da verdade com a coerência como diretriz para o discernimento ou identificação da verdade.

A VERDADE E O VALOR PRAGMÁTICO

Os pragmatistas norte-americanos William James (1842-1910) e John Dewey (1859-1952) defenderam a adoção do pragmatismo para definir a verdade. A definição *pragmática* da verdade afirma que uma afirmação só é verdadeira se for *útil* de um modo determinado. O modo específico de utilidade aqui considerado é, segundo a interpretação a mais caridosa possível, a utilidade *cognitiva* em vista da unificação da experiência que temos do mundo; não é a utilidade entendida no sentido geral e comum. Os pragmatistas insistem em que a verdade é uma espécie de validação ou "corroboração" que as idéias recebem quando são postas em uso em nossas interações com o mundo.

A definição pragmática da verdade é relativista porque o tipo de utilidade que pode definir a verdade pode variar de pessoa para pessoa e de cultura para cultura. Se uma determinada crença se revela útil para uma pessoa mas inútil para outra, é verdadeira em relação à primeira mas falsa em relação à segunda. Há quem ache útil – mesmo cognitivamente útil, em relação a suas crenças básicas – acreditar que suas atitudes psicológicas determinam sua condição física; outras pessoas acham essa crença inútil. Dado o pragmatismo, a verdade varia de acordo com tudo isso. Qualquer pessoa que se oponha ao estabelecimento de um vínculo de definição entre a verdade e algo tão relativo e mutável quanto a utilidade cognitiva tenderá a rejeitar a teoria pragmática da verdade.

Os pragmatistas não determinaram suficientemente a natureza exata da *utilidade* que, segundo sua alegação, define a verdade. De acordo com certas explicações pragmáticas, a noção de verdade parece ser somente a noção de garantia epistêmica ou justificação. Pode-se admitir a importância das considerações relativas à utilidade cognitiva para a *justificação* de uma crença, e ao mesmo tempo negar que tal utilidade sirva como uma definição da *verdade*. A eliminação da distinção entre as condições que definem a verdade e as condições da justificação elimina – o que é implausível – a possibilidade de haver crenças falsas mas justificadas. Parece que, para todas as noções específicas de utilidade apresentadas pelos pragmatistas, é possível que uma crença seja considerada útil mas mesmo assim seja falsa. É evidente que certas crenças falsas podem provar-se cognitivamente úteis. Os pragmatistas, porém, parecem ter a forte intuição de que uma afirmação *não pode* ser ao mesmo tempo cognitivamente útil e falsa. No Capítulo 9 explicaremos de que modo podemos julgar os conflitos que se estabelecem entre intuições diversas dos conceitos filosóficos básicos.

ESPÉCIES E NOÇÕES DE VERDADE

No Capítulo 1, apresentamos algumas distinções importantes entre as diversas espécies de verdade. Aristóteles estabeleceu uma distinção entre a verdade necessária e a verdade contingente. Uma afirmação só será necessariamente verdadeira se não houver nenhuma possibilidade de que seja falsa. As afirmações matemáticas, como "2 + 2 = 4", parecem necessariamente verdadeiras (dado que sejam verdadeiras de fato). "2 + 2 = 4" não é *somente* uma afirmação verdadeira; não pode ser falsa. As verdades contingentes são verdades que poderiam não sê-lo. A afirmação "Washington é a capital dos Estados Unidos" é verdadeira, mas poderia ser falsa e já houve época em que o foi. Não é necessariamente verdadeira.

Formulamos também, no Capítulo 1, uma distinção entre as proposições sintéticas e analíticas. A proposição analítica verdadeira é aquela cuja verdade se depreende simplesmente das definições dos termos que a compõem. "Nenhum solteiro é casado": temos aí o exemplo típico de uma verdade analítica, pois o solteiro não é casado *por definição*. Antes, demos como exemplo "Todos os sinais de 'Pare' indicam que se deve parar", pois o sinal de "Pare" é, por definição, um sinal que indica que se deve parar. Por outro lado, "Alguns homens solteiros têm o nome de Bubba" é uma verdade contingente, pois não há nada na definição de "solteiro" que exija que alguns solteiros sejam chamados Bubba. Antes, mencionamos "Todos os sinais de 'Pare' são vermelhos" como exemplo de uma verdade contingente, pois não há nada na definição de um sinal de "Pare" que exija que ele seja vermelho.

A distinção entre proposições analíticas e sintéticas tem sido objeto de discussão para os filósofos contemporâneos desde 1951, quando W. V. Quine publicou, no texto "Os dois dogmas do empirismo" (1951), sua famosa objeção à dita distinção. A objeção de Quine se baseia em argumentos que demonstrariam que nenhuma das grandes definições de "proposição analítica" (dadas até 1951) seria satisfatória, em virtude de algo que Quine qualifica como uma obscuridade ou uma circularidade inaceitável. De 1951 para cá houve diversas tentativas de rebater essa objeção. Algumas dessas tentativas buscam apresentar critérios não circulares para determinar a "analiticidade" de uma proposição, ao passo que outras põem em xeque a própria necessidade de existência de tais critérios.

É possível que um filósofo tenha uma visão pluralista da natureza da verdade e ofereça análises e critérios diversos para as variadas espécies de verdade. Ele pode, por exemplo, adotar a teoria da correspondência no que diz respeito às verdades sintéticas que dependem da observação, e adotar a teoria da coerência (ou talvez o pragmatismo) no que diz respeito às verdades sintéticas e analíticas teóricas. Uma abordagem pluralista como essa pediria por uma explicação precisa das diversas teorias utilizadas; seu apelo filosófico dependeria da sua capacidade de responder às perguntas que formulamos neste capítulo.

Este exame geral das diversas teorias a respeito da verdade nos leva a tirar uma conclusão genérica: mesmo que os filósofos concordem com uma definição geral e mais ou menos vaga da verdade, alguns evidentemente lançam mão de outros conceitos de verdade – os conceitos de correspondência, coerência e utilidade, por exemplo. Essa conclusão empírica indica que as noções específicas de verdade que estão na praça divergem entre si; essas divergências, por sua vez, prejudicam a aceitação potencialmente acrítica da existência de uma "única" noção de verdade, pelo menos quando se está tratando de uma noção específica. Porém, isso não acarreta necessariamente um relativismo substantivo, que implicaria a veracidade automática das crenças de qualquer pessoa ou grupo; não fica excluída a possibilidade de existência de noções não relativistas da verdade. A variabilidade dos conceitos de verdade não torna a simples crença (comum a várias pessoas) uma condição suficiente da veracidade de uma proposição. Em específico, a divergência das noções não acarreta uma atitude de "vale tudo" em relação à verdade.

Já vimos o quanto é importante distinguir os critérios de definição da verdade e os critérios de justificação epistêmica. É igualmente importante conservar a distinção entre as noções de verdade e justificação, para resguardar a possibilidade de existência de uma crença falsa e justificada (ou de uma crença não justificada). Às vezes, nós temos motivos suficientes para crer em proposições que nem por isso deixam de ser falsas. Não temos garantia de que essa intuição esteja correta, mas, dentre as intuições que o senso comum fornece à epistemologia, ela é uma das mais firmes; por isso, temos de nos perguntar se ela não se baseia de fato em razões sólidas.

Em suma, pois, encontramos bons motivos para manter a distinção entre os critérios de definição e os critérios de identificação da verdade; estes últimos têm relação sobretudo com a justificação epistêmica. Em decorrência disso, expressamos dúvidas a respeito do relativismo. É claro que as crenças podem variar de acordo com os indivíduos e as culturas, mas disso não decorre que a verdade seja igualmente relativa. Se a busca da verdade é efetivamente uma busca de objetividade, como afirmaram muitos filósofos, a noção da verdade como uma correspondência é mais afim da objetividade desejada do que o coerentismo e o pragmatismo. Pode ser, portanto, que Aristóteles, mesmo há tanto tempo, já estivesse no caminho certo.

Acabamos de tratar da verdade e da crença. Voltamo-nos agora para a terceira condição essencial da análise tripartite do conhecimento: a justificação epistêmica.

CAPÍTULO 5
A JUSTIFICAÇÃO E ALÉM

A JUSTIFICAÇÃO, A VERDADE E A ANULABILIDADE

O fato de sabermos que vai nevar em Chicago no inverno não é fruto de simples adivinhação. A adivinhação e a sorte não geram o verdadeiro conhecimento, muito embora possam garantir um bom lucro nas corridas de cavalos. Mesmo que você acredite com toda a confiança no seu palpite arbitrário no jóquei clube, e por mais que ele se revele verdadeiro, ele não é um conhecimento. Você não *sabe* que está apostando num cavalo vencedor.

O conhecimento verdadeiro não tem como únicas condições a verdade e a crença; é preciso que se estabeleça uma relação apropriada entre a satisfação da condição de crença e a satisfação da condição de verdade. Segundo a abordagem tradicional, isso significa que, para que um conhecedor tenha um conhecimento genuíno, ele precisa ter "indícios suficientes" de que a proposição é verdadeira. Em outras palavras, para que haja conhecimento, é necessário que as crenças verdadeiras sejam justificadas: de acordo com a concepção tradicional, a justificação é uma condição do conhecimento. Segundo Platão, Kant e muitos outros filósofos, os necessários "indícios suficientes" da verdade são *provas* de que uma proposição é verdadeira. Esses filósofos afirmam, portanto, que o conhecimento tem de ser baseado em provas, ou seja, em razões que o justifiquem. O tipo de justificação de que se trata aqui é chamada de justificação *epistêmica*.

Mesmo que a justificação seja uma condição do conhecimento, uma crença justificada pode ser falsa. (Excluímos aqui as verdades necessárias – como as da lógica e da matemática – e tratamos somente das contingentes.) Admitindo a existência de crenças falsas e justificadas, os epistemólogos contemporâneos aprovam o *falibilismo*. Segundo o falibilismo, uma proposição pode ser amparada por um grande número de indícios e mesmo assim pode ser falsa. Lembre-se de que, de acordo com a maioria dos filósofos, os astrônomos ptolomaicos pré-copernicanos tinham justificativa suficiente para aderir ao modelo geocêntrico do universo, muito embora este fosse falso. A realidade do mundo não precisa de modo algum ser igual ao que os nossos melhores indícios nos dizem que ela é.

Podemos fazer uma distinção entre a justificação *indutiva* e a justificação *dedutiva*. Quando uma proposição justificativa acarreta logicamente aquilo que ela justifica, temos um caso de justificação dedutiva. Por exemplo, as proposições *todos os filósofos amam a polêmica* e *Bertrand Russell é um filósofo* acarretam a crença de que Bertrand Russell ama a polêmica, e podem servir assim para justificar esta última. As proposições de apoio garantem, pela lógica, que a crença sobre Russell é verdadeira. Ou seja, é logicamente impossível que as proposições de apoio sejam verdadeiras e a crença sobre Russell seja falsa.

Segundo os epistemólogos contemporâneos, a justificação de uma proposição não precisa acarretar logicamente a proposição justificada. Em outras palavras, se a proposição justificativa é verdadeira, disso não decorre necessariamente que a proposição justificada o seja também. A justificação indutiva ocorre quando uma proposição justificativa não acarreta logicamente o que ela justifica. Mais especificamente, ocorre quando se pode dizer que, se a proposição justificativa é verdadeira, a proposição justificada é *provavelmente* verdadeira. Considere, por exemplo, as proposições *quase todos os filósofos contemporâneos fizeram um curso de lógica* e *os autores deste livro são filósofos contemporâneos*. Elas constituem uma justificação indutiva suficiente para a crença de que os autores deste livro fizeram um curso de lógica. Por acaso essa crença é verdadeira, mas não é preciso que seja verdadeira para que seja justificada pelas proposições em questão. (A verdade não é uma condição necessária para a justificação de uma proposição.) Os epistemólogos contemporâneos não explicam todos do mesmo modo a relação de probabilidade que caracteriza a justificação indutiva, mas isso não é problema para nós agora.

De acordo a maioria dos epistemólogos contemporâneos, a justificação epistêmica é sempre *anulável* [*defeasible*], ou seja, passível de anulação. Em outras palavras, uma proposição justificativa pode perder esse poder quando você adquire uma justificação suplementar, superior às provas de que atualmente dispõe. Sua justificativa para crer que a estrada está coberta de água ali na frente pode ser anulada por novas provas adquiridas quando você se aproxima (e constata a secura) da parte da estrada onde viu a água. Outro caso de justificação anulada ocorre quando você vê uma mesa aparentemente vermelha do outro lado da sala mas adquire, depois de um exame atento, indícios confiáveis de que há uma luz vermelha acesa sobre a mesa. Perde, assim, a sua justificativa inicial para pensar que a mesa é vermelha. Em suma, a justificação pode mudar quando se obtêm novas provas. Sob esse aspecto, ela difere da verdade, que não muda com a mudança das provas. Suas *crenças* sobre a verdade podem mudar, mas disso não decorre de modo algum que também mude a verdade do objeto no qual você crê.

A JUSTIFICAÇÃO PELA INFERÊNCIA E O PROBLEMA DA REGRESSÃO

Muitos filósofos se perguntaram qual é o tipo de justificação que apresentamos para as nossas crenças acerca do mundo exterior – inclusive para as crenças mais corriqueiras, como as que concluem pela existência dos comuns objetos físicos do cotidiano. A maioria dos epistemólogos contemporâneos afirma que essas crenças são objeto de justificação indutiva, ou seja, as justificativas não acarretam logicamente as crenças justificadas (ou não garantem logicamente a verdade delas). Alguns céticos exigiram corroborações mais firmes, de natureza dedutiva, para as crenças que implicam a existência dos objetos exteriores (ou seja, independentes da mente); basearam-se na idéia de que as corroborações indutivas podem nos conduzir ao erro com demasiada facilidade. Outros céticos puseram em questão até mesmo a idéia de que é possível obter uma justificação indutiva, probabilística, das crenças que implicam a existência do mundo exterior. Preocupam-se com o fato de não possuirmos uma base firme que nos permita atribuir uma alta probabilidade às nossas familiares crenças na existência dos objetos independentes da mente.

O problema da regressão

Alguns céticos lançaram mão do *argumento da regressão* para afirmar que não temos justificativa alguma para crer em qualquer proposição que implique a existência do mundo exterior. As perguntas suscitadas pelo argumento da regressão são as seguintes: acaso dispomos de algum motivo para ter alguma crença acerca do mundo exterior baseada em outras crenças, ou seja, através de uma *justificação pela inferência*? Em caso afirmativo, como isso ocorre? Quando os céticos usam o argumento da regressão, procuram provar que todas as explicações possíveis da justificação pela inferência são falhas e que nós não dispomos desse meio de justificação, ou pelo menos não podemos afirmar razoavelmente que dele dispomos.

A preocupação fundamental que levou os céticos a formular o argumento da regressão é a seguinte: se a crença na existência dos objetos externos é supostamente justificada por outra crença, como será justificada esta última? Será justificada por outra crença ainda? Nesse caso, como será justificada essa outra crença? Esse questionamento perturbador pode continuar indefinidamente. Suponha que você creia que os carros Toyota são confiáveis porque leu isso numa reportagem da revista *Consumer Reports*. Os céticos vão pôr em dúvida não só a justificação de sua crença como também a da crença subjacente, ou seja, a de que a revista *Consumer Reports* é uma fonte confiável de avaliação automobilística. Cada uma das crenças justificativas estará vulnerável ao mesmo questionamento cético quanto à sua justificação.

Parece que somos ameaçados, assim, por uma regressão infinita de crenças justificativas necessárias. De qualquer modo, essa regressão parece complexa demais para poder corroborar os nossos raciocínios cotidianos, ou mesmo para poder figurar neles. Nossas opções, de modo geral, são as seguintes: (i) explicar por que uma regressão infinita de crenças justificativas necessárias não representa um problema; (ii) mostrar o que podemos fazer para estancar a ameaçadora regressão, identificando assim o seu final; ou (iii) aceitar a conclusão cética de que a justificação pela inferência é impossível, ou que pelo menos nós não temos acesso a ela.

Vamos dar um exemplo do problema da justificação pela inferência. Caminhando às margens do lago Michigan, chegamos à conclusão de que, hoje, sair para velejar seria muito agradável, mas perigoso. Nossa crença de que é perigoso sair hoje para velejar é sustentada por algumas outras crenças. Cremos, por exemplo: (a) que a previsão do tempo para hoje é de tempestades com raios; (b) que há nuvens de tempestade no céu; (c) que a previsão do tempo e a presença das nuvens de tempestade são indícios confiáveis de uma iminente tempestade de raios. A crença de que é perigoso sair para velejar hoje é amparada pela crença de que *a-c* são verdadeiras. Mas quais são as justificativas para cremos em *a-c*? É natural que essas crenças sejam sustentadas por outras. Assim, a cadeia das inferências continua. Entre as crenças que dão sustentação a *a*, podemos mencionar que (d) ouvimos no rádio, de manhã, uma previsão do tempo. Entre as que dão sustentação a *b*, podemos dizer que cremos que (e) estamos vendo nuvens escuras e pesadas no céu. Os sustentáculos de *d* e *e* também podem ser baseados em inferências, o que leva ainda mais longe a cadeia de justificações pela inferência.

Além do ceticismo, os epistemólogos contemporâneos oferecem quatro soluções gerais para o problema da regressão infinita.

O infinitismo epistêmico

A primeira solução, chamada de *infinitismo epistêmico*, afirma que a regressão das justificativas pela inferência é infinita, mas que isso não anula o caráter justificativo das proposições em questão. Segundo o infinitismo, nossa crença de que é perigoso ir velejar hoje seria justificada pela crença *a*, a crença *a* seria justificada pela crença *d*, a crença *d* seria justificada por ainda outra crença, e assim indefinidamente. O infinitismo não tem muitos adeptos, mas foi defendido por Charles Peirce (1839-1914), fundador do pragmatismo norte-americano. Pelo infinitismo, para que uma crença nossa seja justificada pela inferência, temos de ter uma quantidade infinita de crenças justificativas. Ou seja, para o infinitismo, a regressão infinita das crenças justificativas não representa de maneira alguma um problema para a justificação pela inferência, mas, pelo contrário, é um fator essencial dessa justificação.

Na opinião de alguns céticos, uma cadeia infinita de supostas justificativas pela inferência não é e não pode ser uma fonte legítima de justificação. Dizem eles que, por mais que remontemos a elos anteriores da cadeia infinita da justificação pela inferência, sempre encontraremos crenças cuja justificação é meramente *condicional*: ou seja, crenças que *só* serão justificadas *se* as crenças que as sustentam forem justificadas. No exemplo anterior, parece que nossa crença de que é perigoso sair para velejar hoje é objeto de uma justificação condicional: só será justificada se as crenças que a sustentam também o forem. O problema, porém, é que as próprias crenças justificativas são condicionalmente justificadas: só o serão se, e somente se, as *suas* crenças de apoio o forem. Segundo os céticos, em todos os elos da cadeia infinita, encontraremos crenças cuja justificação é condicional e não real.

Outros céticos dirão ainda que a infinitude das crenças justificativas exige aparentemente uma quantidade infinita de tempo, uma vez que a formação de cada uma das crenças de sustentação leva um certo tempo. Para o bem ou para o mal, os seres humanos não dispõem de um tempo infinito. Por isso, os céticos se perguntam se o processo real de justificação inclui de fato uma regressão infinita de crenças justificativas. O que se evidencia disso tudo é que os defensores do infinitismo têm ainda muito o que explicar. É por isso, aliás, que o infinitismo não contou com muitos defensores declarados no decorrer da história da epistemologia. Não obstante, trata-se de uma solução logicamente possível para o problema da regressão infinita, pelo menos de acordo com alguns filósofos.

O coerentismo epistêmico

A segunda solução apresentada ao problema da regressão é o influente *coerentismo epistêmico*: a idéia de que toda justificação depende de um sistema, em virtude das "relações de coerência" que existem entre as crenças. Segundo esse coerentismo, a justificação de qualquer crença acaba num sistema de crenças com o qual a crença justificada é coerente. Assim, os coerentistas negam que a justificação seja linear, como sugere o infinitismo. Afirmam que toda justificação depende da coerência com um sistema de crenças.

Tipicamente, as razões específicas de nossas crenças podem ser encontradas somente numa curta seqüência de crenças justificativas, ou seja, numa justificação pela inferência. Chegamos rapidamente a crenças bastante gerais e profundamente arraigadas na nossa visão de mundo básica, visão de mundo essa que parece ser justificada pelo modo segundo o qual as crenças que a constituem se "arranjam" num retrato coerente e abrangente da realidade exterior. Por exemplo, a crença já mencionada acerca da periculosidade das condições de navegação depende, para sua justificação, de outras crenças que dizem respeito às previsões e às condições do tempo. Muitas vezes, é difícil localizar a justificação dessas proposições numa única proposição justificativa. Via de regra, essas crenças conduzem antes a toda uma *rede* de crenças acerca do significado de fenômenos tais como os sinais visuais do clima, os padrões climáticos normais e diversos tipos de testemunho. Evidentemente, para sustentar afirmações acerca de situações específicas, nós nos baseamos em retratos amplos do estado normal das coisas. Esses retratos mais amplos, por sua vez, também não se justificam por uma linha simples de proposições justificativas, mas por uma coerência global ou sistemática.

Os coerentistas costumam se inspirar naquela espécie de justificação sistemática ou holística que as ciências oferecem. A física, a química, a biologia, etc. aparentemente nos brindam com um amplo sistema de crenças com base no qual outras crenças podem ser justificadas pela coerência – pelo fato de se encaixarem de maneira identificável no sistema. A abrangente visão de mundo das ciências se "arranja" de tal modo que parece constituir um ideal a ser alcançado pelas demais crenças justificadas. Dizem os coerentistas que esse ideal é o fundamento da justificação numa rede sistemática de crenças.

A teoria coerentista da *justificação epistêmica* – o chamado coerentismo *epistêmico* – é diferente da teoria coerentista da *verdade*. Esta última, tal e qual foi definida por Brand Blanshard (1939; 1980) e vários outros filósofos, procura especificar o sentido da "verdade" ou a natureza essencial desta. A teoria coerentista da justificação, por sua vez, procura explicar não a natureza da verdade, mas a da justificação como fator essencial do conhecimento. Contam-se entre os mais recentes defensores do coerentismo epistêmico em suas diversas versões: Sellars, 1975; Rescher, 1979; Harman, 1986; Lehrer, 1990; e BonJour, 1985. Certos historiadores da filosofia vêem Espinosa e Hegel como expositores e partidários do coerentismo epistêmico.

Os coerentistas epistêmicos deparam com duas questões importantes: em primeiro lugar, que espécie de relação de coerência é essencial para justificar uma crença? Em segundo lugar, com que espécie de sistema de crenças deve coerir a crença a ser justificada? No que diz respeito à primeira questão, muitos coerentistas epistêmicos reconhecem as relações de *necessidade lógica* e de *explicação* como relações de coerência entre as crenças. Já identificamos a natureza da necessidade lógica: uma crença exige logicamente a outra quando a verdade da primeira é garantia da verdade da segunda. As relações explicativas de coerência ocorrem quando algumas de nossas crenças conseguem explicar por que outras crenças nossas são verdadeiras. Por exemplo, sua crença de que está nevando lá fora, quando associada a várias crenças de base, pode explicar eficazmente a verdade de sua crença de que todas as janelas da sala de jantar estão brancas. Nesse caso, as crenças em questão são coerentes. Outro exemplo de coerência explicativa, desta vez tirado da sociologia: a idéia geral de que os seres humanos tendem a estigmatizar os "marginais" ou os grupos a que eles mesmos não pertencem pode explicar, ao menos em parte, as crenças pessoais tendentes ao racismo. Não obstante, devemos compreender a coerência explicativa de tal modo que fique resguardada a possibilidade de se estabelecerem relações explicativas entre crenças realmente falsas, uma vez que não há nada que impeça uma crença epistemicamente justificada de ser falsa.

Quanto à segunda questão, não é qualquer sistema de crenças coerente que pode conferir a espécie de justificação que o coerentismo epistêmico procura. Alguns sistemas de crenças coerentes, entre os quais os que consistem somente em proposições tiradas da ficção científica, são evidentemente falsos e por isso não poderiam servir de base para uma crença epistemicamente justificada. Ninguém ousaria afirmar, por exemplo, que o elaborado enredo da série *Jornada nas estrelas* (ou, para os que não são culpados de assistir à televisão, do livro *Urantia Book*), em virtude da sua notável coerência, poderia justificar crenças referentes ao mundo real. (Observe, porém, que a simples falsidade não é obstáculo à justificação epistêmica.) A existência de sistemas coerentes de proposições ficcional-científicas mostra que a justificação epistêmica não decorre tão-somente da coerência com um sistema de crenças. O sistema coerente que confere a justificação epistêmica tem de ser de um tipo especial. Não é fácil especificar, porém, no que consiste essa característica especial; de qualquer modo, os coerentistas não chegaram a um acordo quanto a essa questão. Alguns afirmaram que, para que o nosso sistema de crenças coerente seja capaz de conferir a justificação epistêmica a uma proposição, ele deve guardar relações causais adequadas com nosso ambiente perceptivo, cognitivo e social. Mesmo assim, essas relações causais adequadas não se prestam a uma definição fácil, especialmente quando pretendemos resguardar a possibilidade de existência de uma crença falsa mas justificada.

Segundo o coerentismo epistêmico, a justificação de qualquer crença depende das relações de coerência dessa crença com outras crenças. Por isso, o coerentismo é sistemático e dá ênfase ao papel da inter-relação entre as crenças para garantir sua justificação epistêmica. Os céticos nos perguntarão, sem dúvida, por que motivo devemos encarar a coerência entre as crenças empíricas de uma pessoa como um indício *confiável* da verdade empírica, de como as coisas realmente são no mundo empírico. Lembre-se do exemplo da *Jornada nas estrelas*. (Voltaremos a tratar do ceticismo no Capítulo 8.)

Considere a *objeção do isolamento* que se faz contra o coerentismo epistêmico: segundo o pensamento coerentista, uma pessoa pode ter justificação epistêmica para aceitar uma proposição empírica contingente que seja incompatível com o conjunto total dos seus dados empíricos, ou pelo menos improvável em vista desse conjunto, o qual engloba principalmente os dados da experiência sensorial. Os proponentes dessa objeção não restringem os "dados empíricos" às proposições empíricas que a pessoa aceita ou nas quais crê. Admitem dados empíricos provenientes da experiência perceptiva, que não envolvem o elemento crença. Essa experiência é uma experiência sensorial, e não cognitiva, como são as crenças. Por exemplo: você pode ter uma sensação (ou seja, uma experiência perceptiva incipiente) da cor terra-de-siena antes de formar qualquer *crença* a respeito dessa cor. Por isso, se sensações como essa fazem parte dos dados de base que podem conferir a justificação empírica, conclui-se daí que as crenças não constituem o total dos dados de base. Para a validade da objeção, as sensações, e logo os dados empíricos puros, têm de ser considerados como parte da evidência empírica. Do mesmo modo, a experiência da cor terra-de-siena não pode ser considerada idêntica à crença de que você está olhando para essa cor. (Sobre a distinção entre sensação e crença, ver Dretske, 1981.)

A objeção do isolamento parece aplicar-se amplamente às teorias coerentistas da justificação, desde que a noção de dados empíricos não fique limitada às crenças que aceitamos. Suponha – o que é muito natural – que nossos dados empíricos incluam o conteúdo subjetivo (terra-de-siena, por exemplo) dos nossos estados perceptivos, que não são crenças. Esse conteúdo não é feito de proposições e, portanto, não se inclui entre as coisas nas quais cremos ou que aceitamos; não é feito de juízos, sentenças, afirmações ou declarações. Evidentemente, podemos crer que estamos tendo uma experiência visual determinada (da cor terra-de-siena), mas isso não significa que a experiência em si mesma seja uma proposição na qual cremos. Se os conteúdos dos nossos estados de percepção fazem parte do conjunto dos nossos dados empíricos, a objeção do isolamento será um obstáculo direto a todas as teorias coerentistas da justificação.

As teorias coerentistas, por sua própria natureza, afirmam que a justificação epistêmica depende unicamente de relações de coerência entre as proposições que a pessoa aceita ou nas quais crê. Por essa mesma natureza, elas desconsideram a importância essencial do conteúdo dos estados perceptivos anteriores às crenças. Como já dissemos, alguns coerentistas dizem que os sistemas de crenças capazes de conferir justificação epistêmica são somente os que têm uma origem causal especial, como, por exemplo, as crenças que decorrem espontaneamente da percepção sensorial. Não obstante, os coerentistas ainda não chegaram a oferecer uma explicação amplamente aceita de quais são as origens das crenças especiais que compõem os sistemas passíveis de conferir a justificação empírica. Se não vier a fundamentar a justificação empírica em fatores anteriores às crenças, o coerentismo aparentemente continuará ameaçado pela objeção do isolamento.

O fundacionalismo e o confiabilismo epistêmicos

A terceira solução para o problema da regressão é o *fundacionalismo epistêmico*. Segundo o fundacionalismo, a justificação epistêmica tem duas camadas: alguns casos de justificação não são baseados em inferências, e logo são fundamentais, ao passo que todos os demais casos são inferenciais ou não fundamentais, na medida em que derivam, em última análise, da justificação fundamental. A crença não inferencial ou fundamental é uma crença justificada, mas não o é por meio de inferências tiradas de outras crenças nem é de modo algum dependente delas; pode ser justificada, por exemplo, em virtude de uma relação especial que guarda com a experiência perceptiva do sujeito, experiência essa que não é uma crença. Sua crença de que agora você vê um livro não é (ao que nos parece) inferida a partir de outras crenças; pode ser justificada diretamente pela sua atual sensação visual de um compêndio de epistemologia. Por outro lado, a crença de que a maior parte das demais páginas deste livro está cheia de palavras pode não ser justificada pela sua experiência visual atual. Será justificada, se o for, pelas suas crenças gerais acerca do jeito mais comum de se imprimirem livros. Você crê que, nos compêndios de filosofia, a maioria das páginas é cheia de palavras, e é essa crença que, por inferência, dá sustentação à crença de que este livro tem escritos na maioria de suas páginas restantes. A visão estrutural de duas camadas que se chama fundacionalismo foi proposta por Aristóteles em seu *Segundos analíticos* como uma visão geral do conhecimento e recebeu sua formulação extrema nas *Meditações* de Descartes. É representado, além disso, de diversas formas, pelos seguintes filósofos: Russell, 1940; C. I. Lewis, 1946; Chisholm, 1989; Alston, 1989; Pollock, 1986; Audi, 1993; Foley, 1987; e Moser, 1989, entre muitos outros.

Muitos fundacionalistas divergem em tópicos dignos de nota: a explicação da justificação fundamental, não inferencial, e a explicação de como a justificação pode se transmitir das crenças fundamentais para as não fundamentais. Alguns epistemólogos, seguindo Descartes, partiram do pressuposto de que as crenças fundamentais devem ser objeto de *certeza* (devem ser, por exemplo, indubitáveis ou infalíveis). É esse o pressuposto do fundacionalismo *radical*, segundo o qual as crenças fundamentais são certas e garantem a certeza das crenças não fundamentais que sobre elas se apóiam. Esses dois pontos explicam por que o fundacionalismo radical atrai tão poucos seguidores entre os filósofos contemporâneos. Em primeiro lugar, são poucas – se é que existe alguma – as crenças perceptivas que podem ser objeto de certeza, ou seja, podem ser imunes à dúvida e ao erro. (Uma apresentação das opiniões mais importantes acerca da certeza das crenças subjetivas baseadas em sensações pode ser encontrada em Meyers, 1988; cf. Alston, 1989, Capítulos 10 e 11.) Em segundo lugar, as crenças mais passíveis de certeza (a crença de que estou pensando, por exemplo) não são dotadas de uma quantidade suficiente de informações para garantir a certeza de nossas crenças inferenciais específicas acerca do mundo externo (como, por exemplo, as familiares crenças da física, da química e da biologia). Em decorrência disso, *mesmo que* algumas de nossas crenças sejam absolutamente certas, não serão capazes de transferir essa certeza às nossas crenças mais robustas e mais comuns a respeito do mundo exterior. O fundacionalismo radical, por isso, quase não conta adeptos entre os filósofos contemporâneos.

Os fundacionalistas contemporâneos defendem tipicamente o fundacionalismo dito *modesto*. Segundo essa corrente, as crenças fundamentais não precisam nem possuir nem produzir a certeza; tampouco precisam dar sustentação dedutiva às crenças não fundamentais justificadas. Em geral, os fundacionalistas caracterizam uma crença *fundamental, não justificada pela inferência*, como uma crença cuja justificação epistêmica não deriva de outras crenças. Deixam em aberto a questão de saber se a base *causal* (da existência) das crenças fundamentais inclui ou não outras crenças. Devemos, assim, evitar uma confusão entre (a) de onde deriva a *justificação* de uma crença e (b) qual é a base causal da *existência* da crença.

O típico fundacionalista contemporâneo afirma que o fundacionalismo explica como uma crença (ou uma proposição) *tem* justificativa para uma pessoa, e não como a pessoa pode *demonstrar* que uma crença (ou uma proposição) é justificada ou verdadeira. O fato de termos justificativa para uma crença não exige de nós uma demonstração ou apresentação dessa justificativa, nem a nós mesmos, nem aos outros; tampouco exige que saibamos que estamos de posse dessa justificativa, ou mesmo que tenhamos nessa posse uma crença justificada. A demonstração da justificação exige uma sutileza maior do que a simples posse da justificação.

Os proponentes do fundacionalismo modesto ofereceram três maneiras de abordar a justificação fundamental e não inferencial: (i) a autojustificação; (ii) a justificação por meio de experiências anteriores à crença; e (iii) a justificação pela fonte confiável de uma crença, uma fonte que não seja em si mesma uma crença (a memória ou a sensação, por exemplo). Motivados pelo problema da regressão, os defensores da autojustificação afirmam que uma crença fundamental pode justificar a si mesma, sem recorrer à evidência ou ao apoio de nenhum fator externo. No exemplo de sair para velejar, por exemplo, a justificação das crenças em questão pode terminar em crenças como as de que você "parece estar vendo" uma previsão do tempo à sua frente e "parece estar ouvindo" trovões a distância. Estas últimas crenças referem-se, como é óbvio, às suas experiências subjetivas, mas alguns fundacionalistas consideram-nas "autojustificadas".

Os defensores da justificação fundamental por meio de experiências anteriores à crença rejeitam a autojustificação literal. Seguindo C. I. Lewis, 1946, afirmam que as crenças perceptivas fundamentais podem ser justificadas por experiências perceptivas anteriores (como, por exemplo, a experiência de que, neste momento, você parece estar vendo um livro) que ou tornam verdadeiras essas crenças fundamentais (como, por exemplo, a crença de que aqui há ou parece haver um livro), ou encontram nelas a sua melhor explicação, ou as sustentam de alguma outra maneira. As experiências perceptivas anteriores às crenças, de que aqui se trata, não são crenças em si mesmas, muito embora possam dar sustentação a algumas crenças, em específico a crenças acerca das mesmas experiências. (Em Firth, 1969, encontra-se uma exposição das influentes idéias de Lewis sobre os dados da experiência.)

Os partidários da justificação fundamental por meio das origens confiáveis afirmam que a justificação não inferencial depende das fontes que formam as crenças (a percepção, a memória e a introspecção, por exemplo) e que, embora não sejam crenças em si mesmas, têm em alguma medida o poder de *conduzir à verdade*, uma vez que tendem mais a causar crenças verdadeiras do que crenças falsas. A percepção é uma fonte de crenças e, se gera mais crenças verdadeiras do que crenças falsas, pode ser capaz, pela sua confiabilidade, de conferir justificação às crenças que causa e que nela se sustentam. A idéia de que os processos confiáveis de formação de crenças conferem a justificação epistêmica é chamada de *confiabilismo epistêmico*. O confiabilismo epistêmico, em suas diversas variantes, foi defendido por Goldman, 1986; Alston, 1989; e Sosa, 1991, entre outros.

A teoria confiabilista da justificação fundamental faz apelo à *confiabilidade*, ou qualidade de conduzir à verdade, das fontes da crença, ao passo que a corrente anterior, não confiabilista, invoca as experiências perceptivas particulares que subjazem às crenças fundamentais. A teoria não confiabilista, ao contrário da confiabilista, alega que a experiência da percepção pode justificar uma crença mesmo que essa percepção (sem que o saibamos, é claro) não seja totalmente confiável. Pode acontecer, por exemplo, de as nossas faculdades perceptivas distorcerem os dados da nossa percepção de tal modo que a percepção perca sua confiabilidade. Segundo o confiabilismo, as fontes das crenças – fontes essas que são as responsáveis pela justificação das mesmas crenças – têm de ter o poder de conduzir à verdade; por isso, se não pudermos confiar na percepção, ela não poderá justificar as crenças por ela geradas. Não há acordo entre os confiabilistas quanto à *espécie* e ao *grau* de confiabilidade que pode autorizar a justificação epistêmica, mas todos concordam em que a confiabilidade é necessária para que as fontes das crenças gerem crenças justificadas.

Alguns confiabilistas defendem uma versão do naturalismo epistemológico moderado de que falamos no Capítulo 2. Vêem a epistemologia, portanto, como uma ciência quase totalmente (senão exclusivamente) empírica e procuram na psicologia empírica uma explicação de como funciona o processo de constituição das crenças. No Capítulo 3, dissemos que alguns fatores da formação das crenças operam abaixo do nível da consciência. Desse modo, pode acontecer de uma crença ser constituída e sustentada por um processo confiável, muito embora o crente não seja capaz de distinguir os fatores causais que dão a essa crença a sua confiabilidade e a sua justificação. Assim, o confiabilismo combina com o externalismo epistêmico do qual falaremos mais adiante neste capítulo, e que admite a hipótese de os fatores de justificação não serem acessíveis à consciência do crente.

A confiabilidade manifesta de um processo de formação de crenças, como a percepção visual, não exclui por si só a *possibilidade* de ocorrência de erros nas crenças constituídas por esse processo. Você pode, por exemplo, ter a ilusão visual de que há água na pista à frente, e pode assim ter a crença falsa de que a pista está molhada, muito embora a sua visão seja, de maneira geral, uma fonte confiável de constituição de crenças. Por isso, muitos confiabilistas fazem apelo à *tendência* que certos processos têm de gerar mais crenças verdadeiras do que falsas. Um caso particular de crença falsa não obsta a tendência intrínseca do processo de conduzir à verdade. A especificação das *circunstâncias exatas* sob as quais o processo de formação de crenças deve ser considerado confiável é um problema que aflige os confiabilistas: o chamado "problema da generalidade" (discutido em Goldman, 1986, e Sosa, 1991). O que os confiabilistas procuram a todo custo evitar é, de um lado, uma especificação exageradamente estreita e implausível, segundo a qual todas as crenças verdadeiras são formadas por meios confiáveis; e, do outro lado, uma especificação exageradamente ampla, e igualmente implausível, segundo a qual os processos que em situações normais produzem crenças falsas são confiáveis mesmo assim (digamos, numa situação estranha ou que vá contra a realidade dos fatos). Os confiabilistas sabem que os processos de formação de crenças podem ser mais ou menos confiáveis, e por isso não lhes é fácil determinar se um processo específico tem o poder de justificar uma crença.

Apesar dos desacordos já mencionados, os defensores do fundacionalismo modesto em geral concordam em que a justificação não inferencial pode – pelo menos em um grande número de casos – ser anulada pela expansão das crenças justificadas da pessoa. A justificação da sua crença de que há um cachorro marrom na esquina, por exemplo, pode ser destruída ou anulada pela percepção de um dado novo: de que há uma luz marrom brilhando sobre o cachorro na esquina.

Wilfrid Sellars (1975) e Laurence BonJour (1985) apresentaram argumentos fortes contra todas as teorias fundacionalistas da justificação não inferencial. Afirmam eles que nenhuma crença pode ter uma justificativa epistêmica não inferencial, pois a crença só pode ser epistemicamente justificada se tivermos bons motivos para pensar que ela é verdadeira. Segundo Sellars e BonJour, um "bom motivo para pensar que uma crença é verdadeira" é em si mesmo uma crença. Com isso, a justificação de uma crença supostamente fundamental passa a depender, na verdade, de um argumento semelhante a este:

a. Minha crença fundamental P tem a característica F.
b. As crenças que têm a característica F têm grande probabilidade de ser verdadeiras.
c. Logo, minha crença fundamental P tem grande probabilidade de ser verdadeira.

Se a justificação das crenças fundamentais depende de um tal argumento, elas não podem ser consideradas fundamentais de modo algum. Sua justificação dependerá da justificação de outras crenças: as crenças representadas pelas premissas do argumento apresentado acima. De qualquer modo, segundo esse ponto de vista, a própria idéia de uma crença fundamental, não justificada pela inferência, não passa de um mito.

Vamos ilustrar este ponto com o exemplo do passeio de veleiro: considere, em específico, sua crença supostamente fundamental de que você *aparentemente* ouviu um trovão a distância. O exemplo é paralelo ao argumento já apresentado: (a) A crença fundamental de que você aparentemente ouviu um trovão tem a característica especial de ser uma crença relacionada à experiência subjetiva. (b) As crenças relacionadas à experiência subjetiva têm grande probabilidade de ser verdadeiras. (c) Logo, a crença fundamental de que você aparentemente ouviu um trovão tem grande probabilidade de ser verdadeira. Se a justificação dessa crença depende das crenças *a-c*, a crença não é fundamental de modo algum. Vai depender de uma espécie de relação de coerência com outras crenças.

O argumento de Sellars e BonJour enfrenta um problema. A exigência de que, para justificar a crença *P* (qualquer crença), você tem de *ter justificativas suficientes para crer* nas premissas *a* e *b* do argumento é uma exigência exagerada. Dada essa exigência, você só terá justificativa para crer em *P* se *tiver justificativa para crer que a crença P tem a característica F*. No caso particular, só terá justificativa para ter a crença fundamental de que está aparentemente ouvindo um trovão se tiver justificativa para crer que essa crença tem a característica especial de ser uma crença relacionada à experiência sensorial subjetiva. Segundo Sellars e BonJour, essa crença de apoio só será justificada se também for apoiada pelas premissas de um argumento semelhante. Do mesmo modo, essas premissas justificativas necessárias terão de ser justificadas por outras premissas. Dadas as exigências em questão, parece que não nos resta nenhum meio não arbitrário para fugir à terrível conclusão de que exigências semelhantes se aplicam a cada item da série infinita de crenças justificadas necessárias. É de duvidar que possamos ter um número infinito de crenças justificadas cada vez mais complexas.

Uma das conclusões que disso se tira é que, para que o crente tenha algum tipo de acesso à sustentação justificativa de sua crença, não se deve considerar que esse acesso exija outras crenças justificadas anteriores ou as premissas justificativas de um argumento. Caso contrário, deparamos com a problemática regressão acima mencionada. Os debates atuais sobre o *internalismo* e o *externalismo* na justificação epistêmica dizem respeito ao tipo de acesso que o crente tem de ter às bases de sustentação de suas crenças justificadas. (Para obter algumas informações sobre esses complexos debates, consulte BonJour, 1985, Capítulo 3; Alston, 1989; Audi, 1993, Capítulo 11.) O internalismo, ao contrário do externalismo, incorpora uma exigência de acessibilidade às fontes da justificação.

Alguns epistemólogos favoráveis ao externalismo afirmam que a justificação depende essencialmente, posto que não exclusivamente, da natureza do mundo exterior ao sujeito. Pode acontecer, por exemplo, de uma crença perceptiva justificada ser constituída por processos causais inacessíveis. É nesse contexto que os externalistas lançam mão do conceito de fenômenos subdoxásticos, discutido no Capítulo 3. Esses fenômenos são estados intencionais primitivos e inacessíveis à consciência; assim, ficam fora do domínio dos fenômenos que podem ser objeto da epistemologia, fenômenos esses que são tipicamente evocados pelos internalistas. Se os estados inacessíveis – quer dentro, quer fora da pele do sujeito – desempenham um papel de destaque na justificação última de algumas crenças, o internalismo estará deixando de lado alguns fenômenos dotados de uma função epistêmica importante. As diferenças entre o internalismo e o externalismo envolvem muitas distinções técnicas e ainda não foram resolvidas pela epistemologia contemporânea.

Os fundacionalistas têm de explicar não só as condições da justificação não inferencial como também o processo pelo qual a justificação se transfere das crenças fundamentais para as crenças não fundamentais e justificadas pela inferência. Os defensores do fundacionalismo modesto, ao contrário dos fundacionalistas radicais, admitem a possibilidade de a justificação epistêmica ser transmitida por vínculos probabilísticos e não dedutivos. Porém, não chegaram a um acordo quanto à natureza exata desses vínculos. Segundo alguns adeptos do fundacionalismo modesto, uma espécie de "inferência da melhor explicação" pode, em muitos casos, explicar a transmissão da justificação. Por exemplo, a crença de que há uma escrivaninha diante de você pode, em certas circunstâncias, oferecer a melhor explicação possível para várias crenças fundamentais acerca do conteúdo da sua percepção (como a crença de que aparentemente existe uma escrivaninha à sua frente), ou pelo menos a melhor explicação dos próprios dados perceptivos. Mas este é um assunto controverso para os epistemólogos. (Para saber mais sobre o debate, consulte Goldman, 1988, e Moser, 1989.)

As versões do fundacionalismo que restringem a justificação não inferencial ou fundamental às crenças subjetivas acerca do que a pessoa *parece* estar vendo, ouvindo, sentindo, cheirando e provando com o paladar deparam com um problema que já foi constatado há muito tempo. Têm elas de explicar como essas crenças subjetivas podem fornecer a justificação de crenças relacionadas aos objetos físicos externos e *independentes da mente*. As crenças subjetivas não acarretam logicamente as crenças nos objetos físicos. Uma vez que a alucinação é sempre possível, também é possível que as crenças subjetivas sejam verdadeiras e, ao mesmo tempo, sejam falsas as crenças sobre os objetos físicos delas decorrentes. Esse ponto constitui a refutação do *fenomenalismo lingüístico*, a idéia de que toda afirmação sobre um objeto físico pode ser traduzida, sem perda de significado, numa afirmação logicamente equivalente sobre estados subjetivos caracterizados por crenças subjetivas. (Em Cornman, 1975, você encontrará uma discussão desta e de outras versões do fenomenalismo.) Talvez um fundacionalista, na trilha de Chisholm, 1977, e Cornman, 1980, possa invocar um conjunto de relações *não dedutivas* para explicar de que modo as crenças subjetivas podem justificar crenças acerca dos objetos físicos, como a crença de que há agora um livro à sua frente. Mas esse ponto ainda não é seguro, pois não há ainda um tal conjunto de relações que tenha obtido o apoio da maioria dos fundacionalistas contemporâneos. Por outro lado, certas versões do fundacionalismo admitem a justificação não inferencial ou fundamental das crenças sobre os objetos físicos, fugindo assim do problema em questão.

O contextualismo epistêmico

A quarta solução não cética ao problema da regressão é o *contextualismo epistêmico*. Essa corrente de pensamento foi sugerida por Ludwig Wittgenstein (1969) e formulada explicitamente por David Annis (1978). Wittgenstein apresenta a essência do contextualismo com a afirmação de que "na base de qualquer crença bem fundada há uma crença sem fundamento" (1969, parágrafo 153). Interpretando Wittgenstein e tomando essa frase como uma afirmação de que na base das crenças justificadas há crenças não justificadas, chegamos a uma alternativa ao infinitismo, ao coerentismo e ao fundacionalismo. (A interpretação do *Sobre a certeza* de Wittgenstein é matéria controversa entre os filósofos; ver um esforço de interpretação em Morawetz, 1978.)

Segundo o contextualismo, em qualquer contexto investigativo, as pessoas envolvidas simplesmente pressupõem (a aceitabilidade de) certas proposições como pontos de partida de sua investigação. Essas proposições "contextualmente básicas", embora não se apóiem nas evidências, podem dar apoio a outras proposições. É a falta de apoio evidente para as proposições contextualmente básicas que distingue essas crenças das crenças fundamentais, não fundamentadas pela inferência, descritas na seção anterior. Os contextualistas fazem questão de afirmar que as proposições contextualmente básicas podem variar segundo os diversos grupos sociais e contextos – variam das investigações teológicas para as investigações biológicas, por exemplo. Assim, tudo o que num contexto é uma justificativa *injustificada* não o é em outro contexto. Segundo o contextualismo, a justificação varia muito de acordo com o contexto social.

Um dos principais problemas do contextualismo vem da idéia de que crenças *injustificadas* podem fornecer a justificação epistêmica de outras crenças. Se aceitarmos essa idéia, teremos de evitar a opinião implausível de que *qualquer* crença injustificada, por mais que seja evidentemente falsa, pode fornecer a justificação em determinados contextos. Se *qualquer* proposição injustificada pode servir como justificativa, podemos justificar *qualquer coisa* que quisermos – uma conclusão intolerável, quaisquer que sejam os seus critérios. Nesse caso, poderíamos justificar crenças evidentemente falsas (como a crença de que as águas subterrâneas podem imprimir movimento à vara do rabdomante), bastando para tanto admitir como pressupostos outras crenças injustificadas. É verdade que, em certos contextos, costumamos tomar certas coisas como pressupostos, mas isso não corrobora a idéia de que existem proposições injustificadas capazes de justificar outras. Talvez os pressupostos contem com o apoio de boas razões. Se não contarem, precisaremos de um outro meio pelo qual possamos distingui-los das crenças injustificadas que não têm o poder de dar justificação a outras crenças. Os contextualistas terão de explicar, nesse caso, como uma crença injustificada – mas não *qualquer* crença injustificada – pode conferir a justificação epistêmica a outras crenças. Porém, eles não chegaram ainda a um acordo quanto a essa necessária explicação.

Em suma, o problema da regressão epistêmica para a justificação pela inferência é, como muitos outros problemas filosóficos, um osso duro de roer. O infinitismo, o coerentismo, o fundacionalismo e o contextualismo podem até vir a oferecer-lhe soluções viáveis, mas só depois que os epistemólogos resolverem os problemas que indicamos.

COMPLEMENTO À JUSTIFICAÇÃO: O PROBLEMA DE GETTIER

Alguns epistemólogos contemporâneos sugeriram que abandonássemos a idéia tradicional de que a justificação é uma das condições do conhecimento. Seguindo Alvin Goldman (1967), recomendam que a justificação seja concebida como uma condição *causal*. Grosso modo, a idéia é a seguinte: você sabe P se (a) você crê em P, (b) P é verdadeira e (c) o fato de você crer em P é causalmente produzido e sustentado pelo fato que faz de P uma proposição verdadeira. Ou seja, você conhece uma proposição quando ela é verdadeira, você crê nela e sua crença é *causada* pelo fato que a torna verdadeira. Por exemplo, você só sabe que há um livro diante dos seus olhos quando: há de fato um livro diante dos seus olhos; você crê nisso; e sua crença é causada pelo fato de o livro estar diante dos seus olhos. Esse é o fundamento da *teoria causal do conhecimento*, uma teoria que tem diversas manifestações.

A teoria causal do conhecimento enfrenta graves problemas relacionados ao conhecimento das proposições universais. Há quem saiba, por exemplo, que todos os abridores de latas são produzidos por seres humanos, mas o fato de alguém crer nisso não parece ser causado pelo *fato* de que todos os abridores de latas são realmente produzidos por gente. Não está claro nem sequer que esse fato seja capaz de produzir causalmente *qualquer* crença. Precisamos no mínimo de uma explicação de como uma teoria causal pode abarcar o conhecimento de proposições universais como essas. Como seria de esperar, os defensores da teoria causal do conhecimento insistem em que as fontes causais efetivas de nossas crenças são em geral demasiado complexas e só podem ser identificadas pelas nossas melhores correntes de psicologia empírica.

Por mais que se elabore a análise do conhecimento como crença verdadeira e justificada, ela enfrenta um desafio que foi o responsável pelo surgimento das teorias epistemológicas causais: *o problema de Get-*

tier. Tradicionalmente, muitos filósofos partiram do princípio de que a crença verdadeira e justificada, como definição de conhecimento, é não só necessária como suficiente. Hoje em dia, essa posição é minoritária, principalmente em virtude dos "contra-exemplos de Gettier". Em 1963, Edmund Gettier publicou uma famosa contestação à idéia de que, se você tem uma crença verdadeira e justificada em *P*, você tem conhecimento de *P*. Eis um dos contra-exemplos de Gettier a essa idéia: Smith tem justificativas (o testemunho de um amigo de confiança, por exemplo) para crer na proposição falsa de que (i) Jones tem um Ford. A partir de *i*, Smith infere – e assim tem justificativas para crer em que – (ii) ou Jones é dono de um Ford ou Brown está em Barcelona. Por acaso, Brown está mesmo em Barcelona, logo a proposição *ii* é verdadeira. Assim, embora Smith tenha justificativas para crer na proposição verdadeira *ii*, ele não *conhece ii*.

Eis mais um dos famosos contra-exemplos de Gettier: Smith e Jones candidataram-se ao mesmo emprego. Smith tem justificativas para crer em que (a) Jones vai obter o emprego e (b) Jones tem dez moedas no bolso. A partir de *a* e *b*, Smith infere – e assim tem justificativas para crer em que – (c) a pessoa que vai obter o emprego tem dez moedas no bolso. No fim, o próprio Smith obtém o emprego e, por mero acaso, está com dez moedas no bolso. Por isso, embora Smith tenha justificativas para crer na proposição verdadeira *c*, ele não conhece *c*.

Os contra-exemplos à maneira de Gettier são casos em que uma pessoa tem a crença verdadeira e justificada na proposição *P* mas não tem o conhecimento de *P*. O problema de Gettier resume-se ao problema de encontrar uma modificação ou uma alternativa à análise clássica do conhecimento como crença verdadeira e justificada, alternativa essa que evite as dificuldades suscitadas pelos contra-exemplos. A controvérsia em torno do problema de Gettier é altamente complexa e ainda não foi resolvida.

Certos filósofos alegaram que os contra-exemplos de Gettier partem do pressuposto questionável de que proposições falsas podem justificar outras proposições. Esses filósofos afirmaram que os contra-exemplos à maneira de Gettier, ao contrário do que pretendem, não são casos de justificação propriamente dita; logo, não põem em xeque a análise tradicional do conhecimento. É evidente que muitos contra-exemplos partem do pressuposto mencionado. Existem, porém, alguns que não dependem desse princípio questionável. Eis um deles (baseado em exemplos formulados por Keith Lehrer e Richard Feldman):

> Suponha que Smith tem conhecimento da seguinte proposição, M: Jones, que Smith sempre teve como pessoa confiável e de quem não tem motivo algum para desconfiar agora, contou ao próprio Smith, seu colega de escritório, a proposição P: ele, Jones, tem um Ford. Suponha também que Jones só contou P a Smith porque estava num estado de hipnose; e que P só é verdadeira porque, sem que o saiba, Jones, depois de entrar no estado de hipnose, de fato ganhou um Ford numa rifa. Suponha ainda que Smith deduz de M sua generalização existencial, Q: Há alguém, que Smith sempre teve em conta de pessoa confiável e de quem não tem motivo algum para desconfiar agora, que contou ao próprio Smith, seu colega de escritório, que tem um Ford. Smith, portanto, conhece Q, pois deduziu corretamente Q a partir de M, que também conhece. Suponha, porém, que, a partir de seu conhecimento de Q, Smith creia em R: Alguém no escritório é dono de um Ford. Nessas condições, Smith tem a crença verdadeira e justificada em R, conhece os dados que o levam a crer em R, mas não conhece R.

Esse tipo de contra-exemplo à moda de Gettier se mostrou um osso particularmente duro de roer para os que procuram analisar o conceito de conhecimento propositivo.

A história das soluções propostas ao problema de Gettier é complexa e ainda não terminou; não se chegou a um consenso e muito menos a uma solução. Muitos epistemólogos concluem, a partir dos contra-exemplos à maneira de Gettier, que o conhecimento propositivo tem ainda uma *quarta* condição, além da crença, da verdade e da justificação. Nenhuma quarta condição específica recebeu a aprovação indiscriminada dos epistemólogos, mas algumas se destacaram das demais.

A chamada "condição de anulabilidade" exige que a justificação que garante o conhecimento não seja "anulada"; ou seja, segundo esse ponto de vista, é inadmissível que certas condições subjuntivas concernentes às proposições capazes de anular a justificação sejam verdadeiras com respeito àquela justificação. Por exemplo, uma das mais simples condições de anulabilidade exige que, para que Smith conheça P, não haja nenhuma proposição verdadeira Q tal que, se Q se justificasse para Smith, *P* perderia a sua justificativa para ele. Assim, se Smith realmente sabe, com base em sua percepção visual, que Jeanne tirou alguns livros da biblioteca, o fato de ele passar a crer na proposição verdadeira de que Judy – gêmea idêntica de Jeanne – tirou alguns livros da biblioteca não pode minar a justificativa da sua crença a respeito da própria Jeanne. Para que a crença de Smith a respeito de Jeanne seja um conhecimento verdadeiro, sua justificação não pode ser passível de anulação pelo fato de Smith ficar sabendo algo a respeito de Judy ou de qualquer outra coisa.

Há uma outra maneira de lidar com o problema de Gettier: evitam-se todas as condições subjuntivas do tipo anterior e afirma-se que o conhecimento propositivo exige uma crença verdadeira e justificada que seja sustentada (isto é, que não seja anulada) pela totalidade coletiva das verdades factuais. Essa abordagem repousa sobre uma quarta condição de sustentação da verdade pela evidência. Grosso modo, a essência dessa solução está em que o conhecimento propositivo seja sustentado – não seja anulado – por todas as verdades tomadas em seu conjunto. Tal abordagem exige uma explicação detalhada de quando a justificação é anulada e quando é comprovada, mas não vamos nos perder em detalhes técnicos. (Consulte Pollock, 1986, para conhecer uma versão desta última solução.)

Segundo muitos epistemólogos contemporâneos, o problema de Gettier é importante para a epistemologia. Um dos ramos da epistemologia busca uma compreensão precisa da natureza – dos componentes essenciais, por exemplo – do conhecimento propositivo. Para termos uma compreensão precisa do conhecimento propositivo, precisamos de uma análise desse conhecimento que não seja abalada pelo problema de Gettier. Logo, os epistemólogos precisam encontrar uma solução robusta para esse problema, por mais complexa que venha a ser essa solução. Essa conclusão é compatível com a idéia de que os diversos epistemólogos empregam noções diversas de conhecimento em diversos níveis de especificidade.

Em suma, pois, constatamos que a justificação, ao contrário da verdade, é sujeita à anulação. Vimos também que a justificação pela inferência não é algo fácil de elucidar e admite várias soluções propostas ao problema da regressão epistêmica: o infinitismo, o coerentismo, o fundacionalismo e o contextualismo, entre outras. Qualquer que seja a solução adotada, a justificação como condição do conhecimento precisa ser qualificada à luz do problema de Gettier. Os epistemólogos não sabem qual é a qualificação correta.

Terminado o nosso exame das condições essenciais do conhecimento, voltamo-nos agora para algumas das principais fontes do conhecimento. Assim, deixamos de lado por ora as questões conceituais mais gerais da epistemologia e passamos a tratar de assuntos mais empíricos relacionados ao conhecimento humano.

CAPÍTULO 6

AS FONTES DO CONHECIMENTO

Neste capítulo, examinaremos as fontes do conhecimento e trataremos especificamente do tema: de onde vem o conhecimento. Apresentaremos as fontes tradicionais debatidas pelos racionalistas e empiristas e trataremos de fontes como a percepção e a memória. Depois, nós nos voltaremos para o papel complexo e essencial desempenhado pelo testemunho no processo de conhecimento. O testemunho envolve uma diversificada rede de dependências sociais e suscita assim uma pergunta: por acaso o caráter social das atividades intelectuais contribui para o conhecimento? Em caso afirmativo, de que modo o faz?

O RACIONALISMO, O EMPIRISMO E O INATISMO

No decorrer da história, os filósofos adotaram sempre uma combinação de duas correntes de pensamento: o racionalismo e o empirismo. Essas correntes resistem a uma caracterização simples, mas seus traços extremos e mais opostos podem ser expressos, grosso modo, como segue: segundo o racionalismo, a razão não empírica é a fonte de todo conhecimento, ao passo que, segundo o empirismo, a fonte de todo conhecimento é a experiência sensorial. Vamos começar por examinar as posições básicas de cada um dos lados.

O *empirismo básico* assevera que não é possível adquirir conhecimento da realidade através do uso não empírico da razão. Afirma, por exemplo, que não podemos ter conhecimento algum acerca da realidade ou irrealidade dos unicórnios pelo puro e simples exame do *conceito* ou *idéia* de unicórnio. O mesmo vale, digamos, para a questão da realidade dos elefantes: não podemos saber se eles são reais ou não pelo mero uso não empírico da razão. O *racionalismo básico*, por outro lado, afirma que temos acesso a alguns conhecimentos por essa via. Não podemos determinar se os elefantes *existem* pelo uso não empírico da razão, mas, segundo o racionalismo básico, *podemos* determinar, por exemplo, que todo acontecimento tem uma causa. Alguns racionalistas (mas nem todos) diriam também que podemos provar a existência de Deus pelo uso não empírico da razão. Se, de acordo com o empirismo básico, nós não podemos adquirir conhecimento da realidade através do uso não empírico da razão, a realidade não se nos torna conhecida por meio da intuição racional ou pela luz de princípios universais inatos (que não são aprendidos, mas já nascem com a pessoa). Segundo esse mesmo empirismo, o conhecimento da realidade deriva da experiência sensorial e do uso empírico da razão – e de mais nada. De acordo com essa corrente, podemos ter acesso a um conhecimento verdadeiro; caracteristicamente, ela sustenta que podemos ter conhecimento também da realidade objetiva e independente da mente.

Muitos empiristas são *empiristas conceituais* e sustentam que todos os conceitos são direta ou indiretamente adquiridos através da experiência sensorial. É evidente que todos os conceitos simples, e até mesmo alguns conceitos complexos, são adquiridos desse modo. Incluímos aí os conceitos de azul, amargo, cão e papel, por exemplo. Segundo o empirismo conceitual, conceitos complexos como, por exemplo, os de planeta, automóvel, computador e fazendeiro, muito embora não sejam adquiridos diretamente através da experiência, são compostos inteiramente de partes assim adquiridas. O empirismo conceitual não postula condições especiais para a aquisição do conhecimento através da experiência sensorial. Oferece antes uma alternativa geral ao *inatismo conceitual*, a idéia de que nós detemos a posse inata de certos conceitos, independentemente dos sentidos. O empirismo conceitual e o empirismo básico são posições logicamente independentes na medida em que nenhuma das duas acarreta ou implica logicamente a outra.

Segundo o racionalismo, certas proposições detêm um *status* epistemológico privilegiado pela sua própria natureza. Pense, por exemplo, nas duas proposições seguintes:

1. Todo acontecimento tem uma causa.
2. Dois objetos não podem ocupar exatamente o mesmo lugar no espaço ao mesmo tempo.

Segundo os racionalistas, essas proposições são epistemologicamente especiais pelo fato de ser ambas cognoscíveis *a priori* e não analíticas, ou seja, sintéticas. Pode-se dizer que são cognoscíveis *a priori* porque não são nem adquiridas nem justificadas com base na experiência, como seriam as generalizações empíricas. Pode-se dizer que não são analíticas porque têm um conteúdo descritivo estranho às proposições analíticas (definições). (Tratamos das proposições analíticas no Capítulo 1.) Não precisamos, por enquanto, partir do pressuposto de que as proposições *1* e *2* são de fato simultaneamente sintéticas e cognoscíveis *a priori*. Não obstante, temos de pensar em como é possível haver um conhecimento sintético e apriorístico. A questão a ser respondida é: será possível conhecer proposições sintéticas independentemente da experiência sensorial?

Os racionalistas e os empiristas deram explicações opostas para as proposições em questão. Os racionalistas dão ênfase ao papel da razão e os empiristas sublinham o papel da experiência sensorial. Aliás, os empiristas costumam negar a própria existência de conhecimentos sintéticos *a priori*, como o conhecimento da proposição "Todo acontecimento tem uma causa"; e fazem de tudo para não ter de explicar por que essa proposição parece ser sintética, de um lado, e parece ser apriorística, de outro. Vamos caracterizar o *uso empírico da razão* como uma de duas coisas: ou (a) os processos de pensamento que têm por objeto a experiência sensorial ou (b) os processos de raciocínio dedutivo ou indutivo que partem de premissas derivadas dos ditos processos de pensamento. Em contraposição, vamos caracterizar o *uso não empírico da razão* como todos os demais processos de pensamento com exceção do uso empírico da razão. Uma inferência indutiva baseada em relatos de observação é um exemplo de uso empírico da razão, mas a simples consciência da relação entre certas idéias inatas (se é que tais idéias existem) é um caso de uso não empírico da razão.

Segundo um dos principais argumentos dos racionalistas, uma pessoa parece ter conhecimento de *P*, mas, em virtude de motivos específicos relacionados às características particulares do caso em questão, não poderia ter adquirido (ou pelo menos não adquiriu de fato) o conhecimento *P* através da experiência sensorial. Vemos um caso dessa estratégia de argumento no *Mênon* de Platão, num episódio envolvendo um menino escravo. Sócrates pede ao escravo que responda a uma série de perguntas acerca das proporções de um quadrado. O escravo faz uso de uma figura quadrada desenhada por Sócrates, mas, como os escravos da antiga Atenas não recebiam a mesma educação dos homens livres, não poderia ter adquirido esse conhecimento mediante o processo empírico da instrução formal. Uma vez que o escravo responde corretamente às perguntas acerca do quadrado, Sócrates e seus interlocutores concluem que seu conhecimento é inato, e não adquirido de modo empírico.

Descartes apresentou um argumento semelhante a respeito do nosso conhecimento do quiliágono, um polígono regular de mil lados. Segundo Descartes, várias relações matemáticas poderiam ser deduzidas do conhecimento da natureza do quiliágono, mas essa dedução não poderia proceder com base nem nos sentidos internos (introspectivos) nem nos externos. Se tal figura nos fosse apresentada visualmente, o ângulo de cada vértice seria tão próximo de 180 graus que seria muito difícil distinguir o quiliágono de um círculo. Quando procuramos conhecer essa figura pela introspecção, diz Descartes, deparamo-nos com o mesmo problema. Portanto, nosso conhecimento das características do quiliágono deve ser inato, e não adquirido nem pelos sentidos internos nem pelos externos.

O argumento racionalista a favor do conhecimento inato tem uma encarnação moderna, chamada às vezes de argumento da pobreza do estímulo. Segundo esse argumento, a existência do conhecimento inato é inferida a partir de um domínio específico, por ser a melhor explicação para o fato de adquirirmos alguma competência ou capacidade. Esse argumento é usado sobretudo na lingüística moderna, em virtude principalmente da obra de Noam Chomsky. As primeiras palavras aprendidas pela criança quase nunca são ensinadas explicitamente; não obstante, aos quatro anos de idade, ela já fala excepcionalmente bem. Ninguém explicou à criança a função sintática do verbo, o uso da voz passiva e das orações subordinadas. Mesmo assim, ela usa tudo isso com considerável habilidade. Quando a criança recebe informações do mundo exterior, essas informações são às vezes contraditórias e variam de acordo com as pessoas que as dão. Isso poderia causar uma terrível confusão na criança nova, não fosse pela abundante quantidade de informações lingüísticas que ela já possui – ou, pelo menos, é nisso que crêem os racionalistas.

Outro argumento em favor do inatismo foi dado por Jerry Fodor (1975): conclui ele que a maioria dos nossos conceitos é inata, senão todos eles. O argumento parte da afirmação de que o único modelo de aprendizado de que dispomos envolve a formulação de hipóteses a respeito do mundo, hipóteses essas que são depois confirmadas ou refutadas. Para formular hipóteses, porém, precisamos formulá-las em alguma espécie de vocabulário. As crianças pré-verbais conseguem aprender algo acerca do mundo, como conseguem também os cachorros e os chimpanzés. Como a todos estes falta uma linguagem natural, o vocabulário em que são interiormente formuladas as hipóteses não é uma tal linguagem. Tem de ser uma outra espécie de linguagem: uma linguagem do pensamento. Essa linguagem do pensamento não pode ter sido aprendida, pois é uma pré-condição para o aprendizado; logo, pelo menos alguns de nossos conceitos são inatos. Essa versão do inatismo trata especificamente dos conceitos, mas esse inatismo conceitual pode dar força a concepções acerca da existência de conhecimentos *a priori* e da plausibilidade do racionalismo.

Uma discussão completa do inatismo lingüístico ultrapassaria em muito o âmbito deste livro. Para captar bem a complexidade do assunto, porém, pense nos argumentos que se poderiam apresentar contra o inatismo. Dentre os dados que se opõem a essa concepção, podemos citar os exemplos de crianças que cresceram em relativo isolamento, ouvindo pouco a linguagem falada, e que não eram capazes de falar nenhuma língua natural. São poucos os casos registrados, mas nenhum deles era capaz de falar com a fluência normal.

Aparentemente, as pessoas que aprendem a falar dependem do efeito perceptivo da linguagem falada; isso porque, quando essas pessoas não têm acesso aos efeitos perceptivos comuns da fala, não são capazes de adquirir uma fluência normal. É evidente, porém, que o estímulo (neste caso, a fala audível e visível) não é pobre em relação às necessidades daquele que aprende. Ao mesmo tempo, esses casos são extremamente difíceis de interpretar. Parece que muitas capacidades relacionadas ao uso da linguagem no desenvolvimento [normal do ser humano] dependem também do contato humano e de um desenvolvimento social normal. Se o desenvolvimento emocional e cognitivo tem alguma relação com o desenvolvimento da linguagem e for tolhido pela ausência de contato humano, poderemos prever com um bom grau de plausibilidade uma correspondente deficiência de linguagem.

As mais recentes encarnações do argumento inatista tiveram por alvo principal os filósofos e psicólogos behavioristas. Para tanto, bastava uma noção tosca e relativamente rudimentar do inatismo. Afinal de contas, os behavioristas rejeitam todas as explicações psicológicas que fazem apelo tão-somente a fenômenos mentais não observáveis, como crenças e desejos. Os argumentos favoráveis e contrários ao inatismo são complicados e não podem ser devidamente avaliados por um vulgar apelo ao "senso comum". Com efeito, poucos participantes da disputa chegaram a formular claramente sua noção predileta de inatismo. O que é exatamente um conceito inato? O que é uma regra inata? Se só as regras são inatas, pode haver um conhecimento inato? Será possível que a mente seja compartimentada de tal modo que certas capacidades sejam inatas e outras, intimamente ligadas a elas, não o sejam? Essas questões e outras que lhes tocam de perto ainda geram controvérsias nas obras filosóficas e psicológicas sobre as fontes do conhecimento.

O EMPIRISMO, O POSITIVISMO
E A SUBDETERMINAÇÃO

Na história da epistemologia, o empirismo foi representado por personagens influentes, como John Locke, George Berkeley e David Hume (1711-1776). A corrente dominante do empirismo descende de Hume, que afirmou que todos os nossos conhecimentos não tautológicos nascem da experiência sensorial. O empirismo de Hume foi motivado por considerações *semânticas*, ou seja, considerações sobre o sentido. Segundo o argumento de Hume, se os nossos conceitos não lógicos não fossem baseados na sensação, não seriam inteligíveis; numa fraseologia semântica, os termos que expressam esses conceitos não teriam sentido nenhum.

A *Investigação sobre o entendimento humano* ([1748]), de Hume, promove o seguinte verificacionismo antimetafísico:

> Tomemos em nossas mãos qualquer volume, de teologia ou metafísica escolástica, por exemplo, e perguntemo-nos: *Contém ele algum raciocínio abstrato a respeito da quantidade ou do número?* Não. *Contém algum raciocínio experimental a respeito da matéria e da existência?* Não. Lancemo-lo, portanto, às chamas; pois não pode conter nada exceto sofismas e ilusões. (Seç. VII, Pt. III)

Não admira, pois, que os positivistas lógicos do século XX que constituíram o Círculo de Viena tenham citado Hume como um de seus principais predecessores filosóficos: partilhavam da antipatia de Hume pela metafísica. Em específico, usavam a lógica – derivada de Gottlob Frege (1848-1925) e Russell – e várias técnicas analíticas para restringir a atividade filosófica ao progresso do conhecimento "científico", banindo assim da filosofia toda e qualquer preocupação com a metafísica. O empirismo extremo de Hume questionava o sentido de conceitos que não tivessem base na experiência. O Círculo de Viena, do mesmo modo, duvidava da significação cognitiva das noções e teses metafísicas que transcendem a experiência e são imunes às provas empíricas. As doutrinas dos positivistas lógicos exerceram uma influência duradoura sobre a epistemologia empirista.

No começo da década de 1930, vários positivistas lógicos passaram a defender um princípio de verificação do significado. Reconhecendo a influência wittgensteiniana, Friedrich Weismann, membro do Círculo de Viena e um dos principais intérpretes de Wittgenstein, publicou uma das primeiras defesas: "Se não há como se ter certeza de que uma proposição é verdadeira, a proposição não tem sentido nenhum; pois o sentido de uma proposição é o seu método de verificação" (1930, p. 5). Podemos definir sucintamente o *princípio de verificação* desta maneira: o sentido de uma proposição é o seu método de verificação.

Em outras palavras, você só pode compreender uma afirmação na medida em que conhecer o que pode demonstrar a veracidade ou a falsidade dela.

Se às afirmações metafísicas sobre deuses, almas, essências, valores, etc. falta um método de verificação, o princípio de verificação pode ser usado para descartar todas essas afirmações, consideradas sem significado. De fato, foi assim que o Círculo de Viena as considerou: não as tomou somente como incognoscíveis, mas negou-lhes totalmente o sentido. O necessário método de verificação era concebido como um método de justificação ou confirmação a partir de acontecimentos ou situações *observáveis*. Os positivistas lógicos, assim, afirmavam que toda proposição dotada de significado pode ser expressa em função de proposições derivadas da observação – ou seja, proposições passíveis de confirmação ou refutação com base na observação. Moritz Schlick (1936) especificou que o sentido de uma proposição não depende da sua verificação de fato, mas somente da *possibilidade* de ela ser verificada a partir da experiência sensível.

Os membros do Círculo de Viena se dividiram quanto à natureza das afirmações fundamentais, derivadas da observação, que poderiam estabelecer os critérios da confirmação e da significação. Uma das questões mais importantes era a de saber se essas afirmações derivadas da observação dizem respeito somente aos dados obtidos através das experiências subjetivas particulares ou também a estados físicos comprováveis intersubjetivamente. Porém, os principais problemas que confrontam o positivismo lógico dizem respeito ao próprio *status* do princípio de verificação.

Um dos problemas mais dignos de nota é que certas afirmações dotadas de significado parecem não admitir um "método de verificação". Se essas afirmações "não verificáveis" pudessem ter significado, seriam também candidatas em potencial à categoria de *conhecimento*. Pense, por exemplo, na afirmação de que existe um ser onipotente: um ser suficientemente poderoso para fazer qualquer coisa que pudesse ser descrita com coerência. É de supor que você compreenda essa afirmação, mas não dispõe de nenhum método pelo qual possa comprová-la ou refutá-la. Aparentemente, você compreende o sentido geral do que seria a veracidade ou a falsidade dessa afirmação – pelo menos, nossas noções convencionais de significado e compreensão o permitem. Faltam-lhe, porém, os meios – inclusive os baseados na observação – para confirmar ou refutar a afirmação. Com efeito, não parece haver nenhum meio pelo qual você possa fazer isso. Você não dispõe de um *método* de verificação, mas a afirmação em questão ainda parece ter sentido – pelo menos segundo os nossos critérios habituais. Se relaxarmos as condições necessárias para a verificação, a fim de obter um método, impediremos o princípio de verificação de determinar a falta de sentido de todas as afirmações metafísicas.

E quanto ao próprio princípio de verificação? Será que ele é passível de verificação por um método baseado nos dados provenientes da observação? Isso é pouco provável. Os dados da observação, derivados da experiência sensorial, não são capazes de fornecer um método direto de verificação do próprio princípio de verificação. A psicologia, por exemplo, não nos apresenta provas de que não somos capazes de compreender uma afirmação quando não compreendemos um método claro de verificação dessa afirmação. Pode ser, portanto, que o próprio princípio de verificação não tenha sentido pelos seus próprios critérios de significação. Pode ser que não possa ser verificado pela experiência.

Sejam quais forem os problemas internos que afligem o princípio de verificação, os objetivos dos positivistas lógicos eram suficientemente claros: tomar a evidência sensível como único fundamento seguro do conhecimento e até mesmo do significado, tornando ilícitas e até sem sentido as referências (feitas pela metafísica) a uma realidade independente da mente. Porém, tanto as nossas crenças teóricas – crenças em fenômenos não observáveis – quanto as nossas crenças derivadas da observação são subdeterminadas pela evidência sensorial. Ou seja, nossas crenças ultrapassam e superam a evidência sensorial de tal modo que essa evidência pode ser interpretada coerentemente de várias maneiras diferentes. Na estrada, por exemplo, você pode ter a crença – derivada da observação – de que a pista à frente está molhada. Os dados da observação, considerados em si mesmos, admitem que você suponha, para tal fenômeno, várias origens diferentes: em vez de pensar que é água, pode considerar o fenômeno resultante da ilusão provocada pelo calor que sobe do asfalto. Já quanto às crenças teóricas, não resta a menor dúvida de que são subdeterminadas pela evidência sensorial. Quando se aquece um recipiente fechado e cheio de gás, os lados do recipiente se expandem; de início, há várias histórias coerentes que você pode contar para explicar a sua experiência sensorial. Novos experimentos podem colaborar para que você separe as hipóteses mais plausíveis das menos plausíveis, mas, no começo, existem muitas hipóteses coerentes; e pode ser que até mesmo depois de vários experimentos você não seja capaz de eliminar todas com exceção de uma.

Encontramos numa tradição de experimentação científica ingênua, mas válida, um exemplo dessa preocupação com a subdeterminação. William Beaumont estudou os efeitos dos "sucos digestivos" sobre os alimentos. Usou como cobaia um soldado que tinha um ferimento aberto no abdômen e introduziu no ferimento vários alimentos, entre os quais repolho, carne de vaca, pão e carne de porco seca e salgada. Cada um desses alimentos, presos a um fio de seda, era retirado do abdômen do soldado depois de períodos determinados, permitindo que Beaumont observasse os efeitos do processo digestivo em cada um deles. Em seu diário, Beaumont relata que o repolho e o pão desapareceram mais rápido, ao passo que a carne conservou sua forma original por muitas horas.

Em vez de concluir de imediato que os sucos digestivos agem com mais eficácia sobre o repolho do que sobre a carne, Beaument disse:

> O experimento não pode ser considerado uma prova imparcial dos poderes do suco gástrico. O repolho, um dos alimentos que, nesse caso, dissolveu-se mais rapidamente, estava cortado em pedaços pequenos, fibrosos e finos, tornando-se necessariamente exposto em todas as suas superfícies à ação do suco gástrico. O pão duro estava poroso e, como é óbvio, deixou que o suco entrasse em todos os seus interstícios; provavelmente soltou-se do fio assim que ficou macio e muito antes de se ter dissolvido completamente. Essas circunstâncias podem explicar por que essas substâncias desapareceram mais rápido do que a carne, que estava em pedaços inteiros e sólidos quando colocada dentro do estômago do paciente. ([1883], "Experiment 1 in the First Series", p. 126)

Beaumont estava tentando determinar a causa dos fenômenos que observou – entre outros, o rápido desaparecimento do repolho. Admitia que o desaparecimento poderia ter, de início, mais de uma explicação plausível. À luz do desenvolvimento de sua teoria, ele passou a projetar os experimentos de tal modo que pudesse optar entre as diversas hipóteses que postulavam uma causa (a qual, tipicamente, escapa à observação). Ao mesmo tempo, Beaumont estava tratando de fenômenos relativamente grosseiros – o tempo que o suco gástrico leva para digerir as diversas espécies de alimento.

A existência de explicações alternativas e igualmente coerentes deixa bem claro que é impossível eliminar por completo a preocupação com a subdeterminação. Não obstante, não precisamos nos preocupar em eliminá-la, a menos que o nosso objetivo seja o de dar uma resposta aos céticos. No rastro do malfadado ataque à metafísica movido pelo princípio de verificação, não houve propostas sólidas para distinguir entre as afirmações dotadas e desprovidas de sentido do ponto de vista empírico. O que surgiu, em vez disso, foi um consenso em torno da idéia de que, ao contrário do que dizem muitos defensores do princípio de verificação, as afirmações têm de ser verificadas em grupos. Esse tipo de holismo epistêmico modesto não fornece nenhum critério específico para a identificação de conceitos empíricos inteligíveis. Não trata do sentido, mas da *confirmação* das afirmações. Mesmo assim, uma coisa fica clara: nem todos os conceitos empíricos devem sua inteligibilidade ao fato de serem diretamente correlacionados com conteúdos sensoriais.

INTUIÇÕES E RELATOS EM PRIMEIRA PESSOA

Os argumentos epistemológicos normalmente começam com o que os filósofos chamam de "intuições" acerca da natureza do conhecimento. Na seção anterior, também estávamos usando intuições – intuições sobre o significado, por exemplo. Sob esse aspecto, as intuições podem ser concebidas como palpites teóricos, ou seja, crenças relativamente espontâneas, não refinadas, na verdade (ou na falsidade) de algo. O uso de intuições é às vezes identificado com o senso comum, uma coletânea primitiva de crenças cuja verdade teria sido depreendida da observação casual. Ao contrário do que dizem alguns filósofos, a intuição, como o senso comum, é sabidamente dependente das teorias; as intuições que uma pessoa considera plausíveis podem, no geral, ser previstas a partir das teorias que ela esposa. Muitos pensadores ptolomaicos, opondo-se aos astrônomos copernicanos, achavam a teoria heliocêntrica intuitivamente implausível, pois a Terra não "parece" estar em movimento e nós sentiríamos uma brisa constante se a teoria heliocêntrica fosse verdadeira. Outros cientistas resistiram à classificação do mercúrio como um metal, afirmando que qualquer substância que age como o mercúrio deve, pela intuição, ser um líquido.

Quando fazemos afirmações intuitivas sem elaborá-las, elas podem ser tratadas como relatos pessoais ou peças interessantes de uma autobiografia. As pessoas que se limitam a afirmar suas intuições não fazem outra coisa senão afirmar que consideram uma dada opinião plausível ou implausível. Os relatos de primeira pessoa são importantes fontes de conhecimento quando o objeto de conhecimento é a própria pessoa que os faz. Quando, porém, o objeto é impessoal (como, por exemplo, a natureza das estrelas ou os hábitos alimentares do musaranho de rabo curto), o relato de uma intuição não corresponde a nenhum critério significativo de prova. A intuição, como a linguagem comum, pode ser um bom ponto de partida para a investigação filosófica, mas não é o campo adequado para a decisão de questões teóricas importantes. Por isso, nenhuma opinião teórica complexa pode ser criticada por ser "contra-intuitiva".

A intuição, tomada desta vez em outro sentido, é uma faculdade especial de percepção. Certos epistemólogos afirmam ter obtido o conhecimento das propriedades morais pelo exercício da faculdade intuitiva, que é exatamente isso: uma faculdade adequada à detecção de propriedades morais. Como resposta plausível a essa afirmação, podem-se levantar dúvidas acerca da operação idiossincrática dessa faculdade. Se há muitas pessoas que não têm essa faculdade, por exemplo, por que isso acontece? É cabível que façamos essa pergunta quando pessoas diferentes relatam experiências diferentes percebidas pela mesma faculdade perceptiva em circunstâncias idênticas. É natural, do mesmo modo, que queiramos uma explicação das divergências entre os relatos das percepções obtidas pela faculdade intuitiva. Pode ser que logo alguém venha a dar uma tal explicação, mas não há nenhuma que goze de consenso na epistemologia contemporânea.

A MEMÓRIA

Quando alguém contesta a nossa afirmação de que conhecemos um determinado fenômeno, costumamos fazer apelo à memória. Com efeito, muitas vezes a memória é o único fundamento de que dispomos para afirmar que conhecemos alguma coisa. As memórias de infância, por exemplo, são difíceis de confirmar na ausência do testemunho dos irmãos ou dos pais. Suponha que você se lembre de que, quando criança, pescou um peixe-porco na Baía de Barnegat, em Nova Jérsei. Os peixes-porco são encontrados tipicamente em águas tropicais, ou pelo menos em águas mais quentes do que as do litoral de Nova Jérsei. Por outro lado, a usina nuclear ali localizada explica o porquê de as águas da Baía de Barnegat serem anormalmente quentes, sendo portanto capazes de sustentar a vida de peixes de origem tropical. Suponha também que alguém ponha em dúvida a sua afirmação de que pescou um peixe-porco. O que você responderia? Poderia consultar um irmão, mas pode ser que ele só confirmasse que você pescou um peixe estranho na baía. É a memória que está por trás de boa parte dos conhecimentos que supomos ter, conhecimentos que de outro modo não teriam fundamento algum.

A perda de memória pode levar a uma perda de conhecimento. No Capítulo 3, por exemplo, contamos a história da Sra. T, que perdeu progressivamente a crença, e logo o conhecimento, de que McKinley foi assassinado. Pelo lado positivo, você se lembra (o verbo "lembrar" é usado aqui no sentido próprio, ou seja, você consegue de fato se lembrar de algo) de qual é a capital do estado do Missouri, e por isso mesmo a conhece, sem ter retido porém nenhuma prova dessa afirmação de conhecimento (só para saber, a capital é Jefferson City). Nessa mesma linha de pensamento, certos filósofos afirmaram que as memórias verídicas, como as percepções verídicas, só ocorrem quando a memória guarda uma relação *causal* correta com o fato que supostamente a produziu. A tarefa de especificar a "relação causal correta", porém, é complicada e não precisamos tratar dela aqui.

A memória parece ser um privilégio da primeira pessoa. Muito embora nossas memórias relativas à nossa própria pessoa contenham muitas informações propositivas errôneas (ou seja, informações errôneas acerca do objeto de lembrança), quase nunca acontece de termos dúvidas quanto ao fato de aquilo ter acontecido *conosco*. É certo que, às vezes, o que pensamos ter acontecido conosco aconteceu na verdade com um amigo ou um irmão. Os casos desse tipo não se prestam a uma explicação simples e uniforme. Do mesmo modo, é comum que as pessoas reparem na dificuldade que envolve o fenômeno da múltipla personalidade quando ouvem quer um relato clínico de que "o paciente tem três personalidades", quer um relato em primeira pessoa de que "eu tenho três personalidades". A que se referem, nesses casos, os termos "o paciente" e "eu"? Essa questão suscita uma preocupação mais afim do problema metafísico da identidade pessoal do que do problema epistemológico do papel da memória no conhecimento. Mesmo assim, vale a pena mencionar os dois problemas em conjunto, pois todas as lembranças têm um sujeito e um objeto. Existem, portanto, pelo menos duas modalidades de erro possível na memória: uma identificação incorreta do sujeito e uma identificação incorreta do objeto.

Embora a memória seja evidentemente falível, costumamos supor que o ato da lembrança é como a exibição de uma fita de vídeo; mas o peso das evidências experimentais dá a entender que essa suposição é falsa. Pense, por exemplo, no experimento do qual falaremos a seguir (ver Loftus e Ketcham, 1994). Primeiro, os voluntários assistem a um determinado acontecimento. Depois, recebem informações verbais a respeito do acontecimento (uma informação que pode ou não conter detalhes cruciais inseridos ali para causar confusão). Por fim, são submetidos a um teste de memória com perguntas sobre esses detalhes cruciais. Num determinado estudo, os voluntários assistiram a uma série de *slides* que retratavam um acidente de automóvel. Mais tarde, alguns voluntários receberam uma sugestão errônea a respeito do tipo de sinal de trânsito que marcava uma determinada intersecção: viram um sinal de "Pare" na intersecção, mas foram levados a crer que era um sinal de "Siga". Depois, todos os voluntários foram submetidos a um teste de escolha, com duas alternativas. Foram instruídos a identificar qual de dois *slides* haviam visto na exibição original. A maioria das questões do teste consistia em detalhes do acontecimento comparados a novos elementos de distração, mas a questão "crítica" era um detalhe do acontecimento comparado ao detalhe errôneo anteriormente sugerido (sinal de "Pare" e sinal de "Siga", por exemplo). E o efeito dessa sugestão errônea? Nas questões críticas, os voluntários que receberam Informações Errôneas Pós-Acontecimento (*Misleading Postevent Information – MPI*) responderam com muito menos precisão do que os que não as receberam.

O efeito da informação errônea sobre a memória é poderoso; não é mera criação das pesquisas de laboratório sobre a memória. A única controvérsia em torno desse efeito é uma discordância entre os psicólogos quanto a ele ser causado pela obliteração ou "substituição" da informação correta originalmente processada ou pelo fato de a informação errônea prejudicar a capacidade de recuperação da memória original. O ponto mais importante, agora, é que a explicação sistemática da contribuição da memória para o conhecimento tem de levar em conta essas questões teóricas complexas quanto à natureza da memória: em particular, a confiabilidade da memória, sua vulnerabilidade às sugestões e os danos que podem resultar das informações errôneas pós-acontecimento.

A UNIFICAÇÃO TEÓRICA

Outra fonte de conhecimento se nos faz disponível através da unificação de fenômenos aparentemente desconexos. O fato de o conhecimento ter fontes distintas torna possível uma determinada estratégia de justificação. Partindo do pressuposto de que qualquer objeto real tem diversos efeitos (uma árvore, por exemplo, dá sombra, fornece oxigênio, consome água, etc.), nosso conhecimento a respeito de um objeto pode provir de diversas rotas de informação. Quando a existência ou a natureza de algo é matéria de controvérsia ou desentendimento, isso exige uma hipótese específica sobre algo, uma hipótese tal que possa unificar uma variedade de informações empíricas e teóricas. A teoria da gravidade não explica somente os diversos sistemas orbitais, mas também o comportamento dos corpos específicos dentro desses sistemas. A teoria atômica da matéria explica a relação causal entre fenômenos que de outro modo pareceriam não ter relação entre si, como o movimento browniano, a eletrólise e a emissão de raios beta, entre outros.

A estratégia da unificação teórica se manifesta nos primórdios das ciências experimentais modernas, bem como em outros contextos. Um exemplo do princípio orientador da unificação explicativa ocorre nos *Novos experimentos fisicomecânicos concernentes à elasticidade do ar e a seus efeitos*, de Robert Boyle ([1660]). Considere o brilho despretensioso com que Boyle demonstra o funcionamento da bomba de ar e a necessidade que os "pequenos animais" têm de respirar. Relata primeiro que, depois de colocar uma "mosca da carne" no recipiente ligado à bomba, "a mosca, depois de algumas bombadas de ar, caiu das paredes laterais do vidro, onde estava andando". Num experimento anterior, ele havia usado uma abelha; depois de a bomba ter funcionado por algum tempo, a abelha caiu das flores que haviam sido penduradas na parte de cima do recipiente. Porém, esses resultados experimentais não permitiam que Boyle distinguisse entre duas hipóteses plausíveis que podiam explicar o comportamento da mosca e da abelha; e Boyle sabia disso, pois afirmou que um outro experimento seria necessário para determinar "se a queda da abelha, bem como a do outro inseto, foi devida ao fato de o meio aéreo ser demasiado rarefeito ou simplesmente da fraqueza, e como que do desmaio, dos próprios animais" ([1660], p. 97). Seja qual for a hipótese pela qual se opte (a falta de apoio do meio aéreo ou o desmaio), a hipótese não selecionada *era* uma hipótese plausível. Por isso, fizeram-se novos experimentos, cujos participantes involuntários foram uma cotovia, uma fêmea de pardal e um camundongo. Nesses três casos, os animais caíram na inconsciência ao cabo de cerca de dez minutos.

Boyle partia do pressuposto de que uma hipótese teórica pode ser comprovada ou refutada por um novo experimento; supunha ainda que o que distingue a boa hipótese da má não é só o seu valor de verdade, mas também a sua capacidade unificativa. Uma hipótese teórica capaz de unificar "a queda da abelha" e os outros fenômenos correlatos observados – fazendo apelo a uma ou mais causas não observáveis – é preferível a outra que não possa unificá-los. Uma das principais características da experimentação é que os experimentos devem ser concebidos de tal modo que uma hipótese possa ser comparada às suas mais prováveis rivais. A disseminada preferência teórica por explicações que unifiquem dados que de outro modo estariam desconexos é favorável ao que se chama de noção explicacionista da justificação. (Nos Capítulos 8 e 9 voltaremos a este ponto, manifestando o nosso apoio a uma abordagem explicacionista da justificação e da própria epistemologia.) Na prática, temos bons motivos para aceitar a hipótese que unifica os dados em questão porque é ela que oferece a melhor explicação para os dados que precisam ser explicados.

O explicacionismo aplicado à justificação não é demasiado técnico nem complicado. Aplica-se não só às ciências, mas também ao direito e ao lazer, bem como a diversos outros domínios. Quando, por exemplo, você ouve certos ruídos no forro no meio da noite (e não quaisquer ruídos – não uma fuga de Bach, mas o ruído de algo raspando na madeira), é natural que creia que há camundongos no forro. Se, além de ouvir os ruídos, você começa a ver as fezes dos bichos, a sua convicção da hipótese dos camundongos vai aumentar. E por quê? Eis uma resposta plausível: seria uma coincidência improvável que os dois acontecimentos tivessem causas independentes – não algo inconcebível, evidentemente, mas improvável. Assim, a hipótese dos camundongos, por mais que lhe tire o sono, é capaz de unificar observações aparentemente desconexas. Muito embora você ainda não tenha visto o camundongo, pode concluir que a casa está com um problema de camundongos. Não é uma conclusão irresponsável. Aliás, talvez seja definitivamente preferível à aversão cética aos possíveis erros.

O cético coerente há de notar os dois dados da observação, mas não vai tirar deles nenhuma conclusão; vai fechar os olhos e alimentar a esperança de que, *se* houver um rato na casa, ele não esteja comendo os cereais que estão no armário. Mas, em vista da possibilidade de ter sua despensa esvaziada, o cético exigente age como todos nós (como todos nós devíamos agir, pelo menos) e guarda os cereais num recipiente à prova de camundongos. É assim que os céticos enfrentam o seu mais severo desafio prático: quando seus alimentos estão em perigo.

No contexto jurídico, a convergência de provas é um elemento de peso. Quando se procura provar que o réu estava presente na cena do crime, os jurados constatam que um testemunho ocular e uma prova física (fios de cabelo ou sangue, por exemplo) são mais convincentes juntos do que cada qual isoladamente. Esse fato não diz respeito só ao sistema jurídico e às pessoas dos jurados. Os padrões de justificação que impressionam os jurados são os mesmos que impressionam a todos nós. Afinal de contas, todos pertencemos à mesma população – e os promotores espertos preparam a acusação de acordo com esse conhecimento. Assim, as várias fontes de conhecimento que discutimos – a percepção, a razão e a memória – podem operar juntas, e unidas ainda a outras fontes, para aumentar a justificativa de uma crença. A última fonte importante de conhecimento é o testemunho dos outros agentes epistêmicos – ou *conhecedores* – que nos rodeiam.

O TESTEMUNHO E A DEPENDÊNCIA SOCIAL

Como dissemos no Capítulo 1, a busca da justificação freqüentemente nos leva para fora de nós mesmos, para os aspectos físicos e sociais do mundo. Às vezes, para resguardar nossa responsabilidade epistêmica, precisamos confiar nos outros. A confiabilidade da dependência social nasce da posição especial ocupada pela pessoa em quem confiamos. Essa posição especial pode assumir várias formas: uma especialização técnica baseada em informações teóricas arcanas (um profundo conhecimento de física, por exemplo), uma especialização prática (nas artes de encanador ou fazendeiro, por exemplo) e uma capacidade perceptiva normal. A justificativa de uma bióloga celular para sua crença de que seus instrumentos são confiáveis, por exemplo, depende de um conjunto de conhecimentos de instrumentação técnica que não faz parte da especialidade da própria bióloga.

A dependência social epistêmica é evidente em outros contextos mais familiares. Segundo uma conhecida teoria da justificação, um cego pode ter motivos firmes para crer que há uma valeta no seu caminho, mesmo que sua única fonte de informação seja o testemunho de uma pessoa dotada de visão. Essa fonte não precisa sequer ser humana para poder lhe indicar com confiança a presença da valeta. Um cão treinado para ser usado por cegos, por exemplo, pode lhe proporcionar a necessária justificação. Na opinião de certos filósofos, esses casos deixam claro que a indicação confiável é um fator essencial da justificação. Um especialista pode ser confiável em sua área, mas não será mais confiável do que um novato em outra área. (Conhecemos filósofos que não têm a menor idéia de como fazer para trocar o óleo do carro; a boa educação nos obriga a manter em silêncio suas outras deficiências.) Parece que a deferência devida aos supostos especialistas depende do fato de eles merecerem uma confiança especificamente relacionada a um determinado domínio de formação de crenças. O reconhecimento da idéia de que a experiência ou a confiabilidade epistêmica é sempre relativa a um determinado domínio chamou de novo a atenção para as influências sociais e culturais que incidem sobre a justificação.

Um dos meios mais notáveis de justificação e conhecimento é a chamada *triangulação* (ver Trout, 1998). Segundo essa idéia, as crenças às quais se chega por um número maior de métodos independentes são, em geral, mais confiáveis (ou seja, têm maior probabilidade de ser verdadeiras) do que as crenças às quais se chega por um único método. Essa noção de triangulação se encontra na ciência e no senso comum. Ela nos diz que, quando métodos diversos nos levam à mesma conclusão, a probabilidade de essa convergência ser mera coincidência é analogamente menor e talvez até mesmo racionalmente desprezível.

Quando se trata do testemunho, a triangulação ocorre numa grande variedade de disciplinas e contextos. Relatórios especializados são encomendados a diversos indivíduos. Esse equilíbrio social pode manter a parcialidade sob controle. Essa espécie de racionalidade social é especialmente instrutiva neste caso, pois a racionalidade costuma ser caracterizada como algo que pertence a um único indivíduo. Quando a pessoa consegue ater-se às regras da dedução e da indução é chamada racional. Segundo essa concepção, o modelo da racionalidade é a capacidade individual de resolver problemas. A racionalidade dos grupos, porém, não nasce de forma simples dos processos decisórios racionais dos indivíduos.

A racionalidade de uma comunidade científica nos oferece um exemplo. Suponhamos que essa comunidade tenha, entre outros, o objetivo de criar uma vacina. Para atingir esse objetivo, a comunidade científica tem de atribuir tarefas distintas a diversos especialistas. Os próprios especialistas escolhidos podem ter objetivos diversos: a fama pura e simples, a acumulação de pesquisas para obter uma bolsa (e, com ela, mais financiamento para suas pesquisas). A verdade é que boa parte dos especialistas pode nem se importar com os objetivos gerais do programa de pesquisas. O objetivo de boa parte das pesquisas sobre pasteurização, por exemplo, era o de promover a produção de bons vinhos, mas é possível que vários cientistas tenham tido como meta compreender os processos químicos e celulares da fermentação.

Existem diversos meios pelos quais os intelectuais, como grupos profissionais, procuram atingir suas metas grupais. Um desses meios, utilizado nas ciências exatas e humanas, é a apreciação dos colegas: um determinado número de especialistas julga a competência e o valor de um trabalho apresentado para publicação. Os revisores geralmente têm formações diversas, o que pode proporcionar a diversidade de provas que caracteriza a triangulação. A apreciação dos colegas, quando devidamente regulamentada, pode ser concebida como um processo social de correção de desvios e detecção de erros. Caso se atribua valor epistêmico às diversas perspectivas representadas pela apreciação dos colegas, a ênfase da epistemologia feminista na diversidade de perspectivas pode ser compreendida como uma idêntica insistência na triangulação social. A epistemologia feminista é em si mesma um movimento intelectual específico, mas um de seus temas recorrentes é o embasamento da justificação em aspectos psicológicos e sociais importantes da cultura humana.

A epistemologia feminista, à semelhança da maioria dos movimentos intelectuais, propõe projetos negativos (ou críticos) e projetos positivos. Busca localizar os problemas das correntes de pensamento contemporâneas e formular melhoras e alternativas. No contexto desse projeto crítico, certas filósofas feministas identificam e descrevem a natureza de instituições supostamente patriarcais (como as ciências e as universidades) que moldaram nossa busca de um conhecimento público e objetivo. Identificaram, na história da ciência, a tendência de objetificação da natureza e de apresentar os conhecedores como indivíduos isolados do meio natural e de qualquer comunidade. Além disso, afirmaram convictamente que essa tendência é de natureza patriarcal ou categoricamente "masculina", pois dá mais ênfase ao exercício de um controle sobre o mundo do que à cooperação com ele; exige que a natureza se dobre perante a vontade independente do investigador.

Certas epistemólogas feministas trataram sobretudo dos aspectos subjetivos do conhecimento, aspectos que podem ser específicos a um ou a outro sexo. A capacidade de saber como é o processo de dar à luz, por exemplo, resulta do caráter biológico do corpo feminino. Há muito tempo que a epistemologia se preocupa em elucidar a natureza das experiências subjetivas. Os filósofos, nesse contexto, querem saber se uma pessoa pode ter o conceito de uma experiência por meio de uma descrição, ou seja, não por ter a própria experiência. Será que um cego, por exemplo, pode conhecer a cor vermelha simplesmente por saber o que normalmente acontece, do ponto de vista fisiológico, com um ser humano que vê o vermelho? O caráter epistemicamente distintivo das experiências fundadas na biologia merece dos epistemólogos uma cuidadosa atenção.

Algumas feministas concentraram-se na centralidade social e cultural da compreensão que uma pessoa tem de si mesma e do mundo. A situação de uma camponesa do século XI ou de uma escrava norte-americana do século XVIII não pode ser plenamente compreendida pela mera reflexão filosófica de um homem branco dos dias atuais, mesmo depois de muito estudo de história e esforço contemplativo. Disso não decorre que tenhamos de deixar de lado todo esforço para compreender os outros. O ponto central do argumento, antes, é o que não devemos pensar ingenuamente que as relações efetivas que temos com o mundo (e, logo, com os outros conhecedores) são irrelevantes para a formulação de conceitos e princípios epistêmicos. As relações sociais que regem certos processos epistêmicos são sutis e complexas. As epistemólogas feministas procuraram caracterizar essas relações no seu trabalho com comunidades epistêmicas.

Os contextos sociais nos quais surge o conhecimento nos levam para além da epistemologia feminista: conduzem-nos a um movimento mais geral dos estudos sociais do conhecimento. As pesquisas sobre as práticas da ciência, associadas a uma disciplina que às vezes se chama de "estudos científicos", propõem descrições altamente elaboradas das características epistemológicas dos círculos científicos. Nessas pesquisas, abundam as taxonomias e distinções sociais e psicológicas, que são todos construtos humanos. Não nos devemos esquecer, porém, de que a epistemologia também trata do modo pelo qual essas práticas se vinculam com o mundo. Não há dúvida de que boa parte dos nossos conhecimentos é mediada pelo nosso envolvimento com instituições – instituições humanas, culturalmente específicas, condicionadas por um tempo e um lugar. O mais interessante é procurar saber se – e como – as instituições colaboram para a aquisição de crenças aproximadamente verdadeiras. É evidente que as instituições são organizações sociais que consolidam todos os desvios ideológicos que são a herança comum da carne cognoscente. Por isso, a história do conhecimento científico suscita muitas questões de difícil resposta. Se concordarmos em que boa parte das instituições científicas da Europa exerceram uma discriminação sistemática contra as mulheres – tipicamente, as diversas academias eram clubes exclusivos para cavalheiros brancos e bem instruídos –, teremos de aceitar o fato de que a instituição da ciência ocidental, tão bem-sucedida e tão propícia à descoberta da verdade, foi sempre sexista e racista. A aceitação desse fato pode pôr em xeque o sentimento iluminista de que a verdade sempre traz em seu rastro uma emancipação. Essa tensão ameaçadora pode ser resolvida se concebermos as instituições científicas como organismos funcionalmente complexos e admitirmos que as estruturas naturais causais investigadas pela ciência são igualmente complexas. Isso significa, entre outras coisas, que uma instituição científica pode atender melhor a certos objetivos do que a outros nos diversos momentos do tempo.

O fato de que boa parte de nossos conhecimentos é dependente de uma estrutura social tem conseqüências marcantes. Os filósofos sempre cantaram as virtudes da auto-suficiência intelectual. Mas, se o conhecimento tem aspectos sociais e culturais dos quais não se pode prescindir, temos de formar uma nova concepção do que seria essa auto-suficiência. Podemos ser intelectualmente autônomos na medida em que podemos identificar as pessoas dotadas do conhecimento necessário para nos auxiliar; mas essa autonomia não chega até a capacidade de decifrar questões técnicas importantes que estão fora da nossa área de competência. Em decorrência disso, uma epistemologia adequada tem de estar sempre atenta ao aspecto social, aos dados especializados que vêm de diversos setores da sociedade.

Os debates acerca da importância das fontes sociais de conhecimento comparada à possibilidade da autonomia epistêmica assemelham-se de certo modo à controvérsia entre o empirismo e o racionalismo. Os epistemólogos querem saber de onde vem o conhecimento e como o adquirimos. Todos queremos saber, por exemplo, se todo o conhecimento é derivado em última análise da experiência sensorial, pois a resposta a essa pergunta vai influenciar profundamente a nossa escolha de métodos de justificação. Também queremos saber de que modo o conhecimento se transmite na sociedade, e como essa transmissão propicia o surgimento de grandes corpos de conhecimento que adquirem aparentemente uma vida própria, independentemente de qualquer conhecedor individual. Num certo sentido, por exemplo, a biblioteca do Congresso norte-americano contém uma quantidade de "conhecimento" muito maior do que qualquer ser humano jamais seria capaz de acumular.

Em suma, pois, nosso estudo das fontes de conhecimento nos mostrou que existem forças que nos impulsionam em direções opostas: tanto na direção da auto-suficiência epistêmica quanto na direção contrária. Por um lado, damos ênfase a essa auto-suficiência, pois percebemos que, em última análise, é o indivíduo que tem a máxima responsabilidade pelo conhecimento que adquire. Em outras palavras, cada um de nós é um agente epistêmico que tem de determinar no que vai crer a partir das fontes *pessoais* de conhecimento a que tem acesso, como a percepção, a razão e a memória. Por outro lado, percebemos o poder cada vez maior da busca social do conhecimento, que vai muito além do que qualquer ser humano isolado seria capaz de realizar. Percebemos também o quanto dependemos uns dos outros para adquirir até os mais simples conhecimentos acerca do mundo em que vivemos.

Dois objetivos unificam todo o nosso estudo das fontes de conhecimento: conhecer as verdades importantes e evitar o erro. A dependência social do conhecimento nos ajuda muito a adquirir as verdades significativas, e métodos como o da triangulação (pelo menos segundo a opinião de muitos epistemólogos) nos protegem de muitas crenças falsas. A busca de verdades significativas e o esforço de evitar as crenças falsas exigem que as crenças sejam formadas de maneira *racional*. Ou seja, a racionalidade é um elemento necessário para a consecução de nossos dois objetivos epistêmicos, e é para esse importantíssimo assunto que agora nos voltamos.

CAPÍTULO 7

A RACIONALIDADE

DISTINÇÕES PRELIMINARES

Depois de identificar algumas das principais fontes de conhecimento, temos de nos perguntar se as crenças derivadas dessas fontes são racionais – e, se o forem, em que sentido o são. Em geral, as pessoas que buscam ter crenças verdadeiras querem atingir seu objetivo cognitivo de forma racional. Não se satisfazem, por exemplo, com uma aquisição de conhecimento casual ou desordenada. Também os filósofos costumam aspirar a ser racionais em suas crenças e decisões, mas nem por isso passaram a buscar todos a mesma coisa.

A racionalidade, entendida num sentido amplo, é a razoabilidade, a compatibilidade com a razão; mas nem todos os filósofos acham que a racionalidade depende das razões. Do mesmo modo, nem todos os filósofos têm um mesmo entendimento do que sejam as razões ou a razoabilidade. Para certos teóricos, a racionalidade existe também em casos nos quais não há razões contrárias ao que se considera razoável. Ou seja, para esses teóricos, a racionalidade só pode ser caracterizada como aquilo que *não é irracional*. (Ou seja, eles definem negativamente a racionalidade.) No pensamento comum, as pessoas podem ser racionais; também o podem ser as crenças, os desejos, as intenções e as ações, entre outras coisas. A racionalidade apropriada à ação é prática (determina o que é racional *fazer*), ao passo que a racionalidade característica das crenças é, na linguagem de alguns filósofos, teórica (determina o que é racional *crer*).

Na opinião de muitos filósofos, a justificação epistêmica é determinada pelos indícios de que a pessoa dispõe. Sob esse aspecto, não se pode reduzir a racionalidade à justificação, pois a racionalidade abarca também as conclusões acerca de como devemos adquirir novos indícios e reavaliar os indícios de que já dispomos (para descartar os que forem parciais ou de algum modo errôneos, por exemplo). Além disso, as pesquisas contemporâneas sobre a racionalidade tratam de como as pessoas formam suas crenças e tomam decisões na prática. Essas pesquisas empíricas iluminam a natureza da racionalidade humana e elucidam as questões acerca dos critérios corretos de avaliação dessa racionalidade.

Muitos filósofos consideram a racionalidade uma faculdade *instrumental*: não determina os objetivos, mas é determinada por eles. Segundo esses filósofos, você tem racionalidade porque se esforça ao máximo para atingir seus objetivos, ou pelo menos empenha nesse sentido o esforço que julga apropriado. Se tem o objetivo de matar a sede, por exemplo, o racional é que busque tomar um copo de água. Se os objetivos últimos não são objeto de avaliação racional, a racionalidade deve ser considerada *puramente* instrumental. Essa posição é associada à filosofia de David Hume. Segundo Hume, a racionalidade não formula objetivos próprios e substantivos, mas consiste antes na busca adequada dos objetivos últimos formulados pela pessoa, *sejam estes quais forem*. Muitas abordagens econômicas e decisório-teóricas da racionalidade são puramente instrumentais.

Se os objetivos últimos – como matar a sede, ficar rico ou derrubar o governo – são passíveis de avaliação racional, como querem as tradições aristotélica e kantiana, então a racionalidade não é puramente instrumental. No entender dessas duas tradições, certos objetivos ou espécies de objetivos, como o bem-estar do ser humano, são essenciais para a racionalidade ou são intrinsecamente racionais. Os filósofos que concordam com isso distinguem as metas racionais, como as de matar a sede ou de ter boas amizades, das irracionais, como a de destruir vidas inocentes. Porém, essa abordagem *substancialista* da racionalidade perdeu muito terreno com a ascensão da moderna teoria das decisões.

Quando os objetivos em questão são a aquisição de verdades (informativas) e o não cair em erro, como ocorre em boa parte das investigações científicas e em outras formas de investigação, o que entra em jogo é a chamada racionalidade *epistêmica*. Caso contrário, o que está em consideração são algumas espécies de racionalidade *não-epistêmica*. As espécies de racionalidade não epistêmica podem ser distinguidas pela espécie de objetivo que se tem em vista: moral (a busca de um bem moral), prudente (a busca de um bem prático, como o prazer ou a felicidade), político (a busca de um objetivo político), econômico (a busca de riqueza), estético (a busca da beleza) ou outros.

Embora os critérios de racionalidade não sejam sempre epistêmicos, a racionalidade epistêmica pode ter participação até mesmo no que alguns convencionaram chamar racionalidade não-epistêmica. No caso da racionalidade econômica, por exemplo, a pessoa que busca tal racionalidade deve, pelo menos nas condições habituais, aspirar à formação de crenças epistemicamente racionais acerca dos meios de realização dos objetivos econômicos em questão. Em outras palavras, queremos que nossas crenças relativas à consecução dos objetivos econômicos (como o de evitar a pobreza com uma justa distribuição da riqueza) sejam racionais quando avaliadas à luz da meta epistêmica de conhecer a verdade e evitar a falsidade. O mesmo se pode dizer de outras espécies de racionalidade não-epistêmica. Uma explicação coerente da racionalidade deve procurar definir a racionalidade epistêmica, a não-epistêmica, e as formas correspondentes de irracionalidade (como, por exemplo, a fraqueza de vontade).

Costuma-se distinguir os pontos de necessidade racional, obrigatórios, dos pontos racionalmente permissíveis. Se uma ação ou uma crença é de necessidade racional, ou obrigatória, será irracional não executar a ação ou não sustentar a crença. Por exemplo: se é de necessidade racional que o ser humano busque o seu próprio bem, será irracional executar uma ação pela qual a pessoa faça o mal a si mesma (desde que não haja outras razões pelas quais essa ação seja pelo menos racionalmente permissível). Do mesmo modo, se você crê que só os seres humanos são dotados de uma linguagem complexa e que Fido não é humano, é de necessidade racional que você creia que Fido não é capaz de usar uma linguagem complexa, desde que você *reflita* sobre essa proposição e compreenda que ela se depreende dedutivamente das suas crenças anteriores. Nessas condições, seria irracional não crer nela. Certas ações e crenças são racionalmente permissíveis, mas não racionalmente necessárias. Não é irracional, por exemplo, ir ver um filme novo se você o quiser (em circunstâncias normais), e também não é irracional deixar de ir vê-lo. Ambas as ações são racionais, na medida em que são racionalmente permissíveis. Segundo muitos teóricos, não somos *obrigados* a crer em todas as conseqüências dedutivas de nossas crenças, pois algumas delas são difíceis de compreender sem muito esforço. Caso a pessoa trabalhasse para compreendê-las, porém, essas crenças seriam racionalmente *permitidas*.

Atualmente, são poucos os teóricos que partem do princípio de que a racionalidade é uma característica distintiva do ser humano. Nossos sistemas de percepção e cognição são capazes de processar uma quantidade imensa de informações, mas isso vale igualmente para todos os organismos superiores, como os cães, os golfinhos, os chimpanzés e os seres humanos. Os organismos superiores são capazes de processar informações de modo que preservem aquelas qualidades que conduzem à verdade e que identifiquem meios de satisfação dos desejos. Em suma, esses organismos são aparentemente dotados de uma racionalidade instrumental, muito embora a capacidade cognitiva das diversas espécies seja variável. Aristóteles, por outro lado, afirmou que só os seres humanos são capazes de organizar informações racionalmente e derivar inferências. Também Descartes era de opinião que, de todos os seres vivos, só nós somos racionais.

Por mais que a evolução tenha favorecido todos os organismos superiores, está claro que nós somos inteligentes: somos capazes de conceber e executar estratégias altamente eficazes para a realização de nossos objetivos, dos mais técnicos aos mais cotidianos. Nosso sistema sensorial nos habilita a evitar os ferimentos e a identificar os alimentos, e exercemos um discernimento entre as condições do meio, identificando quais são as mais e as menos desejáveis. Nossa capacidade cognitiva rege uma conduta inteligente e racional.

Para elucidar as relações entre a epistemologia e a teoria da racionalidade, podemos examinar alguns fenômenos que ocupam lugar central na investigação intelectual: a dedução, a indução, as avaliações normativa e descritiva, o desvio ou tendenciosidade e a sensibilidade ao contexto cultural e social. Vamos confrontar concepções conflitantes de racionalidade: uma, segundo a qual uma crença de uma determinada cultura é irracional, e outra segundo a qual é racional. Uma vez captado o "sabor" de uma tal disputa, alguns serão tentados a concluir que as disputas sobre o que é a racionalidade não podem ser resolvidas. O fundamento dessa conclusão é a idéia de que uma crença considerada racional por uma pessoa ou uma cultura *é* racional e ponto. Trata-se de uma idéia relativista, de perturbadoras conseqüências. Torna a racionalidade muito fácil de adquirir e não estabelece nenhuma diferença entre ela e a simples opinião. Se a racionalidade não passa de uma questão de opinião, devemos descartar definitivamente a tarja honrosa de "racional" e contentar-nos em falar da mera opinião. Nesse caso, estaríamos pelo menos sendo honestos.

Quando os objetivos últimos não estão em questão e duas pessoas discordam quanto àquilo em que se deve crer, muitas vezes é possível mostrar-lhes se suas crenças devem ser revistas à luz dos dados disponíveis e como isso deve ser feito. As pesquisas feitas sobre as decisões tomadas em situações de risco e incerteza nos mostram alguns meios pelos quais tais disputas podem ser resolvidas. A falácia da taxa-base, o desvio por disponibilidade e, de modo geral, todas as violações do teorema de Bayes representam transgressões de certas regras normativas específicas da racionalidade. Voltaremos a este assunto na penúltima seção deste capítulo.

A INFERÊNCIA RACIONAL: NORMATIVA E DESCRITIVA

Se as teorias da racionalidade têm algum objeto, esse objeto são as inferências epistemicamente responsáveis que se podem tirar de um conjunto de dados disponíveis. Quando falamos de responsabilidade, fazemos da racionalidade um tema de avaliação. Por isso, não é de surpreender que nas teorias das decisões e juízos racionais abundem as noções normativas e termos como "*bom* raciocínio", "juízo *bem fundado*", etc. Mesmo assim, os fatores que contribuem para a tomada de uma decisão racional num caso particular podem ter fontes tão diversas que fica difícil oferecer uma definição geral de racionalidade. Uma inferência pode ser indutiva ou dedutiva; pode depender de um conhecimento especializado ou não; pode exigir ou não a integração de estados afetivos (ou seja, emocionais) com estados cognitivos. Além disso, muitas espécies de fenômenos – crenças, desejos, intenções, decisões e metas, entre outros – podem ser avaliadas quanto à sua racionalidade ou irracionalidade.

A avaliação de um comportamento como racional ou irracional costuma ser fácil quando se fundamenta em cânones dedutivos, como o *modus ponens*, ou em regras indutivas abstratas, como o teorema do limite central. Porém, a maioria dos padrões de raciocínio não é passível de uma avaliação tão formal. Em muitos casos, tanto nós quanto as outras pessoas somos e nos reconhecemos culpados de desprezar fatos substanciais e largamente conhecidos, de todos os tipos possíveis e imagináveis. Por isso, a acusação de irracionalidade que se lança contra as seguintes atitudes e opiniões nos parecerão familiares. Cada uma delas é chamada "irracional" por motivos específicos:

"Eu não sabia se a aranha que estava em meu braço era venenosa ou não; por isso, esmaguei-a." Essa estratégia seria considerada irracional porque é irresponsável em vista do objetivo pretendido – não ser picado – e não faz uso de informações amplamente disponíveis.

"Comprei o anel no cartão de crédito. Assim, é como se eu não tivesse que pagar por ele." Muitas vezes, a pessoa pode ter o desejo tão forte de alguma coisa que perde a força emocional necessária para reconhecer os obstáculos à consecução desse objetivo. Pode-se dizer que este tipo de irracionalidade é gerado pelo afeto.

"Sou o rei dos lagartos." Certas crenças são irracionais porque são frutos de uma ilusão pura e simples; a pessoa é incapaz de distinguir entre a fantasia e a realidade.

"A pessoa que encontrei fazia aniversário no mesmo dia que eu, e considerei isso um bom augúrio." Muitos acontecimentos parecem notáveis, excepcionais ou significativos de maneira geral, pois são acontecimentos cuja ocorrência é improvável. Esse fato deixa as pessoas vulneráveis a diversos tipos de erros indutivos, como a falácia da taxa-base e o desvio por disponibilidade (a ser discutidos neste capítulo).

Esses exemplos ilustram a normatividade das acusações mais comuns de irracionalidade.

Segundo as concepções tradicionais de racionalidade, a inferência racional é neutra quanto a seu objeto. Da tradição filosófica surgiram dois ideais de racionalidade: a racionalidade dedutiva e a racionalidade indutiva. Em ambos os casos, a idéia diretriz é a de que existem regras cuja correta aplicação gera uma conclusão racionalmente aceitável.

O produto normal do raciocínio é um argumento, uma série finita de afirmações (premissas) oferecidas para corroborar outra afirmação (conclusão). Muitos argumentos são *indutivos*: as premissas oferecem à conclusão um apoio probabilístico e, desse modo, a conclusão tem uma certa *probabilidade* de ser verdadeira. Por exemplo:

1. O sol nasceu todos os dias no passado. Logo,
2. O sol provavelmente nascerá amanhã.

ou

1. Este jarro cheio de bolas de gude tem 95 bolas vermelhas para cada 5 bolas verdes. Logo,
2. Uma pessoa que tirar uma bola de gude do jarro de olhos vendados provavelmente vai tirar uma vermelha.

Nos argumentos indutivos, a conclusão vai muito além das informações contidas nas premissas; não obstante, a inferência indutiva pode ser considerada racional.

Os argumentos dedutivos envolvem raciocínios que, sob um certo aspecto, são *conclusivos*. Quando você raciocina dedutivamente, quer que seu argumento seja, no mínimo, dedutivamente *válido*. Os argumentos dedutivamente válidos são aqueles nos quais, *se* as premissas forem verdadeiras, as conclusões o serão igualmente. Em outras palavras, é logicamente impossível que as premissas de um argumento dedutivamente válido sejam verdadeiras e sua conclusão seja falsa. Nesse sentido, a informação contida na conclusão de um argumento dedutivo válido não vai além das informações contidas nas premissas. Por exemplo:

1. O talco é o mineral mais duro na escala de dureza de Moh.
2. O mineral mais duro na escala de dureza de Moh é usado para fazer jóias baratas. Logo,
3. O talco é usado para fazer jóias baratas.

O argumento é dedutivamente válido, uma vez que a conclusão seria verdadeira se as premissas o fossem. No entanto, tanto as premissas quanto a conclusão são falsas. Logo, argumentos válidos podem ter premissas e conclusões falsas. Um argumento terá a propriedade da validade dedutiva se a sua estrutura for tal que a relação entre as premissas e a conclusão preserve a verdade; mas não é necessário que as premissas em si mesmas sejam verdadeiras.

Um argumento será *apodíctico* se for válido e tiver premissas verdadeiras. Por exemplo:

1. O diamante é o mineral mais duro na escala de dureza de Moh.
2. O mineral mais duro na escala de dureza de Moh é usado para fazer jóias caras. Logo,
3. O diamante é usado para fazer jóias caras.

Dois pontos são dignos de nota. Em primeiro lugar, todos os argumentos indutivos (muitos dos quais são argumentos racionais) são dedutivamente inválidos. Em segundo lugar, muito embora a nossa primeira preocupação deva ser a de elaborar argumentos válidos, devemos ter por objetivo que o argumento tenha premissas verdadeiras, e assim seja também apodíctico.

Abraçando um modelo formal da racionalidade deliberativa, alguns teóricos propuseram um princípio formal de racionalidade instrumental, que é o seguinte:

O Princípio da Racionalidade Instrumental: Se você quer que se realize uma situação X e crê, de acordo com os dados de que dispõe, que o meio mais eficaz para a consecução de X é uma outra situação, Y, deve ter por objetivo racional a consecução de Y.

O princípio da deliberação racional não exige que saibamos quais as situações exatas representadas por "X" e "Y". Pelo menos de início, o princípio da racionalidade instrumental propõe-se a ter uma atitude neutra em relação aos objetivos, evitando assim os conhecidos problemas que surgem quando se propugna uma racionalidade que exija a concordância em torno de objetivos ou fins adequados ao ser humano.

Dado o princípio da racionalidade instrumental, as pessoas podem discordar livremente quanto ao valor ou a desejabilidade de X (X pode ser a obtenção de uma Harley Davidson, de uma casa ou de um *husky* siberiano), mas terão de concordar em que a consecução de Y é o melhor meio para a consecução de X.

São bem conhecidos os casos de uma conduta instrumentalmente racional: se queremos uma bebida gelada e cremos, de acordo com os dados de que dispomos, que o melhor meio para se obter uma bebida gelada é ir até onde está a geladeira, decidimos pela razão caminhar até esse eletrodoméstico. Não obstante, é importante que nos perguntemos qual é o melhor método – o mais racional – para a manipulação de informações complexas.

Nosso princípio de racionalidade instrumental parece atraente à primeira vista, mesmo que seja pelo simples motivo de não exigir um juízo sobre a desejabilidade dos fins e, por isso, não acarretar a necessidade de assumir compromissos substantivos com determinados valores (a respeito, por exemplo, do caráter imoral de um determinado objetivo) num terreno já bastante minado. Podemos nos interrogar acerca da eficiência com que um agente executou um plano para atingir um determinado fim, por mais que consideremos peculiar ou ofensivo o fim em questão. Os psicólogos inevitavelmente propõem questões acerca de o que é um comportamento normal e um comportamento patológico, e, logo, acerca de quais são as condições ideais para o pleno desenvolvimento do ser humano. Sob esse aspecto, para avaliar a afirmação de que uma ação é racional, julgam a ação segundo a sua capacidade de contribuir para a realização dos objetivos do sujeito. A história da psicologia deixa claro que essa tarefa não é imune à ambigüidade, pois muitas vezes existe uma tensão entre a satisfação dos objetivos de curto prazo e a dos de longo prazo. Pode ser, por exemplo, que você se sinta satisfeitíssimo de comer como sobremesa um bolo de um quilo e meio, mas, depois, isso vai lhe fazer passar mal por várias horas. (Conselho de amigo: não tente fazer essa experiência em casa.) Além disso, muitas vezes existem opiniões diferentes acerca de qual é o meio mais eficaz para alcançar um determinado fim. Por isso, mesmo quando identificamos as variáveis "X" e "Y", isso não acarreta automaticamente uma concordância quanto à melhor maneira de alcançar X. Isso significa que até mesmo o princípio de racionalidade instrumental envolve uma noção normativa da eficácia dos meios em relação aos fins. Não há distinção técnica que possa eliminar a noção normativa de eficácia que caracteriza a racionalidade instrumental.

No que diz respeito à avaliação racional dos fins ou objetivos, um cigarro pode dar uma satisfação incrível a algumas pessoas, mesmo que o hábito de fumar não lhes seja benéfico a longo prazo. Se certas pessoas estão dispostas a morrer mais cedo em troca da satisfação de fumar por alguns anos, não podem ser acusadas de irracionalidade instrumental – desde que já tenham feito os cálculos cabíveis neste caso. Só uma teoria dos valores que proponha afirmações substantivas acerca do caráter da felicidade e da plenitude do ser humano pode servir de fundamento para um argumento plausível em favor dos malefícios objetivos que o cigarro pode causar a longo prazo.

As últimas dúvidas acerca da racionalidade da decisão de fumar podem nascer de uma suspeita – aliás, bem fundamentada – de que uma tal decisão não pode ser tomada *de fato*. Segundo essa idéia, os indivíduos não são capazes de medir os malefícios (ou um outro valor qualquer) de anos e anos de doenças e da morte prematura. Essa incapacidade tem vários motivos, entre os quais a dificuldade de escolher as unidades de medida apropriadas (felicidade, prazer, utilidade) e a dificuldade de obter os fundamentos experimentais e cognitivos apropriados para fazer o cálculo. Quanto a esta última questão, vale a pena indagar quais seriam as experiências que poderiam dotar o indivíduo das informações necessárias para determinar com inteligência que o prazer do fumo é maior do que uma dor de gravidade e duração desconhecidas.

Dada a concordância em torno de um objetivo, podemos nos fazer uma pergunta interessante: será que as pessoas são capazes de processar as informações necessárias para a realização desse objetivo? Não é somente uma questão interessante; é também, em parte, uma questão empírica. Muito embora o senso comum e a tradição da filosofia partam do princípio de que as pessoas são dotadas pelo menos de uma racionalidade instrumental, as pesquisas empíricas suscitaram questões acerca de o quanto as pessoais são realmente racionais.

A COERÊNCIA E AS CRENÇAS EXTRAVIADAS

O conceito de racionalidade entra em jogo sempre que tentamos explicar o comportamento humano da maneira à qual estamos acostumados – mediante a atribuição de crenças e desejos aos indivíduos. Sob esse ponto de vista, nossos estados mentais são dotados de conteúdos, que consistem numa determinada representação do mundo. Para explicar o comportamento de alguém e identificar a sua fundamentação racional, temos de caracterizar o conteúdo dos estados mentais dessa pessoa.

Os membros de certas culturas desenvolvem estratégias de inferência diversas das desenvolvidas pelos membros de outras culturas. Quando avaliamos a racionalidade de princípios com os quais não estamos culturalmente familiarizados, enfrentamos uma dificuldade. E se as nossas próprias posições teóricas nos levarem a considerar falsa uma premissa crucial para um outro sistema de crenças? Será que nesse caso temos o direito de considerar essa outra cultura como irracional? Certas tradições culturais, por exemplo, avalizam a crença de que certas pessoas se destacam das demais por possuir o que chamaríamos de poderes sobrenaturais, como os poderes da feitiçaria. Muitos teóricos afirmam que a crença na feitiçaria parte de uma concepção indevidamente antimaterialista – dado o pressuposto implícito de que entidades não-físicas podem influenciar a ordem causal do mundo natural.

Os filósofos em geral concordam em que é dever de todo ser humano acumular crenças que sejam pelo menos coerentes – em específico, afirmam que não devemos abraçar opiniões que se contradigam entre si. Quando interpretamos outras culturas, porém, não é fácil determinar a coerência ou incoerência interna de um sistema de crenças. Isso nos é dito por vários antropólogos e por W. V. Quine, que propõe uma restrição de coerência aplicável à tradução:

> Para tomar um caso extremo, suponhamos que uma certa população não-ocidental aceite como verdadeira uma frase que se possa traduzir pela forma "P e não-P". Ora, essa afirmação é absurda pelos nossos critérios semânticos. E, se nos é vedada a possibilidade de sermos dogmáticos a esse respeito, que critério preferiríamos usar? Uma tradução literal pode

fazer com que essa população seja vista como dotada de idéias muito estranhas; uma tradução melhor impõe a ela a nossa lógica... (Quine, 1960, p. 58)

A atribuição de crenças e preferências a outras pessoas – amiúde de cultura ou época radicalmente diferentes das nossas – nos obriga a traduzir a linguagem delas numa linguagem que sejamos capazes de compreender. Vamos examinar um caso concreto.

O antropólogo Edward Evans-Pritchard relata que a crença na feitiçaria desempenha papel de destaque na determinação da conduta dos membros da tribo azande (ver Evans-Pritchard, 1972, Capítulos 1-4). Quando consideramos a aparente contradição identificada por Evans-Pritchard e relatada a seguir, as crenças zande ("zande" é a forma adjetiva) podem nos parecer irracionais. Os azande crêem na existência de uma "substância da feitiçaria" que seria visível nos intestinos de um feiticeiro quando de sua autópsia. Crêem também que a qualidade de feiticeiro é transmitida pelos feiticeiros a seus descendentes. Essas crenças deveriam bastar para que os azande concluíssem, depois de realizar o exame *post mortem*, que os descendentes de um feiticeiro são feiticeiros também. Porém, muitas vezes eles não chegam a uma conclusão acerca da qualidade desses descendentes, mesmo depois de realizada a autópsia. Poderíamos assim concluir que os azande são irracionais.

Vamos destacar duas respostas a essa objeção. Peter Winch (1964) nega que os azande sejam irracionais e alega para tanto que as idéias zande acerca da feitiçaria não se propõem a constituir um sistema teórico pelo qual os azande possam adquirir uma compreensão semicientífica do mundo. Por isso, Winch recomenda que não procuremos levar o pensamento zande às últimas conseqüências em busca de uma possível contradição. Charles Taylor (1982) acha que a resposta de Winch é insuficiente, pois os azande jamais admitiram que seu sistema de pensamento abriga uma contradição, mesmo que não estejam interessados em formular uma compreensão teórica do universo. Taylor repara que os azande poderiam responder da seguinte maneira à acusação de contradição: "O poder dos feiticeiros é misterioso; não funciona segundo as leis rígidas que vocês, europeus, tomam como fundamento do que chamam de ciência. É só quando tais leis são pressupostas que a contradição surge" (1982, p. 89). Taylor afirma, assim, que as aparentes contradições poderiam ser eliminadas se transpuséssemos as afirmações dos azande sobre a feitiçaria para uma linguagem teórica rigorosa, fazendo notar as exceções quando isso fosse apropriado.

Uma outra questão: será que uma explicação tem o poder de *racionalizar* a crença na feitiçaria? Qual é o papel desempenhado na sociedade zande pela crença na transmissibilidade hereditária dos poderes sobrenaturais? A explicação tradicional possibilita que a crença na feitiçaria seja considerada racional, mesmo que alguns crentes não tenham consciência distinta dos efeitos benéficos de suas crenças. Segundo Evans-Pritchard, a transmissão da qualidade de feiticeiro do pai para os filhos serve para fortalecer as relações de parentesco na medida em que toda acusação de feitiçaria se dirige, assim, para fora da família, uma vez que não se pode exigir reparações de um familiar. Se um filho acusasse o pai de feitiçaria, estaria acusando também a si mesmo. Além disso, como as acusações de feitiçaria são dirigidas a quem não é parente e levam consigo uma reivindicação de cortesia e reparação, elas têm o efeito de conservar os vínculos sociais mediante um equilíbrio de exigências. Em suma, a crença de que a feitiçaria é transmitida na linhagem masculina atende à função objetiva de contribuir para a estabilidade das relações sociais entre os azande.

Não é difícil identificar, na cultura européia e norte-americana, crenças questionáveis que atendem a uma função de estabilidade social. A crença de que o trabalho excessivo redime e liberta, por exemplo, costuma ser explicada funcionalmente pela contribuição que dá à produtividade de uma força de trabalho dócil. Em geral, os indivíduos que esposam essa crença não trabalham duro porque crêem que, assim fazendo, vão enfraquecer o poder de negociação dos trabalhadores ou criar uma economia mais forte – mesmo que sejam esses os efeitos. As crenças podem ter uma função social valiosa e racionalmente explicável, mesmo que os crentes, considerados individualmente, não tenham consciência dessa função. O fato de os crentes, nesse caso, serem considerados racionais ou não por esposarem a crença em questão depende de o quão exigente é a nossa noção de racionalidade no que diz respeito ao acesso direto que um indivíduo pode ter às bases racionais de uma crença ou ação qualquer. De qualquer modo, um apelo a intuições firmes não bastará para solucionar esta questão aos olhos de todos os participantes do debate. Vamos examinar mais a fundo o problema da irracionalidade, tratando de alguns erros de discernimento aparentemente muito comuns entre os seres humanos.

A RACIONALIDADE E AS DECISÕES TOMADAS EM ESTADO DE INCERTEZA

Qualquer que seja a nossa opinião a respeito do sistema de crenças do povo zande, podemos nos perguntar se a estabilidade social assim obtida não poderia ser alcançada por meio de um sistema mais eficaz ou mais perfeito. Sempre que ocorre de as pessoas não realizarem todo o seu potencial, esse fato tem pelo menos duas explicações imediatas: (a) os processos de pensamento dessas pessoas são deficientes; e (b) exigências específicas obstam o discernimento racional normal. Nesse caso, o que concluir de um desempenho menor do que o possível? Quais são os fundamentos que nos permitem criticar um comportamento desviado e preservar a dimensão normativa da racionalidade?

A moderna teoria das decisões parte do pressuposto de que, para atender a determinadas exigências de coerência e perfeição, as preferências da pessoa em relação aos possíveis resultados de suas ações vão determinar, pelo menos em parte, quais serão as ações racionais para ela, na medida em que fica assim determinada a utilidade que essas ações têm para ela. Quando alguém toma decisões racionais num estado de *certeza*, conhece de modo definido quais serão os resultados das ações que pode fazer. Quando toma decisões numa situação de *risco*, só pode atribuir probabilidades diversas a esses resultados. Os que seguem a chamada teoria bayesiana das decisões partem do pressuposto de que essas probabilidades são subjetivas, na medida em que são determinadas pelas *crenças* daquele que toma a decisão. Quando alguém toma decisões num estado de *incerteza*, não dispõe das informações necessárias para tomar a decisão; assim, não é capaz sequer de atribuir probabilidades definidas aos resultados das ações disponíveis.

Partindo do princípio de que a racionalidade é puramente instrumental (e que, portanto, até mesmo os objetivos nazistas de Hitler não são necessariamente errôneos no que diz respeito à sua racionalidade), Herbert Simon (1983) encontrou um ponto falho na moderna teoria das decisões. Diz ele que os seres humanos quase nunca dispõem dos fatos, das preferências e do poder de raciocínio exigidos pela teoria das decisões. Afirma que a racionalidade humana é "limitada", na medida em que não exige uma maximização da utilidade e nem mesmo um grau mínimo de coerência. Exige, antes, a aplicação de uma determinada gama de valores pessoais (ou seja, de preferências) em vista da resolução dos problemas relativamente específicos que a pessoa enfrenta, e tudo isso de tal modo que o processo não seja ótimo, mas simplesmente *satisfatório* para quem o empreende. Para reduzir ao mínimo a sua explicação da racionalidade, portanto, Simon invoca as limitações que o ser humano sofre de fato.

Os teóricos contemporâneos se dividem quanto à importância das limitações psicológicas humanas para a explicação da racionalidade. A controvérsia gira em torno de qual deve ser o grau de idealização dos princípios da racionalidade. Com isso, suscita-se a importante questão de saber o que faz com que certos princípios da racionalidade sejam verdadeiros e outros, falsos. Se os princípios da racionalidade não são simples definições estipuladas (que *decretam* o que é a racionalidade), essa questão merece receber dos filósofos mais atenção do que tem recebido. O esquecimento desse assunto metafilosófico faz com que a teoria da racionalidade seja tema de infindáveis controvérsias filosóficas.

Os teóricos da racionalidade propuseram várias regras para a formação de crenças a partir de raciocínios probabilísticos. Uma das mais famosas é o teorema de Bayes, que tem como um de seus principais corolários a idéia de que a probabilidade de uma crença *formada a partir de determinados dados* ser verdadeira é proporcional ao produto da probabilidade dos dados, *pressuposta a verdade da crença*, pela probabilidade de a crença ser verdadeira independentemente dos dados particulares disponíveis, ou seja, a chamada *probabilidade prévia* da crença. Por exemplo: se temos dois vidros que contêm bolas de gude pretas e brancas e uma pessoa tira uma bola preta de um dos vidros, você poderá avaliar melhor a probabilidade de essa bola ter saído do primeiro vidro se conhecer o conteúdo inicial dos dois vidros. Se o primeiro vidro tem, digamos, 95 por cento de bolas pretas e o segundo contém

95 por cento de bolas brancas, é muito mais provável que a bola de gude tenha saído do primeiro vidro. (Especificamente, a probabilidade de a crença ser verdadeira, *levando-se em conta os dados disponíveis*, é igual ao produto acima mencionado dividido pela probabilidade dos dados independentemente da crença em questão, ou seja, independentemente da probabilidade prévia da crença.)

O teorema de Bayes e a concepção de racionalidade por ele favorecida são importantes por dois motivos. Em primeiro lugar, exerceram enorme influência sobre os mais diversos campos de estudo, como a teoria das confirmações na filosofia das ciências, a teoria das decisões racionais e a teoria formal do aprendizado. Em segundo lugar, representam uma certa abordagem *normativa* da tomada de decisões racionais. Segundo muitos teóricos, oferecem uma regra pela qual toda pessoa *deve* atualizar o seu grau de comprometimento epistêmico (ou seja, o grau de crença) com uma determinada hipótese, quando se apresentam novos dados. Existem muitas outras teorias normativas da tomada de decisões (como a de Herbert Simon, já mencionada), mas o bayesianismo tem se mostrado especialmente duradouro.

É possível atribuir valores de probabilidade a uma teoria previamente existente. Por isso, muitos filósofos pensam que o teorema de Bayes é capaz de levar em conta o papel desse conhecimento prévio no processo racional de tomada de decisões. Na psicologia, já se apresentaram modelos bayesianos para lançar luz sobre o processo decisório de pequenos grupos de especialistas e de leigos, como os membros de um júri e equipes administrativas. Um dos principais pressupostos desses trabalhos é a idéia de que o teorema de Bayes, considerado em si mesmo, é teoricamente neutro e se aplica a todos os assuntos sem distinção. A noção de que a inferência bayesiana (uma regra entre muitas outras) pode gerar conclusões plausíveis em certos domínios (na economia, por exemplo) mas não em outros (como a ciência política, por exemplo) é totalmente descartada por certos estudiosos.

Como *descrição* dos processos pelos quais fazemos inferências de fato, o bayesianismo é falho na teoria e na prática. Nem os leigos, nem os cientistas, nem nenhum grupo de especialistas atualizam regularmente seus comprometimentos epistêmicos de acordo com as rigorosas regras de Bayes. Uma vez que os seres humanos transgridem rotineiramente essas regras, os bayesianos renunciaram à pretensão de descrever a realidade e se contentaram com a afirmação *normativa* de que todos nós *deveríamos* raciocinar como os bayesianos – de que nossas inferências seriam mais racionais se assim fizéssemos. Essa alegação merece ser estudada, e várias pessoas se dedicaram a esse estudo. Muitos psicólogos e estatísticos submeteram esse tema a uma análise experimental. Vamos esboçar alguns dos resultados que obtiveram, sublinhando as tendências cognitivas mais aparentemente irracionais.

A falácia da taxa-base

Para que uma inferência seja racional, deve levar em conta as relações entre as propriedades ou classes que constam de suas premissas. Algumas dessas classes refletem relações de dependência causal, e é comum que se usem dados estatísticos para procurar definir a dimensão e a direção dessa relação de dependência. Se quisermos provar, por exemplo, que a tensão a que são submetidos os pilotos de aviação comercial causa doenças do coração, teremos de examinar a incidência dessas doenças entre os pilotos. Ao constatar que 14 por cento dos pilotos sofrem de doenças do coração, poderíamos concluir a partir daí que existe uma relação causal entre a profissão de piloto e as doenças cardíacas. Os teóricos costumam usar métodos narrativos para relatar – fazendo apelo a uma percentagem ou a uma taxa – a freqüência ou incidência de um determinado acontecimento, mas não especificam qual é a percentagem mínima que os autorizaria a deduzir daí uma relação causal.

Para corroborar uma afirmação causal acerca de uma propriedade determinada numa população, porém, temos de *comparar* a freqüência relativa dessa propriedade na população especificada (neste caso, 14 por cento) com a freqüência dessa propriedade *na população em geral*. Este último valor se chama *taxa-base*. Se chegarmos à conclusão de que a tensão da vida de piloto causa doenças cardíacas, mas constatarmos que a taxa de doenças cardíacas na população em geral é de 12 por cento, nossa conclusão será o resultado de algo que se chama *falácia da taxa-base*. A incidência de doenças cardíacas entre os pilotos não difere *de modo significativo* da incidência entre a população em geral. Tanto especialistas quanto não-especialistas costumam cometer essa falácia, na medida em que inferem uma relação causal baseando-se simplesmente numa correlação observada, sem comparar essa correlação com a taxa-base adequada. (Para uma discussão detalhada, ver Tversky e Kahneman, 1974.)

O desvio por disponibilidade

Há uma outra tendência cognitiva aparentemente irracional que tem relação com a inferência causal. Quando fazemos um raciocínio causal, partimos em geral de um conjunto de experiências que não foram organizadas segundo critérios precisos de representação estatística. A memória permite somente a retenção de determinadas experiências, em geral porque essas experiências são especialmente memoráveis ou estão *disponíveis*. Segundo uma teoria atual, as pessoas fazem uso de uma *heurística da disponibilidade* sempre que "estimam uma freqüência ou probabilidade de acordo com a facilidade com que casos típicos podem ser sacados da memória" (Tversky e Kahneman, 1973, p. 208). Depois de um grande número de estudos experimentais (resumidos em Tversky e Kahneman, 1973; Gilovich, 1991), já não podemos duvidar de que os resultados dos raciocínios das pessoas são muitas vezes moldados por uma espécie de desvio causado pela disponibilidade. O que nos torna vulneráveis a um tal desvio são diversos fenômenos psicológicos, além das questões do momento e da ordem em que as experiências foram assimiladas pela memória.

Na verdade, o desvio por disponibilidade interage muitas vezes com a falácia da taxa-base. Não é incomum, por exemplo, encontrar a seguinte explicação esquemática do fenômeno da superstição:

> As culturas em questão eram marcadas pela escassez de víveres e pelas doenças. Não é de admirar que nessas culturas tenham surgido rituais e instituições dedicadas ao controle do sobrenatural, que serviam como proteção contra um ambiente hostil e excessivamente mutável, bem como contra as doenças.

Decerto, é importante conhecer a taxa-base específica de cada população considerada. Num mundo onde as pessoas a todo momento (sem dúvida, com relativamente mais freqüência do que na época atual) morriam de fome e de doenças que hoje podem ser curadas, é possível que a população estivesse habituada com as taxas-base de fome e de doença que prevaleciam em sua época.

Uma das influências mais fortes que determinam o desvio por disponibilidade é o fenômeno da *contextualização*. Trata-se do processo pelo qual um problema é apresentado a determinado público, processo esse que os prepara para ver somente um determinado conjunto de opções, soluções, dados, etc. Os hábitos intelectuais e as expectativas explicativas do público permitem que descrições cuidadosamente contextualizadas gerem induções deficientes. No geral, o processo de contextualização leva o leitor ou o ouvinte a ignorar importantes informações quantitativas e de amostragem. Vários estudos já demonstraram que o fato de as pessoas considerarem uma alternativa aceitável, ou não, depende mais do modo pelo qual as alternativas são apresentadas do que de informações quantitativas que, pelo paradigma típico desses estudos, garante a mesma probabilidade para ambas as alternativas.

A passagem seguinte exemplifica um grande número de estudos de contextualização:

> As pessoas que responderam a uma entrevista feita por telefone avaliaram a justiça de uma ação descrita na seguinte vinheta apresentada em duas versões, as quais difeririam somente nas cláusulas postas entre colchetes.
> Uma empresa está operando com certo lucro. Localiza-se numa comunidade onde há recessão e bastante desemprego, [mas não há inflação/e uma inflação de 12 por cento]. A empresa decide [abaixar os salários em 7 por cento/dar um aumento de salário de somente 5 por cento] este ano.
> Muito embora a perda real de renda seja exatamente a mesma em ambos os casos, a proporção de entrevistados que qualificou a ação da empresa como "injusta" ou "muito injusta" foi de 62 por cento para a redução nominal de salário, mas de apenas 22 por cento para o aumento nominal. (Tversky e Kahneman, 1986, pp. 71-2)

As explicações e teorias desempenham exatamente essa função de contextualização: deixam disponíveis certas opções e vetam outras. A menos que as explicações sejam determinadas por certas propriedades da população estudada, a contextualização vai levar inevitavelmente a certos desvios na avaliação dos dados.

O desvio por confirmação

Os leigos são suscetíveis a pelo menos dois tipos de desvios diretamente relacionados à confirmação, e não temos motivo algum para supor que os cientistas sejam diferentes dos leigos sob este aspecto. No mais famoso estudo feito sobre o tema (Lord, Ross e Lepper, 1979), reuniram-se dois grupos de voluntários. Um dos grupos expressava uma forte crença no efeito de dissuasão da pena de morte, ao passo que o outro manifestava a firme crença de que a pena de morte em nada contribui para a dissuasão dos criminosos. Os voluntários foram separados de tal modo que leram primeiro o método e os resultados de um estudo experimental que corroborava seus pontos de vista, e depois o método e os resultados de outro estudo, que concluía pelo ponto de vista contrário. Para todos os voluntários, um estudo comparava a quantidade de assassinatos antes e depois da legalização da pena de morte em certos estados norte-americanos (um estudo que segue o chamado arranjo de "painel") e o outro comparava a quantidade de assassinatos num mesmo momento (um arranjo "concorrente") em estados que adotavam e que não adotavam a pena de morte. O experimento foi organizado de modo que, para metade dos voluntários, o estudo de arranjo concorrente corroborava seus pontos de vista e o estudo de arranjo de painel os combatia; e, para a outra metade, valia o inverso (ver Nisbett e Ross, 1980).

Três resultados são dignos de atenção. Em primeiro lugar, os voluntários consideravam "mais convincente" o estudo que corroborava seu ponto de vista original, quer esse estudo tivesse um arranjo de painel, quer concorrente. Só reconheciam os defeitos metodológicos do estudo que se opunha à sua conclusão predileta. Além disso, as crenças dos voluntários se fortaleciam quando os estudos corroboravam sua opinião, quer se tratasse do estudo em painel ou do estudo concorrente; ao mesmo tempo, a opinião original quase não era afetada pelos estudos que chegavam à conclusão oposta. Por fim, a expressão clara de uma opinião oposta não só não serviu para minar a confiança dos voluntários em suas opiniões originais como os voluntários se apresentavam *ainda mais* convictos do seu ponto de vista depois de ler ambas as análises.

Segundo uma pesquisa feita por Fischoff (1991), o desvio por confirmação interage com a heurística da disponibilidade. Os pesquisadores que tinham a expectativa de observar um determinado fenômeno tendiam a superestimar o número de ocorrências que confirmavam suas hipóteses. A explicação desse fato gira em torno da heurística da disponibilidade, uma vez que, segundo se pensa, do ponto de vista psicológico, os casos de compatibilidade entre as teorias e os dados tendem a aparecer com mais evidência do que os casos de incompatibilidade entre os dois.

O juízo feito em estado de incerteza e as exigências ativas

Os modelos dedutivos da racionalidade caracterizam o raciocínio como a derivação formal de uma conclusão a partir dos conteúdos das premissas. Nesse caso, o padrão de validade dedutiva resume em si toda a normatividade exigida. A mais famosa pesquisa sobre as falácias do raciocínio dedutivo foi promovida por Wason e Johnson-Laird (1972). Numa das versões de seu "teste de seleção" padronizado, pedia-se a voluntários que avaliassem se uma determinada regra dedutiva, *Se P então Q*, era violada quando da apresentação de cartões especialmente preparados. A regra, nesse caso, só é violada quando *P* é verdadeiro e *Q* é falso. Essas regras lógicas, quer sejam indutivas, quer dedutivas, sempre se aplicam, independentemente do tema ou do contexto. Por outro lado, a generalidade dessas regras de finalidade geral não é ilimitada. Há muitas competências que não se resumem a essas regras. Cosmides e Tooby (1992), por exemplo, afirmam que a regra "*Se P então Q*" é fraca demais para explicar como nós identificamos as pessoas que violam os contratos sociais.

Há uma versão abstrata do teste de seleção, baseada numa regra alfanumérica. No teste padrão, os voluntários recebem quatro cartões:

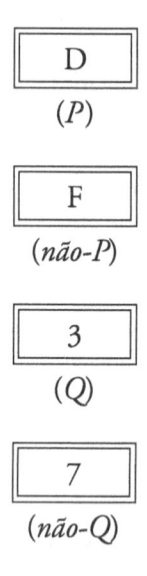

D
(*P*)

F
(*não-P*)

3
(*Q*)

7
(*não-Q*)

Dizia-se aos voluntários que, num novo emprego de escriturários, eles tinham de verificar se determinados documentos haviam sido corretamente encaminhados. Tal encaminhamento devia seguir uma "regra alfanumérica". Dizia-se: "Toda pessoa que estiver na categoria 'D' terá de ter o código '3' em seus documentos." Num dos lados do cartão há uma letra, no outro um número. Qual(is) cartão(ões) você precisa virar para saber se a regra foi violada? Na verdade, o que se pede aos voluntários é que detectem a violação de uma regra condicional. A forma lógica abstrata da violação é "*P* & *não-Q*". Durante mais de vinte anos, porém, durante os quais se apresentou a um grande número de pessoas a versão lógica deste problema, menos de 25 por cento deram a resposta correta a essa questão abstrata. Além disso, nenhuma das versões do teste lógico – tratassem elas de coisas conhecidas ou desconhecidas – foi resolvida com sucesso por uma proporção significativa de pessoas.

O desempenho melhorou um pouco nos testes mais concretos, sobretudo nos que tomavam como tema um raciocínio sobre espécies diversas de contrato social. Considere, por exemplo, o seguinte arranjo experimental, chamado de *Problema da Idade Mínima para Beber*. Diz-se aos voluntários que a força policial de Massachusetts está fazendo uma forte campanha contra os motoristas bêbados e que, como parte dessa campanha, receberam autorização para revogar sumariamente as licenças de comercialização de bebidas alcoólicas. Cada voluntário faz o papel de um policial estacionado num bar de Boston que será demitido se não fizer valer a seguinte lei:

Se uma pessoa estiver tomando cerveja, terá de ter mais de 20 anos.
   (*Se*   P   *então*   Q)

Diz-se então aos voluntários que os cartões seguintes trazem informações sobre quatro pessoas sentadas à mesa de um bar. Cada cartão representa uma das quatro. Um lado do cartão diz o que a pessoa está bebendo e o outro lado nos dá a sua idade. Por fim, pede-se aos voluntários que indiquem qual(is) é(são) o(s) cartão(ões) que precisa(m) ser virado(s) para se saber se alguma dessas pessoas está violando a lei.

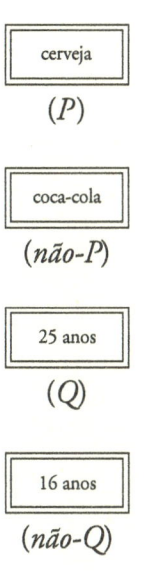

| cerveja |
(*P*)

| coca-cola |
(*não-P*)

| 25 anos |
(*Q*)

| 16 anos |
(*não-Q*)

Portanto, embora o teste de seleção original seja marcadamente abstrato, as pesquisas subseqüentes suscitaram a questão de saber se o conteúdo do assunto abordado no teste pode ou não afetar o desempenho (um conteúdo, por exemplo, ao qual a pessoa testada é especialmente insensível). O fato é que certos conteúdos modificaram os resultados. Os voluntários em geral não conseguiam identificar as violações de regras abstratas como "*Se P então Q*", mas conseguiam identificar as violações de regras condicionais que expressavam contratos sociais concretos (ver Griggs e Cox, 1982).

Num determinado teste, informa-se aos voluntários que sua tarefa consiste em fazer valer a seguinte lei:

Regra 1: Contrato Social Normal: "Se você recebe o benefício, tem de pagar o custo." (Se P, então Q.)
Regra 2: Contrato Social Inverso: "Se você paga o custo, deve receber o benefício." (Se P, então Q.)

Informa-se-lhes então que os cartões abaixo contêm os dados de quatro pessoas. Cada cartão representa uma pessoa. Um lado do cartão informa se a pessoa recebeu o benefício e o outro, se ela pagou o custo. Por fim, pede-se aos voluntários que indiquem somente o(s) cartão(ões) que precisa(m) ser virado(s) para se saber se há alguém transgredindo a lei.

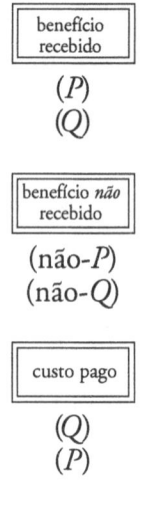

| benefício recebido |
(*P*)
(*Q*)

| benefício *não* recebido |
(não-*P*)
(não-*Q*)

| custo pago |
(*Q*)
(*P*)

> custo *não*
> pago

(não-*Q*)
(não-*Q*)

Cosmides e Tooby queriam saber se as pessoas são dotadas de regras condicionais internalizadas com a função específica de detectar os transgressores ou, em suma, os que violam o contrato social. Infelizmente, o teste utilizado não pode estabelecer uma distinção entre a melhora do desempenho devida à presença das regras em questão, especialmente adaptadas, e a melhora do desempenho devida à maior familiaridade com o conteúdo da tarefa. De qualquer modo, parece que não podemos simplesmente concluir pela *irracionalidade* de alguém a partir de um mau desempenho no teste de seleção.

O desempenho melhora de modo notável quando se pede aos voluntários que identifiquem violações de regras condicionais que expressam contratos sociais conhecidos e concretos. No Problema da Idade Mínima para Beber, é fácil ver que temos de virar tanto o cartão *cerveja* quanto o cartão *16 anos*. Cerca de 75 por cento dos estudantes universitários entrevistados escolheram esses dois cartões, em comparação com os 25 por cento que escolheram os cartões corretos na versão abstrata do teste de seleção. Acaso o constante mau desempenho na versão abstrata do teste significa que as pessoas são irracionais? Alguns responderam "não" a essa pergunta. L. J. Cohen (1986) afirma que esses experimentos não têm o poder de demonstrar a irracionalidade.

Partindo da distinção que Noam Chomsky estabelece entre a competência e o desempenho, Cohen afirma que somos dotados de um conjunto internalizado de regras racionais de inferência, semelhante à gramática internalizada postulada por Chomsky para explicar a compreensão da língua e a capacidade de falar corretamente. Nossa racionalidade consistiria no simples fato de *termos* essas regras dentro de nós, e não no fato de nos comportarmos sempre de modo que manifestemos nossa posse do discernimento racional. Se podemos cometer erros de gramática devidos à desatenção e mesmo assim gozar de competência gramatical, podemos também, por desatenção, violar uma regra de inferência sem que isso nos faça perder o gozo da competência racional.

Muitos críticos das pesquisas de Tversky e Kahneman, como Gigerenzer (1991), afirmam que os erros identificados são devidos às exigências ativas dos testes ou ao modo de formulação das perguntas. Segundo essa opinião, a apreciação cognitiva das freqüências relativas se torna difícil com o aumento do tamanho da amostragem, e vários efeitos apontados por Tversky e Kahneman aparentemente se valem desse fato. Cohen (1986) diz que as perguntas são formuladas de tal modo que os voluntários não podem prestar atenção ao tamanho da amostragem e são encorajados, em vez disso, a atentar para as relações causais. Uma crítica semelhante a essa se encontra na reação de Daniel Dennett a essa mesma obra:

> Qual é a medida da nossa racionalidade? Recentes pesquisas feitas no campo da psicologia social e cognitiva (p. ex. Tversky e Kahneman, 1974; Nisbett e Ross, 1980) dão a entender que o nosso grau de racionalidade é mínimo; que somos incrivelmente propensos a tirar conclusões precipitadas e a nos deixar influenciar por elementos ou situações que não têm a menor pertinência lógica. Porém, essa visão deformada não passa de uma ilusão gerada pelo fato de que esses psicólogos procuram deliberadamente produzir situações que suscitam reações irracionais – gerar tensão num sistema para induzir nele uma patologia – e conseguem fazê-lo, como bons psicólogos que são. (1987, p. 52)

Porém, nos experimentos que demonstram os desvios, pede-se aos voluntários que façam juízos muito semelhantes aos que temos de fazer em nossa vida cotidiana. Por isso, não parece que esses mesmos voluntários tenham de passar por uma preparação especial para cometer os mesmos erros em situações naturais. Muito pelo contrário, temos o hábito de cometer esses erros quando não dedicamos uma atenção especial à sua identificação e correção. (Para conhecer em mais detalhes a bibliografia sobre o assunto, ver Stich, 1990, e Gilovich, 1991.)

A questão fundamental é saber qual a melhor explicação para os fenômenos de irracionalidade identificados nas pesquisas. Na opinião de diversos estudiosos, essas aparentes violações da racionalidade não revelam as fraquezas congênitas do pensamento humano, mas sim as limitações e o caráter excessivamente abstrato das regras em questão. Os mesmos estudiosos acrescentam que esses "erros" resultam das características específicas de certos testes. A verdade é que, se a racionalidade depende de informações específicas e às vezes complicadíssimas (e não depende, portanto, de máximas supostamente neutras e perfeitamente gerais), é porque ela depende muito mais do contexto do que tradicionalmente se supunha. Resta-nos descobrir a medida em que essa "relatividade e dependência em relação ao conteúdo e ao contexto" autoriza a adoção do relativismo na epistemologia e na teoria da racionalidade.

CONSIDERAÇÕES INTEGRADORAS SOBRE A RACIONALIDADE

A racionalidade serve a muitos senhores, a muitos meios e fins. O exemplo já dado das tradições de feitiçaria zande mostra que as diversas culturas às vezes discordam quanto aos meios pelos quais se *devem* realizar certas funções. Os membros de muitas culturas não zande considerariam irracional *qualquer* ação que resulte de uma crença na feitiçaria. Outros, que consideram falsas as crenças na feitiçaria, admitem não obstante que, se essas crenças e práticas servem para conservar a estabilidade dos laços de parentesco e essa mesma estabilidade é propícia à sobrevivência da cultura, então as crenças são racionais; e dizem ainda que não há outro fundamento pelo qual se deva julgar a racionalidade ou irracionalidade de um comportamento. Segundo alguns estudiosos, mesmo dentro da nossa cultura pode haver juízos ou padrões de comportamento que são racionais independentemente de as pessoas terem consciência ou serem capazes de justificar explicitamente os meios pelos quais é atingido um determinado fim ou as razões pelas quais tal comportamento é racional.

Para além das pesadas dificuldades de se formular uma explicação geral da racionalidade (dificuldades impostas, por exemplo, pelas variações culturais e sociais), um outro tema importante ressalta da bibliografia que acabamos de comentar: a importância integradora dos fatores que sustentam a racionalidade. As condições específicas da inferência racional simplesmente não podem ser estudadas independentemente de uma investigação sistemática da estrutura da motivação, da influência da cultura, da distribuição dos recursos (cognitivos e econômicos) e das limitações que necessariamente se impõem aos processos de percepção e cognição. Esse fato favorece uma estratégia de pesquisa que unifique os fatores perceptivos, cognitivos e sociais da racionalidade humana.

As considerações sobre a racionalidade incidem sobre a epistemologia de várias maneiras, duas das quais merecem ser mencionadas aqui. Em primeiro lugar, nossas crenças podem ser classificadas como epistemicamente racionais ou irracionais mediante uma avaliação de o quanto contribuem para (o nosso objetivo epistêmico de) adquirir conhecimentos verdadeiros e evitar o erro. Os epistemólogos têm o dever de nos apresentar uma explicação da racionalidade epistêmica que leve em conta os fenômenos psicológicos descritos neste capítulo. Em segundo lugar, a seleção de nossos padrões epistêmicos pode ser avaliada em função da racionalidade instrumental e em vista da realização dos nossos objetivos epistêmicos. (Pode ser até que alguns objetivos não epistêmicos sirvam de critério para esta última avaliação.) Nos Capítulos 8 e 9, voltaremos a falar da relação que existe entre a racionalidade instrumental e a epistemologia.

Em suma, pois, vimos que a avaliação da racionalidade não é só descritiva, mas intrinsecamente normativa. Vimos também que os critérios normativos de avaliação da racionalidade podem variar de cultura para cultura. Com isso, propusemo-nos questões sobre a relatividade da racionalidade, questões análogas àquelas que já propusemos sobre a relatividade da verdade. No Capítulo 9, voltaremos ao tema geral do relativismo em sua relação com a justificação. Vimos também que alguns dos critérios de racionalidade mais amplamente difundidos são aparentemente violados por muitos seres humanos, inclusive muitos ocidentais. Qualquer que seja a nossa conclusão acerca da extensão da irracionalidade humana, ficamos sabendo que a explicação da racionalidade ocupa um lugar central em certos campos de avaliação epistemológica. Os mencionados casos de aparente irracionalidade nos levam a querer saber se devemos suspender o juízo – e assim permanecer céticos – quanto à racionalidade humana em certos contextos. É por isso que vamos tratar agora do tema geral do ceticismo.

CAPÍTULO 8

O CETICISMO

ALGUMAS ESPÉCIES DE CETICISMO

Todos nós temos dúvidas em algumas áreas do nosso suposto conhecimento, muito embora essas dúvidas sejam diferentes nas diversas pessoas e grupos de pessoas. É assim que os filósofos e outros há muito tempo querem saber quais são os limites, ou qual é a amplitude, do conhecimento humano. Quanto mais restrito se supõe ser esse conhecimento, mais cético é aquele que supõe. Assim, se restringimos a categoria de conhecimento unicamente às nossas experiências subjetivas, somos extremamente céticos. Na filosofia, os debates mais famosos a respeito do ceticismo trataram, entre outras coisas, do mundo independente da mente, das outras mentes, das inferências por indução, dos acontecimentos históricos e das entidades não-observáveis postuladas pelas ciências.

Como a maioria das correntes filosóficas, o ceticismo assume várias formas e pode ser mais ou menos exigente. Dentre os tipos de ceticismo, os dois mais dignos de nota, que foram mencionados de passagem no Capítulo 1, são o ceticismo quanto ao *conhecimento* e o ceticismo quanto à *justificação*. O ceticismo quanto ao conhecimento, levado ao seu grau máximo, é uma afirmação de que ninguém conhece nada, nem mesmo esta afirmação. Já o ceticismo irrestrito quanto à justificação afirma, de modo ainda mais radical, que ninguém tem justificativa nenhuma para crer em nada, nem mesmo nesta afirmação. Notamos no Capítulo 5 que o verdadeiro conhecimento, ao contrário da justificação, não pode ser desfeito ou modificado pela aquisição de novos dados. Se você sabe verdadeiramente que a lua influencia as marés, por exemplo, esse conhecimento não será modificado por nenhuma informação nova que você venha a adquirir. Por isso, é possível manter-se cético quanto à possibilidade do verdadeiro conhecimento sem negar a possibilidade de ter justificativas para crer nisto ou naquilo.

O ceticismo quanto ao conhecimento, em sua forma mais intensa, afirma que o conhecimento é *impossível*, até mesmo logicamente impossível. Os defensores dessa posição podem dizer que é logicamente impossível atender às condições essenciais do conhecimento. Trata-se de uma afirmação audaz, e não conhecemos argumento algum capaz de substanciá-la. Uma forma mais branda de ceticismo quanto ao conhecimento nega a *atualidade* do conhecimento mas admite a sua possibilidade. Segundo essa opinião, nós de fato não sabemos nada, embora a posse do conhecimento nos seja *possível*. Pode ser que nossa constituição cognitiva, por exemplo, distorça todos os dados que recebemos do mundo e, assim, nos impeça de chegar ao conhecimento verdadeiro. Mesmo assim, a aquisição de conhecimento ainda nos seria possível em certo sentido, pois nossa constituição cognitiva teria a possibilidade de não distorcer os dados vindos do mundo.

O cético quanto ao conhecimento pode assumir uma posição ainda mais moderada e afirmar que não conhecemos nada com *certeza*, entendendo-se por este termo quer a indubitabilidade (imunidade à dúvida), quer a infalibilidade (imunidade ao erro), quer a irrevisabilidade (imunidade à possibilidade de revisão e reestruturação do conhecimento). Certos filósofos alegaram que nosso conhecimento das regras matemáticas goza de certeza, pois teria essas três imunidades. O cético que afirma a impossibilidade da certeza em todas as áreas do conhecimento discordaria desses filósofos. O conhecimento certo é mais exigente do que o conhecimento entendido como crença verdadeira, justificada e imune ao problema de Gettier (mencionado no Capítulo 5). Por isso, é certo e garantido que o ceticismo não exclui a possibilidade do conhecimento tal e qual o entendemos normalmente. Nós, de nossa parte, poderíamos, sem cair em contradição, rejeitar o ceticismo quanto ao conhecimento e quanto à justificação e adotar o ceticismo quanto à certeza. Muitos filósofos optaram por essa linha de pensamento.

Muito embora o ceticismo assuma várias formas, há uma questão que se impõe a todas elas: qual seria a validade da própria alegação cética? Ou seja, acaso *sabemos* que não podemos saber nada? Ou temos alguma justificativa para crer em que não temos nenhuma crença verdadeira e justificada? Os defensores do ceticismo universal quanto ao conhecimento serão ameaçados por uma espécie de contradição se alegarem *saber* que sua afirmação cética é verdadeira. Estarão afirmando ao mesmo tempo que conhecem alguma coisa e não conhecem nada – uma incoerência evidente. Isso significa que a condição epistemológica do ceticismo universal quanto ao conhecimento é mais fraca que a condição epistemológica do conhecimento. Do mesmo modo, os defensores do ceticismo universal quanto à justificação serão ameaçados por uma contradição se alegarem ter justificativas bastantes para crer que sua afirmação cética é verdadeira. Estarão afirmando ao mesmo tempo que têm justificativa para crer em algo e que não têm justificativas para crer em nada. Logo, a condição de sua tese cética é mais fraca do que a da crença justificada. Porém, a maioria dos céticos se contenta em afirmar que sua alegação é *verdadeira*, qualquer que seja a sua condição ou *status* epistêmico.

Muitos céticos quanto ao conhecimento adotaram um ceticismo limitado e contentaram-se em negar não o conhecimento como um todo, mas só uma certa espécie de conhecimento. Restringiram, pois, seu ceticismo a um domínio particular de conhecimento: o conhecimento do mundo externo, por exemplo, o conhecimento de outras mentes, o conhecimento por indução, o conhecimento do passado ou do futuro, o conhecimento dos objetos que se encontram fora do nosso campo de percepção. Na história da filosofia, o ceticismo restrito tem sido mais comum (posto que menos empolgante) que o ceticismo universal, talvez por conter em si, aparentemente, a promessa de não cair na incoerência acima mencionada. É claro que todos nós tendemos a ser céticos quanto a *alguma coisa*; pelo menos deveríamos sê-lo, uma vez que a todo momento deparamos com afirmações extravagantes (especialmente numa época em que o jornalismo sensacionalista é tão importante).

ALGUNS ARGUMENTOS DO CETICISMO

Os argumentos em favor dos diversos tipos de ceticismo são muitos, e todos diferentes entre si. Um dos argumentos que merecem a nossa consideração é o "argumento a partir do erro". Esse argumento tradicional parte do pressuposto de que, se não existe distinção nenhuma entre o seu estado cognitivo atual (um estado, digamos, de crer em algo acerca do mundo que você percebe) e um outro estado que não pode ser considerado um estado de conhecimento (um estado de crença errônea, por exemplo, como ocorre quando você sofre uma ilusão de ótica), é porque o seu estado atual também não é um estado de conhecimento.

Descartes apresenta uma versão do argumento a partir do erro na qual pergunta se existe alguma diferença significativa entre o estado de vigília e o estado de sonho. Alguns céticos negam a possibilidade de se perceber uma diferença entre os dois estados (e chegam até a negar a existência de uma tal diferença), e disso concluem que não temos conhecimento. Se você não dispõe, por exemplo, de nenhum meio qualitativo para distinguir entre o estado de crer que há um computador no escritório e o estado de crer que aqui só há a imagem holográfica de um computador, está vulnerável ao argumento cético a partir do erro. Os céticos merecem, no mínimo, que se apresente algum tipo de resposta ao seu desafio. Na ausência de uma diferença significativa entre os estados de conhecimento e os que não chegam a esse grau, perdemos de vista a própria categoria do conhecimento verdadeiro.

Temos de dar especial atenção a uma das mais graves contestações céticas: o Problema do Critério. A seguinte versão do problema foi formulada pelo cético quinhentista Michel de Montaigne (1533-1592):

> Para julgar [entre o verdadeiro e o falso] nas aparências das coisas, precisamos de um método de distinção; para validar esse método, preci-

samos de um argumento que o justifique; mas, para validar esse argumento, precisamos do próprio método em questão. E aí estamos, andando em círculos. ([1576], p. 544)

Essa linha de argumentação dos céticos originou-se na Grécia antiga, na época do próprio surgimento da epistemologia. (Ver Sexto Empírico, *Outlines of Pyrrhonism*, Livro II.)

A argumentação apresenta as seguintes questões: como podemos especificar *o que* sabemos (ou seja, os casos particulares de conhecimento) sem antes especificar *como* sabemos (de que modo o conhecimento surge, por exemplo, a partir de uma fonte confiável, como a percepção)? Mas como podemos especificar *como* sabemos sem antes especificar *o que* sabemos? Parece que, para dar uma resposta adequada à questão de o que sabemos, é preciso compreender como adquirimos esse conhecimento (quais são, por exemplo, as fontes que podem ser consideradas confiáveis para cada caso de conhecimento). Mas parece também que, para obter uma resposta satisfatória à questão do *como*, temos de compreender alguns casos particulares de conhecimento.

Podemos abordar o problema a partir de uma analogia não muito sutil. Para identificar um determinado animal como um mamífero, parece que você precisa dispor de alguns critérios gerais para saber quais animais são mamíferos. Esses critérios gerais são usados para distinguir os mamíferos dos não mamíferos. Mas, para ter à disposição esses critérios gerais, parece que você teria de já ter identificado e examinado alguns casos particulares de mamíferos (a partir dos quais teria induzido os critérios gerais). Do mesmo modo, parece que, para identificar um caso particular de conhecimento, você precisa dispor de critérios gerais para saber quando uma crença entra nessa categoria. Por outro lado, a posse desses critérios gerais parece depender de você já ter identificado e examinado alguns casos particulares de conhecimento (a partir dos quais teria induzido os critérios gerais). Será que temos como sair desse círculo ameaçador?

A epistemologia contemporânea ainda não apresentou uma resposta inequívoca ao Problema do Critério. Uma das respostas mais influentes, proposta por Roderick Chisholm (1982), nega o ceticismo desde o início, com o *pressuposto* axiomático de que temos conhecimento de certas proposições acerca do mundo externo e somos capazes de identificar esses casos particulares de conhecimento. Dada a analogia dos mamíferos, podemos reagir ao círculo ameaçador pressupondo simplesmente que já identificamos alguns mamíferos em particular, sem apresentar resposta alguma à questão de como sabemos que esses casos particulares são mamíferos ou não. A postura de Chisholm se chama *particularismo*, pois não parte de uma resposta às contestações céticas, mas de uma resposta positiva e anticética à questão de o que conhecemos em particular. Ou seja, o particularismo parte de (supostos) casos *particulares* de conhecimento que podemos identificar e usa esses casos para obter, por indução, as respostas às questões gerais de como obtemos conhecimento.

Há uma corrente oposta ao particularismo que se chama *metodismo* (que não deve, porém, ser confundida com a doutrina dos seguidores de John Wesley). Ela parte de uma resposta à questão geral de como obtemos conhecimento, na medida em que especifica os *métodos* gerais pelos quais o adquirimos (os métodos da observação comum e das ciências, por exemplo). Dada a analogia dos mamíferos, os metodistas, para sair do círculo ameaçador, partiriam do pressuposto de que dispomos de diretrizes gerais para distinguir os mamíferos dos não mamíferos, mesmo sem ter identificado alguns mamíferos em particular. O metodismo parte, portanto, de uma resposta à questão geral de como adquirimos o conhecimento e procede daí a lidar com as questões sobre os casos particulares de conhecimento.

Alguns filósofos questionaram o particularismo por simplesmente pressupor, de modo axiomático, aquilo mesmo que os céticos negam: o que pode ser considerado um caso particular de conhecimento. O particularismo parece partir da idéia de que certos casos de suposto conhecimento são casos de conhecimento de fato, muito embora os céticos nos exijam critérios gerais para afirmar com sensatez que um caso particular qualquer é de fato um caso de conhecimento verdadeiro. A analogia: você não pode afirmar, com sensatez, que um bicho é um mamífero quando não dispõe de critérios gerais para distinguir os mamíferos dos não mamíferos. Outros filósofos questionaram o metodismo por separar o conhecimento dos juízos cuidadosos que formamos a partir dos casos particulares de conhecimento. O metodismo apresenta métodos ou procedimentos de conhecimento que podem não se coadunar com determinados casos particulares. Tem, além disso, de enfrentar as questões propostas pelos céticos acerca da confiabilidade dos supostos métodos de conhecimento. Os debates sobre o Problema do Critério ainda não se resolveram na epistemologia contemporânea.

Depois de identificar algumas espécies de ceticismo e dois dos principais argumentos contra o ceticismo, voltamo-nos agora para uma preocupação simples, mas que dá motivação a muitos céticos. Esses céticos propõem questões gerais acerca da confiabilidade, ou seja, a qualidade de conduzir à verdade, das nossas fontes de conhecimento, como a percepção, a memória e a introspecção. Essa preocupação cética pode nascer da reflexão sobre um caso particular de erro que foi detectado mas poderia não ter sido. Suponhamos que você creia, por exemplo, que quando era criança caiu de uma árvore e quebrou o braço. Conversando com um parente mais velho, porém, ele lhe garante que você jamais caiu de uma árvore, mas quebrou o braço num acidente de bicicleta. Você vai começar a desconfiar da sua memória, mas provavelmente vai encontrar conforto no fato de ela poder ser corrigida pelos testemunhos das outras pessoas. O mesmo tipo de dúvida pode se aplicar à percepção. Suponhamos que você tenha certeza de que ouviu um bebê chorar no quarto ao lado, e um amigo lhe assegura que no quarto ao lado não há um bebê, mas apenas um gato. Mais uma vez, você provavelmente se conformaria com a idéia de que sua percepção pode ser corrigida pelo testemunho de outras pessoas, ou, no caso, poderia ter sido corrigida por uma inspeção visual do quarto.

Os céticos que propõem questões *gerais* acerca da confiabilidade, ou qualidade de conduzir à verdade, das nossas fontes de conhecimento põem em xeque essas fontes *como um todo*. Em específico, querem saber qual é o convincente motivo que temos para crer que essas fontes são confiáveis para conhecer a verdade e evitar o erro. Por isso, não se satisfazem com o fato de uma determinada fonte cognitiva (a audição, por exemplo) ser confirmada por outra fonte cognitiva (a visão, por exemplo), pois levantam as mesmas questões acerca da primeira e da segunda. Parece que qualquer resposta que possamos dar à questão *geral* da confiabilidade das nossas fontes de conhecimento teria de basear-se em dados fornecidos por essas mesmas fontes, que são questionadas pelos céticos.

Poderíamos apelar, por exemplo, à sensação de tocar numa tela de computador para provar a confiabilidade da experiência visual de uma tela de computador. Os céticos, porém, não aceitarão essa confirmação, pois o que nos pedem é um motivo convincente para pensar que o tato é uma fonte confiável de informação acerca do mundo real. De modo mais geral, os céticos nos exigem um motivo convincente para pensar que *qualquer uma* das nossas fontes de conhecimento é uma fonte confiável de informações. Isto é, por maior que seja a diversidade de fontes citadas (até uma diversidade que abarque *todas* as nossas fontes de conhecimento), os céticos se manterão irredutíveis, pois a própria questão que propõem é de natureza maximamente geral. Não se satisfarão com a alegação de que uma fonte de conhecimento concorda com um número indefinido de outras fontes. O problema, em resumo, é que a confiabilidade de nossas fontes de conhecimento não pode ser provada sem o uso dessas mesmas fontes, de tal modo que a prova sempre depende de algo que os céticos põem em xeque. (Em Stroud, 1984, e Moser, 1993, você encontrará uma apresentação elaborada dessa preocupação cética.)

Segundo os céticos, uma só consideração basta para mostrar que jamais conseguiremos vencer o desafio que eles nos lançam. Qualquer argumento favorável à confiabilidade de nossas fontes de conhecimento, como a percepção, a introspecção, a razão, a memória, o testemunho, a intuição e o senso comum, dependerá do uso dessas mesmas fontes. Como todas essas fontes são postas em questão pelos céticos, quanto à sua confiabilidade, o fato de as usarmos não poderá fornecer aos céticos a prova de confiabilidade que exigem. Infelizmente, para lhes dar essa prova, não nos é possível nos pôr à parte de nossas fontes cognitivas. Para o bem ou para o mal, é essa a desagradável situação cognitiva do ser humano, e não houve ninguém até agora que nos mostrasse como escapar dela. Essa consideração demonstra que o ceticismo deve ser levado a sério, especialmente por quem quer elucidar a confiabilidade das fontes de conhecimento do ser humano.

Uma defesa *pragmática* dessas fontes de conhecimento, que afirme a sua utilidade geral, não nos garantirá o triunfo. Os céticos nos pedirão motivos convincentes para afirmar que a utilidade geral de uma crença constitui um meio de acesso confiável à realidade do mundo. De nada adianta observar aqui que existe uma utilidade pragmática em se afirmar que a utilidade pragmática é um confiável meio de acesso à realidade. O cético está sempre em busca de razões que não pequem pela circularidade. Dada a desagradável situação cognitiva do ser humano, já mencionada, o pragmatismo nos oferece parcas esperanças de apresentar uma defesa não circular. O cético procura – mas desespera de encontrar – uma confirmação não circular das crenças relativas à confiabilidade das nossas fontes de conhecimento.

Os desafios céticos acima mencionados não são necessariamente invencíveis, mas têm o seu valor na medida em que nos movem a refletir sobre (a) o tipo de credibilidade que merecem as nossas fontes de conhecimento e (b) como podemos proceder, de modo razoável, para formular e defender uma teoria epistemológica. Em específico, nos levam a nos perguntar se a epistemologia pode seguir adiante com base em intuições acerca de casos particulares de conhecimento ou com base em considerações teóricas sobre a natureza do conhecimento em geral. Mais adiante neste capítulo, vamos ver que os desafios céticos não nos impedem de afirmar a possibilidade do conhecimento nem de defender uma epistemologia, uma vez que se atribua à explicação um papel fundamental para o conhecimento.

UMA RESPOSTA DO SENSO COMUM

Encontramos uma contestação clássica do ceticismo no "A Defense of Common Sense", de G. E. Moore (1925). Moore afirma que "a 'visão de mundo oferecida pelo Senso Comum' é, em algumas de suas características fundamentais, *totalmente* verdadeira" (p. 44). Afirma ainda que conhece "com certeza" as proposições básicas do senso comum. Essas proposições são, entre outras, as seguintes (1925, p. 33):

1. Existe agora um ser humano vivo que é o meu corpo.
2. Antes disso, muitos outros corpos humanos além do meu viveram sobre a Terra.

3. A Terra já existia muitos anos antes de o meu corpo ter nascido.
4. Já percebi várias vezes o meu corpo e outras coisas que fazem parte do seu ambiente, entre as quais outros corpos.

Moore também afirma que cada um de nós constatou com freqüência as proposições em questão com referência cada qual à sua própria pessoa. Ele não especifica qual é a característica comum a todas essas proposições que faz delas proposições do "senso comum". Afirma, porém, que conhecemos essas proposições *com certeza*. Essa abordagem cognitiva do "senso comum" exerceu forte influência sobre a epistemologia. Encontramos outras versões dela na obra do filósofo setecentista Thomas Reid (1710-1796) e, depois de Moore, em Roderick Chisholm. A alegação mooreana de que existem certas proposições do "senso comum" que conhecemos com certeza assemelha-se à posição *particularista* de Chisholm, que mencionamos na seção anterior.

Moore afirma que as proposições em questão são corroboradas por uma consideração muito simples. Se, de acordo com certos filósofos, nenhuma proposição do senso comum é verdadeira, segue-se daí que "nenhum filósofo jamais existiu e, portanto, nenhum deles pode ter dito, a respeito dessa classe [de proposições do senso comum], que nenhuma das proposições que a ela pertencem é verdadeira" (p. 40). Segundo Moore, a negação da verdade de todas as proposições do senso comum acarreta necessariamente que essa negação esteja errada. Em suma, tal negação põe em autocontradição aquele que a faz.

Em resposta a isso, os céticos podem apresentar dois argumentos. Em primeiro lugar, Moore parte do pressuposto de que, se alguém nega as proposições em questão, essa pessoa que nega existe necessariamente na qualidade de um corpo humano vivo. Essa negação, segundo Moore, só pode ser efetuada por um corpo humano vivente. Mas qual é a prova dessa afirmação? É *concebível* (embora não seja provável) que sejamos na verdade entidades pensantes desencarnadas que não dependem da substância física para viver a vida intelectual. No século XVII, Descartes sugeriu essa possibilidade quando questiona a presumida certeza das crenças derivadas do senso comum. Moore teria de nos apresentar as provas de sua suposição de que somente os corpos humanos viventes poderiam negar suas proposições do senso comum.

Em segundo lugar, Moore parte do pressuposto de que as proposições do senso comum são conhecidas *com certeza*. Podemos contestar essa afirmação mesmo sem negar a verdade de tais proposições. Podemos negar simplesmente que as conhecemos com certeza, quer sejam verdadeiras, quer sejam falsas. Saber se uma proposição é verdadeira ou falsa é uma coisa; saber se a conhecemos com certeza é outra coisa. Você pode negar, por exemplo, que sabe com certeza que os cães chineses comem alface. Essa negação não exige que você negue a verdade dessa afirmação. A negação pode ser somente, no caso, uma contestação das provas apresentadas em favor da proposição em questão. Moore teria de nos apresentar provas de que as proposições do senso comum são conhecidas com certeza.

Com efeito, Moore afirmou-se capaz de apresentar provas de várias dessas proposições. Em 1939, publicou o artigo "Proof of an External World", baseando-se nas seguintes afirmações:

> Posso apresentar agora um grande número de provas diferentes ["da existência das coisas fora de nós"], cada uma das quais é uma prova perfeitamente rigorosa... Posso provar agora, por exemplo, que duas mãos humanas existem. Como? Levantando minhas duas mãos e dizendo, enquanto faço um gesto com a mão direita, "Eis uma mão"; e acrescentando, enquanto faço um gesto com a esquerda: "Eis a outra." (Pp. 145-6)

Moore afirma que sua "prova" é "perfeitamente rigorosa" e que seria "absurdo" afirmar que ele não sabe com certeza – mas apenas crê – que existem duas mãos nos lugares indicados por seus gestos. Tal, pois, é a "prova" mooreana da existência dos objetos físicos exteriores. Sua simplicidade nos deixa perplexos.

Moore alegou ser capaz de provar, além disso, que os objetos externos existiram no passado. Assim: "Levantei minhas duas mãos sobre esta escrivaninha há pouco tempo; logo, duas mãos existiam há pouco tempo; e logo, pelo menos dois objetos externos existiram em algum momento do passado" (1939, p. 148). Moore afirma com insistência que sabe que levantou suas duas mãos no passado, e que logo "apresentou uma prova conclusiva da existência de objetos externos no passado".

A posição de Moore suscita uma objeção. Suas "provas" não refutam nem a alegação de que ele está *sonhando* que levanta as duas mãos nem a alegação de que está tendo uma *lembrança errônea* de que levantou as duas mãos. Ele nos responde que não é capaz de provar sua afirmação de que aqui está uma mão e ali a outra, mas que isso não é problema (1939, p. 149). Satisfaz-se com ter "indícios conclusivos" dessa última afirmação, bem como da afirmação de que não está nem sonhando nem tendo uma lembrança errônea. Segundo Moore, portanto, dispomos de indícios conclusivos em favor de proposições que não podemos provar, e dispomos inclusive de um conhecimento certo dessas proposições. Em suma, Moore afirma que dispõe de indícios conclusivos em favor da tese de que não está sonhando, muito embora não seja capaz de nos dizer quais são todos esses indícios.

Em "Certainty", seu artigo de 1941, Moore rebate as objeções à sua afirmação de saber com certeza que agora não está sonhando. Diz que "a combinação de minhas memórias do passado imediato com as experiências sensoriais [presentes] *pode* ser suficiente para me habilitar a saber que não estou sonhando" (1941, p. 250). A resposta do cético, como seria de esperar, é que *é* logicamente possível que Moore tenha todas as suas memórias e experiências sensíveis presentes – mesmo qualitativamente caracterizadas – e ainda assim esteja sonhando. Moore retruca que "a combinação da proposição de que tenho estas memórias e experiências sensíveis com a proposição de que estou sonhando de fato me parece ser, com toda probabilidade, autocontraditória" (1941, p. 251). Mas essa resposta não convence. Moore não nos apresenta motivos para crer na autocontradição ou inconceptibilidade intrínseca da afirmação de que está sonhando enquanto tem suas memórias e experiências sensoriais atuais. Não temos razão alguma para pensar que isso não possa acontecer. Muito pelo contrário, o estado de sonho parece perfeitamente compatível com essas experiências e memórias. Assim, são fracos os argumentos de Moore em favor da certeza das proposições do senso comum.

Poder-se-ia responder que os critérios de certeza e conclusibilidade de Moore correspondem às nossas exigências comuns, não filosóficas, de certeza e conclusibilidade. Mesmo que haja a possibilidade lógica de nossos corpos não existirem, geralmente partimos do pressuposto de que sabemos com certeza – a partir de indícios conclusivos – que os nossos corpos existem. Segundo essa linha de pensamento, os únicos critérios que *de fato se aplicam* a este caso são os critérios empregados na vida cotidiana e nos discursos diretamente derivados do senso comum. Uma vez que comumente consideramos que a experiência sensorial que temos do corpo nos fornece indícios conclusivos de que temos um corpo, podemos afirmar com certeza que temos um corpo. Mas levanta-se a perturbadora objeção cética: como um tal apelo a critérios cotidianos pode se aplicar às conhecidas questões filosóficas acerca da confiabilidade da experiência sensorial? As dúvidas expressas pelos céticos, como as que apresentamos na seção anterior, não são resolvidas de modo conclusivo por um apelo aos discursos comuns e cotidianos. As tentativas de Moore de defender sua alegação de conhecimento parecem igualmente sujeitas à acusação cética de circularidade de que falamos na seção anterior, quando tratávamos da confiabilidade geral das fontes de conhecimento.

O CETICISMO, O NATURALISMO E O EXPLICACIONISMO AMPLO

Alguns filósofos "naturalizaram" a epistemologia na tentativa de fugir dos problemas do ceticismo e da epistemologia tradicional. Como notamos no Capítulo 2, uma recente tradição epistemológica propõe que a epistemologia seja "naturalizada", ou seja, substituída pelas ciências naturais. Segundo a tradição do *naturalismo substitutivo*, a filosofia é passível de substituição pelas ciências naturais em seus métodos e suas doutrinas. A epistemologia, por exemplo, seria um ramo da psicologia, e não uma disciplina que oferece às ciências naturais critérios rigorosamente filosóficos de avaliação.

Os naturalistas substitutivos negam a autonomia da filosofia em relação às ciências naturais. Negam, portanto, que as verdades filosóficas – entre as quais se incluem as verdades que dizem respeito à epistemologia e ao conhecimento – sejam logicamente necessárias ou cognoscíveis *a priori*. Em decorrência disso, segundo o naturalismo substitutivo, as ciências suprem as funções da epistemologia, substituindo-a. Outros filósofos propuseram maneiras menos austeras de naturalizar a filosofia do que a maneira proposta pelo naturalismo substitutivo. Não fazemos aqui nenhuma objeção às outras versões do naturalismo epistemológico, que não o naturalismo substitutivo. É assim que, por exemplo, não fazemos objeção alguma à idéia moderada de que o conhecimento e a justificação são espécies naturais, ou seja, espécies de coisas existentes no mundo que apresentam propriedades estáveis, suscetíveis de explicação e indução.

Uma das questões mais urgentes com que se defronta o naturalismo substitutivo é a seguinte: na ausência de qualquer critério independente das ciências, como podemos discernir quais dentre as várias ciências são realmente confiáveis e, portanto, exercem função reguladora para a formulação de teorias? (Lembre-se dos problemas de circularidade dos quais já falamos neste capítulo.) Nossa lista de ciências verdadeiras provavelmente vai incluir as dominantes física e química, mas vai excluir (é o que esperamos) a astrologia e a parapsicologia. Tal lista, sejam quais forem os elementos que a compõem, parece depender de algumas posições ou critérios logicamente anteriores às ciências em questão. De qualquer modo, é razoável dizer que ela depende de alguns juízos taxonômicos fundamentais sobre o que está incluído na categoria "ciência". Não se sabe, porém, se os juízos em questão são analíticos ou sintéticos. (Veja no Capítulo 1 a distinção entre análise e síntese.)

Queremos agora apresentar e recomendar uma posição chamada *explicacionismo amplo*, que evita os problemas suscitados pelo naturalismo substitutivo. (No Capítulo 2 falamos de alguns desses problemas.) Esse tipo de explicacionismo, ao contrário do naturalismo substitutivo, parte da idéia de que uma epistemologia verdadeira fundamenta-se sobre posições teóricas que não se reduzem a nenhuma das ciências. O explicacionismo amplo afirma que a boa explicação é um valor intelectual de alcance geral, até mesmo independentemente das ciências. Afirma ainda que nem todas as boas explicações precisam ser distintamente científicas. De modo mais específico, o explicacionismo amplo assevera que nossos objetivos explicativos fundamentais, representados em parte (mas não exclusivamente) pelas ciências, devem nortear a regulação de nossas crenças, entre as quais as crenças epistemológicas a respeito do justificado e do injustificado. Também alguns naturalistas substitutivos são favoráveis a uma espécie de explicacionismo, mas seu explicacionismo é indevidamente estreito e restringe o domínio do conhecimento e da explicação ao domínio das ciências (ver, por exemplo, Quine, 1954, p. 222; 1981, p. 21).

Há uma meta fundamental, de natureza dupla: adquirir verdades informativas e evitar as falsidades. Outra meta fundamental, para os que valorizam as ciências, é a de aumentar ao máximo o valor explicativo do nosso sistema de crenças em relação ao mundo e ao lugar que nele ocupamos. Ou seja, preconizamos a inferência da melhor explicação, ou abdução, como um meio adequado para a aquisição de verdades informativas e a fuga da falsidade. (Sobre a abdução, ver o Capítulo 9.) Isso concorda com o esforço científico de busca da verdade. Tal apelo aos nossos objetivos e valores fundamentais repousa sobre uma "racionalidade instrumental", caracterizada no Capítulo 7.

A dependência em relação a uma racionalidade instrumental não é uma característica exclusiva do explicacionismo amplo. Mesmo os céticos se norteiam pelos seus objetivos fundamentais e juízos de valor, baseando-se assim, mesmo que apenas de modo tácito, na racionalidade instrumental. Além disso, muitos argumentos céticos devem sua força ao valor da explicação de importantes fenômenos epistemológicos. Em geral, mesmo que não o digam, os céticos parecem recomendar o ceticismo em virtude do seu poder explicativo, pela sua superioridade explicativa sobre as correntes epistemológicas adversárias. Não fazemos essas considerações para refutar o ceticismo, mas sim para sublinhar o valor universal da melhor explicação.

Dado o explicacionismo amplo, não temos por que deixar que as preocupações céticas quanto à circularidade (como no ceticismo pirroniano) ou à mera possibilidade de erro (como no ceticismo cartesiano) regulem nossas crenças e controlem nossas posições epistemológicas. Podemos, em vez disso, admitir que, dados os nossos objetivos explicativos fundamentais, os céticos são excessivamente refratários ao perigo. Propõem-se eles a pecar por excessivo cuidado e por temor ao erro, de um tal modo que, do ponto de vista dos nossos valores fundamentais, a aquisição de verdades explicativas fica comprometida. Em específico, os céticos nunca chegaram a demonstrar que sua estratégia de aversão ao perigo é com efeito o meio mais eficaz de adquirir verdades informativas e evitar o erro. Sua aversão ao perigo manifesta um compromisso com valores cognitivos que não põem em xeque nem refutam de modo decisivo o explicacionismo amplo. A questão de saber o quanto *devemos* ter cuidado não exige necessariamente uma resposta favorável aos céticos. A racionalidade instrumental, que toma como critério os nossos objetivos, permite manter-nos afastados do ceticismo e, ao mesmo tempo, reconhecer que a "terra firme" em que preferimos nos colocar é a dos nossos objetivos cognitivos últimos.

Embora não propiciem o ceticismo ilimitado, as próprias ciências podem – e isso acontece muitas vezes – suscitar questões céticas de natureza restrita e corroborar certos padrões normativos de regulação de crenças. Os céticos tradicionais costumam propor questões *globais* acerca das limitações do conhecimento humano. As ciências, por sua vez, propõem hipóteses específicas às suas disciplinas, respostas essas que contrariam, mesmo que apenas de modo implícito, as preocupações céticas de natureza universal. A psicologia cognitiva, por exemplo, pode mostrar-se cética em relação à parapsicologia, sugerindo normas de regulação das crenças a partir dos dados e indícios disponíveis. Em específico, a psicologia das inferências estatísticas recomenda que todas as generalizações sejam feitas a partir de uma amostragem adequada. Uma vez que as ciências podem sugerir normas como essas, e as sugerem de fato, também o explicacionismo amplo pode reivindicar para si um papel de normatização da epistemologia. Não precisa se contentar com a mera descrição dos processos de formação de crenças.

O reconhecimento do papel central (mas não exclusivo) das ciências para a explicação e a epistemologia se coaduna com a idéia tradicional de que a epistemologia é intrinsecamente normativa. *Mesmo que* as ciências sejam majoritariamente descritivas, pelo menos na superfície, elas se fundam em compromissos normativos que nos dizem como as crenças devem ser formadas e reguladas. Além disso, as ciências são normativas na medida em que fazem recomendações de delimitação dos programas de pesquisa, especificando quais são as questões que se deve procurar responder. A epistemologia, como as ciências, é irremediavelmente normativa e, quando seus objetivos concordam com os do explicacionismo amplo, pode deixar de lado, de consciência limpa, muitos desafios lançados pelos céticos.

Em suma, pois, vimos que algumas objeções dos céticos – particularmente as que identificam a circularidade do nosso raciocínio e dos nossos métodos de prova – merecem que os epistemólogos lhes dediquem grande atenção. Por outro lado, as objeções que nascem da mera possibilidade de cometermos erros não chegam a ameaçar nossa reivindicação de conhecimento, uma vez que a certeza infalível não é uma das condições do conhecimento. As questões céticas relativas à circularidade são mais significativas. Um dos problemas da circularidade é que ela pode dar um caráter totalmente arbitrário ao nosso raciocínio e aos nossos métodos de prova, pois podemos usar procedimentos circulares para justificar *qualquer coisa*, até mesmo idéias evidentemente irracionais. As objeções céticas nos movem a lançar luz sobre os motivos que de fato temos, e os que não temos, para nos afirmar dotados de conhecimento. Por causa disso, adquirimos uma compreensão maior do conhecimento e da justificação para o ser humano. As objeções céticas também ilustram a insuficiência da atribuição de causalidade às idéias advindas do senso comum. Lembre-se, por exemplo, das deficiências da resposta de Moore ao ceticismo, resposta essa que tomava o senso comum como ponto de partida. No capítulo seguinte, falaremos um pouco mais sobre os limites do papel do senso comum, inclusive das intuições dele advindas, para a formulação das teorias epistemológicas.

CAPÍTULO 9

A EPISTEMOLOGIA E A EXPLICAÇÃO

AS ORIGENS DA EPISTEMOLOGIA CONTEMPORÂNEA

Depois de identificar alguns dos temas e problemas predominantes na epistemologia contemporânea, convém agora esboçar um pouco as suas origens históricas, voltando o olhar para os padrões capazes de resolver esses problemas. O exame das origens históricas da epistemologia atual nos ajudará a compreender de modo mais completo a natureza dos problemas epistemológicos que estivemos discutindo no decorrer do livro. Quando identificarmos um problema fundamental proveniente do próprio surgimento da epistemologia contemporânea – o problema de saber o que detém a autoridade suprema em matéria de epistemologia (o senso comum, as intuições ou a ciência, por exemplo) –, voltaremos ao explicacionismo amplo delineado no Capítulo 8 para tentar resolvê-lo. Neste capítulo, vamos sublinhar o fato de que, na qualidade de conhecedores dotados de reflexão, somos explicadores por nossa própria natureza.

A epistemologia anglo-americana contemporânea começa com a rebelião de Bertrand Russell (1872-1970) e G. E. Moore (1873-1958), em Oxford e Cambridge, contra o idealismo kantiano e hegeliano. F. H. Bradley (1846-1924) e John McTaggart (1866-1925) eram os dois principais defensores do idealismo britânico posto em xeque por Russell e Moore. Russell nos conta:

Foi no final de 1898 que Moore e eu nos rebelamos contra Kant e Hegel. Moore foi o primeiro, mas eu o segui de perto. Acho que a primeira apresentação escrita da nova filosofia foi o artigo publicado por Moore em *Mind* [1899] sobre "A Natureza dos Juízos". Muito embora nem ele nem eu concordemos agora com todas as doutrinas expressas naquele artigo, eu concordo – e penso que ele também – com toda a parte negativa: ou seja, com a doutrina de que os fatos em geral são independentes da experiência. (1959, p. 42)

Seguindo Moore, Russell opôs-se a todo idealismo segundo o qual "nada há que não seja a experiência ou o objeto de uma experiência" (1959, p. 107). A idéia de Russell e Moore de que "os fatos em geral são independentes da experiência" [e de todas as demais atividades mentais] acarreta um *realismo* no que diz respeito aos fatos. O realismo sobre o fato *F* é simplesmente a idéia de que o fato *F* existe mas não depende, para existir, que um sujeito qualquer o experimente, o conceba ou forme uma crença sobre ele.

Eis como Moore contrapôs o seu realismo ao idealismo kantiano e hegeliano:

[Minha] teoria ... é diferente ["da teoria da percepção de Kant"] principalmente porque substitui as sensações pelos conceitos como dados do conhecimento; e porque se recusa a ver as relações entre essas duas coisas como uma obscura operação da mente. Rejeita a tentativa de explicar "a possibilidade de conhecimento" e aceita a relação cognitiva como um *datum* que a nada mais se refere... Renuncia, assim, à suposta unidade de concepção garantida pelo idealismo até mesmo em sua forma kantiana, e mais ainda à alardeada redução de todas as diferenças à harmonia do "Espírito Absoluto", que dá o tom do desenvolvimento hegeliano. (1899, p. 183)

Moore afirmava que "um conceito não é nem um fato mental nem uma parte de um fato mental" (1899, p. 179). Segundo ele, os conceitos são os únicos objetos de conhecimento, e as coisas existentes não passam de conceitos ou complexos de conceitos. (As observações seguintes sobre os objetos externos não dependem, porém, da idéia específica de que os objetos são conceitos.)

Russell e Moore opuseram ao idealismo não só a afirmação ontológica de que os fatos existem independentemente da mente, mas também a afirmação epistemológica de que *sabiam* que tais fatos existem. Mas o que os fundamentava para fazer esta afirmação epistemológica? Russell explica:

> Bradley dizia que todas as crenças do senso comum não passam de aparências; nós [Moore e Russell] caímos no extremo oposto e pensamos que *tudo* que o senso comum, não influenciado nem pela filosofia nem pela teologia, supõe ser real, é real de fato. Sentindo-nos como se estivéssemos fugindo de uma prisão, ficamos à vontade para pensar que a grama é realmente verde, que o sol e as estrelas continuariam existindo mesmo se não houvesse ninguém para vê-los e também que existe o mundo das idéias platônicas, pluralista e atemporal. (1944, p. 12)

Segundo Russell, a fundamentação está no "senso comum, não influenciado nem pela filosofia nem pela teologia". Mas o que é o senso comum? Estranhamente, Russell e Moore não se referem detalhadamente a esse assunto. Existe uma interpretação plausível, posto que um tanto vaga: o senso comum para um grupo de pessoas consiste nas crenças comuns a uma grande proporção de pessoas dentro desse grupo. Mas nem Russell nem Moore fazem apelo a esse tipo de senso comum. Nenhum deles diz, por exemplo, que, como a maioria das pessoas acredita na existência de Deus, nós sabemos que Deus existe.

Russell fala de um senso comum *não influenciado nem pela filosofia nem pela teologia*. Mas por que um tal senso comum deve ser encarado como um fundamento filosófico válido para a refutação do idealismo e a defesa do realismo? Em específico, por que devemos ver um tal senso comum como uma fonte confiável de crenças *corretas* a respeito do idealismo e do realismo? Russell ainda põe de lado o senso comum influenciado pela filosofia e pela teologia, e assim suscita duas perguntas perturbadoras.

Em primeiro lugar, será que existem crenças do senso comum que não sofram nenhuma influência da filosofia, dado o conhecido sentido amplo da palavra "filosofia"? Em outras palavras, não é verdade que as crenças do senso comum tipicamente envolvem pressupostos teóricos gerais que podem ser considerados "filosóficos"? As crenças empíricas do senso comum sobre os objetos exteriores que fazem parte do nosso cotidiano, por exemplo, repousam tipicamente sobre proposições condicionais subjuntivas. Ou seja, se eu deixasse este copo cair no chão, ele se quebraria. Essas proposições condicionais são teóricas na medida em que vão além de tudo o que se apresenta neste momento à experiência sensorial. Russell não diz se as crenças teóricas desse tipo são "filosóficas". De qualquer modo, é bem difícil avaliar a posição de Russell sem uma declaração explícita de o que ele entendia pelo termo "filosofia".

Em segundo lugar, por que deveríamos pensar que as crenças do senso comum não influenciadas nem pela filosofia nem pela teologia são confiáveis, ou pelo menos mais confiáveis do que outras crenças do senso comum? As crenças do senso comum influenciadas por certas espécies de sociologia, psicologia, política ou astronomia, por exemplo, podem ser tão inseguras quanto as que sofrem a influência da filosofia e da teologia. Uma crença largamente aceita, sem influência nenhuma da filosofia e da teologia, poderia ainda assim ser altamente insegura em virtude de outras influências: de uma tática política prejudicial, por exemplo. Pode ser que, confrontado com esse argumento, Russell fizesse apelo às crenças do senso comum que não sofrem a influência de *nenhuma* outra crença. Com isso, talvez evitasse o problema imediato, mas nos deixaria a pensar se essas crenças existem de fato. De qualquer modo, não sabemos com certeza se existem crenças do senso comum que não sofram a influência de *nenhuma* outra crença. Se existem, são raríssimas – raras demais para servir de base à pródiga obra teórica da epistemologia e da filosofia em geral.

Uma das características que controlam as teorias de Moore e Russel sobre o senso comum é o *empirismo*: a idéia de que a evidência empírica dos sentidos – as experiências visuais, auditivas, táteis ou gustativas, por exemplo – é uma evidência adequada para a formação de um conhecimento verdadeiro. O empirismo de Russell é mais explícito do que o de Moore. Afirma Russell:

> Só com a ajuda da experiência se pode saber que algo *existe*. Ou seja, se quisermos provar que existe algo do qual não temos nenhuma experiência direta, temos de contar entre as nossas premissas a existência de uma ou mais coisas das quais temos essa experiência direta. Nossa crença de que o imperador da China existe, por exemplo, baseia-se no teste-

munho, e o testemunho consiste, em última análise, em dados dos sentidos que foram vistos ou ouvidos na leitura ou numa conversa com outra pessoa. (1912, pp. 74-5; cf. 1959, pp. 97-8)

Russel toma o partido dos empiristas como Locke, Berkeley e Hume contra a idéia racionalista de que um conhecimento *a priori* – independentemente de uma experiência específica – pode nos dar conhecimento sobre a realidade.

Por outro lado, toma o partido dos racionalistas Descartes e Leibniz (1646-1716) ao afirmar que os princípios lógicos – quer dedutivos, quer indutivos – não são conhecidos a partir de uma base de experiência. Segundo Russell, toda a fundamentação dada pela experiência *pre*ssupõe os princípios lógicos. Ele admite, porém, que o nosso conhecimento desses princípios é despertado ou causado pela experiência. Traça assim uma distinção entre a *garantia* e a *causa* de uma crença. Afirma, em suma, que "todo conhecimento que afirma a existência é empírico, e o único conhecimento *a priori* que diz respeito à existência é o conhecimento hipotético, o qual estabelece relações entre coisas que existem ou podem existir, mas não atribui atualmente a existência" (1912, p. 75). Desse modo, o empirismo de Russell é moderado, pois admite algum tipo de conhecimento *a priori*.

Em sua epistemologia, Russell, ao contrário de Moore, atribui uma importância epistemológica definida às ciências naturais – uma importância que dá a essas ciências uma prioridade epistemológica sobre o senso comum. (Isso vale especialmente para as doutrinas epistemológicas propostas por Russell depois de 1918.) Russell admite que as ciências partem de noções e juízos tirados do senso comum: noções, por exemplo, de causa, espaço, tempo e objetos. Para atingir seus objetivos explicativos, porém, as ciências muitas vezes têm de revisar ou eliminar essas noções comuns. Russell observa que toda teorização parte, num caso típico, de um "realismo ingênuo", da idéia de que as coisas são o que parecem ser. De início, pensamos que os objetos da nossa percepção realmente são aquilo que sua aparência indica: que a neve é branca, que o fogo é quente, que as plumas dos pássaros são macias, e assim por diante. As ciências naturais, porém, nos oferecem uma visão radicalmente diferente dos objetos de nossa percepção

– uma visão da qual se depreende que as características atribuídas aos objetos externos pelo realismo ingênuo não são inerentes aos próprios objetos. Russell observa, assim, que "o realismo ingênuo leva à física, e a física, quando é verdadeira, mostra que o realismo ingênuo é falso" (1940, p. 15).

Segundo Russell, a filosofia tem nesse contexto uma importante função: ela descobre de que modo as noções fundamentais do senso comum podem ser reconcebidas de modo que favoreçam os objetivos explicativos das ciências. Mas ele não admite que a filosofia produza um tipo de conhecimento fundamentalmente diferente do conhecimento científico. Assevera que "a filosofia envolve uma crítica do conhecimento científico, crítica essa que não é feita a partir de um ponto de vista radicalmente diferente do das ciências, mas de um ponto de vista menos atento aos detalhes e mais atento à harmonia de todo o corpo das ciências especializadas" (1927, p. 2).

A AUTORIDADE SUPREMA EM MATÉRIA DE EPISTEMOLOGIA

Por que motivo devemos tomar a ciência como autoridade suprema em matéria de epistemologia? Essa questão impõe-se de modo especialmente urgente para aqueles que tendem a encarar com ceticismo a confiabilidade das ciências. Estranhamente, Russell não oferece uma grande resposta a essa pergunta:

> Eu, de minha parte, parto do princípio de que a ciência, de maneira geral, é verdadeira... Mas, contra o cético empedernido, não posso apresentar argumento algum, exceto a declaração de que não creio que ele seja sincero. (1950, p. 382)

Provavelmente, essa resposta não convencerá a ninguém. Para Russell, a *verdade* das afirmações está em que elas descrevam *fatos* que possam ser objetivos, na medida em que transcendem a experiência (1948, pp. 149, 151; 1940, Caps. 16-17). Contudo, ele não nos apresenta motivo algum para crer que todos os que duvidam do poder da ciência de descobrir essa verdade sejam insinceros.

Há muito tempo os epistemólogos querem saber se a percepção, a memória e os procedimentos das ciências naturais são capazes de revelar verdades objetivas. Não podemos decidir esse debate pela simples suposição de que as crenças baseadas na percepção, na memória e nas ciências são de maneira geral verdadeiras e que as pessoas que duvidam dessa afirmação são insinceras. O uso deste último "argumento" (e tomamos emprestada aqui uma famosa frase do próprio Russell) procura obter pelo roubo algo que, na melhor das hipóteses, só poderia ser obtido por um prolongado trabalho filosófico.

Os céticos levantarão objeções não só contra esse apelo injustificado à confiabilidade das ciências como também ao uso dos "dados epistêmicos pré-analíticos" como fundamento para a justificação de proposições epistemológicas. O uso desses dados exerceu forte atração sobre muitos filósofos, seguidores da tradição fenomenológica de Franz Brentano (1838-1917) e Edmund Husserl (1859-1938) ou da tradição do senso comum proposta por Reid, Moore e Chisholm. A idéia, em grandes linhas, é a de que, através da "intuição" ou do "senso comum", temos um acesso pré-teórico a certas considerações sobre a justificação, considerações essas que podem garantir a preponderância de uma determinada doutrina epistemológica sobre outras doutrinas.

Não sabemos com clareza qual se supõe ser o *status* epistêmico desses dados epistêmicos pré-analíticos. Ouvimos dizer com freqüência que esses dados são percebidos por meio de "intuições" ou pelo "senso comum". É assim que alguns epistemólogos dizem coisas do seguinte teor: "Intuitivamente (ou, pelo senso comum), a justificação se aplica a um caso como *este*, mas não se aplica a um caso como *aquele*." Uma afirmação desse tipo tem sempre o objetivo de orientar a formulação de uma noção de justificação, ou pelo menos de um princípio explicativo geral a respeito da justificação. Levanta-se uma questão muito simples: por acaso uma tal afirmação pretende justificar a si mesma, sem fazer apelo a nenhuma corroboração epistêmica independente? Nesse caso, que noção de autojustificação é essa que sanciona as idéias advindas da intuição ou do senso comum mas exclui juízos espontâneos que, do ponto de vista epistêmico, não valem mais do que um simples palpite ou uma idéia preconceituosa?

É evidente que a noção *literal* de autojustificação admite, de modo totalmente implausível, uma justificação irrestrita. Se uma determinada afirmação pode literalmente justificar a si mesma, *por si mesma*, então *todas* as afirmações podem fazer o mesmo. Quanto ao fato de corroborarem a si mesmas, não há diferença alguma entre as mais diversas afirmações: para qualquer afirmação *P*, *P* é a garantia de *P*. Essa "corroboração" é universal. Existe, porém, uma condição de suficiência dos critérios de justificação, condição aliás largamente aceita, segundo a qual eles não devem admitir a justificação de *toda e qualquer* proposição; devem excluir a possibilidade de um "vale tudo" no que diz respeito à justificação. A autojustificação literal viola essa condição. Ao que parece, certos filósofos usam o termo "autojustificação" num sentido *não* literal, mas não precisamos levar a cabo aqui esse trabalho de exegese.

Os juízos intuitivos e os derivados do senso comum podem resultar, e muitas vezes resultam, de uma formação lingüística especial ou até mesmo parcial e desviada. Por que, então, esses juízos devem ser encarados como *automaticamente* dotados de autoridade epistêmica? Ao que parece, não devemos encará-los desse modo. Não há dúvida alguma de que os juízos intuitivos e os derivados do senso comum podem ser falsos; para percebê-lo, basta refletir um pouco. Além disso, esses juízos nem sempre parecem ser corroborados pelos melhores indícios disponíveis. Pense, por exemplo, nos diversos casos em que os juízos do "senso comum" divergem dos melhores indícios que nos são postos à disposição pelas ciências naturais. Não se sabe, pois, por que motivo deveríamos encarar os juízos intuitivos ou do senso comum como fundamentos de quaisquer critérios de justificação.

Como opina o antropólogo Clifford Geertz, talvez não devamos considerar o senso comum como uma faculdade confiável ou um fundamento seguro para nossos juízos:

> O senso comum não é uma faculdade que está presente em alguns eleitos, como o ouvido absoluto; é uma determinada constituição mental, como o farisaísmo ou o legalismo. E, como o farisaísmo e o legalismo (ou a ética, ou a cosmologia), é diferente em cada lugar e assume, não obstante, em cada qual uma forma característica. (Geertz, 1983, p. 11; cf. Cap. 4)

De qualquer modo, não dispomos de nenhuma resposta direta à questão de por que os juízos do senso comum ou da intuição deveriam ser considerados autoridades em matéria de epistemologia. Problema diretamente análogo é o do apelo que se faz ao "uso comum" do termo "justificação" como fundamento para uma explicação da justificação e uma argumentação favorável a ela. Se você for um contextualista, por exemplo, poderá tentar justificar sua proposição citando esta afirmação: em geral, nós usamos o termo "justificação" de acordo com pressupostos contextualistas. (Ver Malcolm, 1942, que apela à linguagem comum para justificar suas idéias epistemológicas.)

O apelo ao uso comum da linguagem suscita pelo menos dois problemas. Em primeiro lugar, a expressão "uso comum" é de uma indeterminação perturbadora. O que determina que um uso seja *comum*? Em específico, *quais* são os usuários da linguagem de que se trata? É de duvidar que se venham a apresentar respostas claras e inequívocas a essas perguntas. De qualquer modo, o caráter comum do uso parece sempre relativo ao contexto e sujeito a variações. Em segundo lugar, não se sabe por que deveríamos pensar que um uso comum da linguagem favorável ao contextualismo seja suficiente para *justificar* o contextualismo de modo adequado ao conhecimento. Parece muito concebível que o uso comum da linguagem seja *in*justificado em certas circunstâncias; em alguns casos, certamente não é digno de confiança.

O problema de que agora se trata é o seguinte: existe algo que seja dotado de autoridade suprema em matéria de epistemologia? Se existe, o que é? As intuições (do senso comum, por exemplo) ou as teorias (as teorias científicas, por exemplo)? Vamos esboçar uma posição que reconcilia as intuições e a teoria, reconhecendo ao mesmo tempo o papel principal da melhor explicação no contexto epistêmico. Essa posição é harmônica com o explicacionismo amplo apresentado no Capítulo 8. Voltemo-nos, portanto, para o papel da explicação no conhecimento.

A EXPLICAÇÃO E O CONHECIMENTO

A explicação figura de modo proeminente no estudo filosófico do conhecimento, em parte por ser um elemento de uma espécie muito comum de conhecimento e de justificação epistêmica. Vamos examinar rapidamente o caráter distintivo do conhecimento explicativo e os modos pelos quais nossas tentativas de encontrar explicações determinam quais são as afirmações que devemos considerar verdadeiras, inclusive afirmações da própria epistemologia.

O conhecimento explicativo

Para começar, vamos deixar claro, em certa medida, o que é o conhecimento explicativo. Em geral, esse conhecimento é contraposto ao conhecimento descritivo. Aristóteles caracteriza o conhecimento descritivo como o *conhecimento de que* algo é assim, ao passo que o conhecimento explicativo seria o *conhecimento de por que* algo é assim. A explicação, portanto, é definida também como uma resposta a um determinado tipo de pergunta "por quê" (existe um outro tipo de "por quê" que exige como resposta não uma explicação, mas uma justificação epistêmica). Você pode, por exemplo, *saber que* o seu amigo Fred estremece toda vez que ouve a expressão "queimadura de frio", mas não ter a mínima idéia de *por que* ele faz isso. Você tem um conhecimento descritivo de como ele se comporta, mas não possui o conhecimento explicativo de por que se comporta dessa maneira.

É comum que se exija que o conhecimento explicativo seja verdadeiro, ou seja, que corresponda aos fatos. Os astrônomos pré-copernicanos achavam que dispunham de um conhecimento descritivo de que os planetas às vezes parecem se mover para trás, no sentido oposto ao do seu movimento normal, em relação ao pano de fundo das estrelas fixas. Pensavam também que tinham o conhecimento explicativo de por que ocorre esse movimento retrógrado. Descobriu-se depois que essa "explicação" ptolomaica estava errada. É por isso que podemos dizer que eles não detinham, na verdade, o conhecimento (explicativo) do porquê da retrogradação. Podemos usar o termo "explicação potencial" para designar um conhecimento que parece ser explicativo mas que depois se revela incorreto.

O conhecimento explicativo é diferente do conhecimento descritivo, mas não deve ser completamente separado dele. A explicação é um *tipo* de conhecimento descritivo; e, por isso, inclui-se na categoria geral do conhecimento propositivo. Você só poderá explicar por que Fred estremece quando ouve a expressão "queimadura de frio" se fornecer mais conhecimentos descritivos sobre a situação. Pode dizer algo como "Certa vez, ele sofreu uma terrível queimadura de frio". Qualquer que seja a explicação, ela será transmitida por meio de um certo conjunto de informações dispostas em afirmações descritivas acerca da situação. Portanto, o conhecimento explicativo é um tipo particular de conhecimento descritivo. Nem todo conhecimento descritivo é explicativo, como já vimos, mas todo o conhecimento explicativo é formado por afirmações descritivas.

Nossa caracterização do conhecimento explicativo apresenta um problema. Como identificar o conhecimento explicativo dentre as diversas espécies de conhecimento propositivo? Qual é a característica específica de algumas proposições que as torna explicativas? Para responder a essas perguntas, os filósofos apresentaram diversas teorias da explicação. Falaremos de algumas das mais influentes para lançar luz sobre o conhecimento explicativo.

Uma das idéias mais comuns é a de que o conhecimento explicativo é o conhecimento de certas proposições que constituem um *argumento*. A afirmação que precisa ser explicada, o *explanandum*, é a conclusão do argumento, e as proposições explicativas são suas premissas. Sob esse ponto de vista, a explicação fornece um conhecimento descritivo que levaria a pessoa a *prever* racionalmente o explanando caso dispusesse desse conhecimento antes do acontecimento. O argumento pode ser dedutivo ou indutivo, mas deve apresentar as informações necessárias para justificar a crença no explanando para quem não tem conhecimento prévio de sua ocorrência. Os comentários sobre a experiência passada de Fred com uma queimadura de frio podem fazer parte de um argumento que dá sustentação ao explanando. Se acrescentarmos as afirmações gerais de que as pessoas tendem a sentir dor quando se lembram de uma má experiência e tendem a estremecer quando sentem algum tipo de dor interna, teremos pelo menos o esboço de um argumento que nos levaria a prever que Fred estremeceria quando ouvisse as palavras "queimadura de frio".

Alguns dos comentários de Aristóteles sobre o conhecimento explicativo dão a entender que a explicação, na verdade, é um argumento. Opinião semelhante foi desenvolvida e defendida em tempos mais recentes por Carl Hempel (1965). Segundo essa opinião, o conhecimento explicativo assemelha-se, em sua estrutura, ao conhecimento previsivo. Por exemplo: se você sabe que a lembrança de uma experiência má tende a causar uma dor interna e que a experiência da dor interna tende a provocar um estremecimento ou uma contorção facial, e sabe ainda que Fred teve certa vez uma má experiência de queimadura de frio, pode *prever* que ele vai estremecer, ou coisa parecida, mesmo que nunca o tenha visto reagir desse modo. Segundo essa teoria, a explicação assemelha-se à previsão de um acontecimento *depois do fato*. Depois da ocorrência do explanando, as informações que *nos teriam permitido* prevê-lo servem para explicá-lo. Essas informações assumem a forma de um argumento que sustenta a afirmação de que o explanando ocorre.

Essa teoria da explicação tem um certo apelo intuitivo, mas suscita algumas dificuldades. Parece que algumas explicações não apresentam informações que poderiam ter dado apoio à previsão de um acontecimento antes de ele ter ocorrido. Não mostram que a ocorrência do explanando seria provável dadas as condições iniciais. Um dos exemplos mais comentados, tirados da medicina, é a explicação da paresia (uma leve paralisia) no doente de sífilis. A paresia só acontece com as pessoas que têm sífilis, mas só uma pequena porcentagem dos sifilíticos apresentam paresia. O fato de saber que alguém tem sífilis não lhe permite *provar* que ele terá paresia; mas, se você vê que ele tem paresia, pode explicá-la pelo fato de ele ter sífilis. A sífilis explica a paresia, muito embora não seja condição suficiente para prevê-la.

Outro problema que incide sobre a definição da explicação como um argumento é o fato de algumas informações serem previsivas sem serem explicativas. Suponhamos que você tenha visto muitas vezes o seu amigo Fred tremer quando ouve as palavras "queimadura de frio"; estaria autorizado a fazer uma previsão de que ele vai tremer na próxima vez em que ouvir a expressão. Porém, essa experiência de uma certa regularidade em seu comportamento não o explica. Aliás, é exatamente essa regularidade que precisa ser explicada.

Reagindo aos problemas que assediam a concepção da explicação como um argumento, os filósofos salientaram, em época recente, que muitas explicações baseiam-se em afirmações relativas à *causalidade*. Certas informações podem nos permitir prever um acontecimento; mas, se não identificarem sua causa, não serão explicativas. Além disso, certas causas não permitem por si mesmas uma previsão de seus efeitos. A sífilis é uma causa (pelo menos na medida em que é uma das principais condições necessárias) da paresia. Pode, portanto, explicar a ocorrência da paresia, mas não a garante e nem mesmo a torna provável, de modo que não basta para que se faça uma previsão de paresia. Segundo esta linha de pensamento, a característica distintiva da explicação é o fato de fornecer um conhecimento descritivo das causas dos acontecimentos que queremos explicar. A explicação é um tipo especial de descrição da situação; o que a torna especial é o fato de descrever as *causas pertinentes* do explanando.

É evidente que nem todas as explicações são causais. As da matemática e da lógica, por exemplo, não o são. Além disso, certas explicações só dizem respeito a *como* as coisas funcionam, sem especificar as causas desse modo de funcionamento. O manual de instruções do seu novo computador, por exemplo, pode explicar como funciona na prática o sistema de multimídia, muito embora não especifique por que ele funciona dessa maneira. As instruções ofereceriam, portanto, uma explicação não causal. Não obstante, muitas explicações identificam as causas dos acontecimentos explicados; e o conhecimento explicativo freqüentemente depende de um conhecimento dos vínculos causais. Ou seja, uma boa teoria da explicação necessariamente terá como uma de suas partes uma teoria da causalidade.

Talvez nossa crença na existência de vários objetos físicos externos (ou seja, independentes da mente) ofereça uma explicação causal da nossa experiência perceptiva dos objetos físicos aparentes, experiência essa que é ao mesmo tempo profusamente diversificada e espantosamente estável. Por exemplo: sua crença de que há um livro diante de você neste momento pode explicar por que você está tendo agora a experiência visual e tátil de algo que parece ser um livro. A crença pode explicar suas experiências na medida em que responde à pergunta: por que você está tendo suas atuais experiências perceptivas visuais e táteis? Essa resposta admite a existência de um objeto físico independentemente da mente (um livro) que dá sentido às suas experiências atuais (e dá sentido a elas, em parte, porque as unifica). Muitas crenças científicas (como a crença nos elétrons e nos quarks) oferecem explicações causais unificantes semelhantes a essa, muito embora essas explicações causais em particular não sejam deterministas, mas probabilísticas.

A inferência da melhor explicação

Boa parte do conhecimento que temos do mundo se baseia na consideração do *poder explicativo* de várias afirmações a respeito de como as coisas são. Muitas vezes ocorre de nos sentirmos justificados para aceitar uma determinada crença pelo fato de essa crença oferecer a melhor explicação disponível para um aspecto da nossa vida ou da nossa experiência que parece merecer uma explicação. Esse tipo de justificação das crenças se chama "inferência da melhor explicação", pois infere ou induz, a partir de alguns dados, uma proposição que proporciona a melhor explicação disponível desses mesmos dados. Chama-se também de "inferência abdutiva". Esse tipo de inferência, que se conclui por uma hipótese explicativa, é especialmente importante nas ciências e se aplica toda vez que concluímos pela existência de uma entidade não observável – as partículas subatômicas, por exemplo – para explicar os resultados observáveis dos experimentos.

A astronomia nos oferece um exemplo clássico de inferência abdutiva. No comecinho do século passado, os astrônomos só conheciam a existência de sete planetas: Mercúrio, Vênus, Terra, Marte, Júpiter, Saturno e Urano. Observaram que a órbita de Urano não era exatamente a que, pelos seus cálculos, ele deveria descrever. Tinham aí algo que precisava ser explicado. Precisavam explicá-lo, ainda mais, pelo fato de ser algo inesperado. Raciocinaram que, se houvesse para além de Urano um oitavo planeta, ainda não observado, o efeito gravitacional desse planeta sobre Urano poderia explicar as observadas anomalias da órbita deste último. Postularam a existência de um tal planeta e, depois de algum tempo, chegaram por fim a observá-lo, através de potentes telescópios, exatamente no lugar onde esperavam que se encontrasse. O oitavo planeta era Netuno. Esse episódio da história da astronomia nos fornece um exemplo claro de uma (bem-sucedida) inferência da melhor explicação.

No começo deste capítulo, falamos da disputa entre o realismo e o idealismo, levada a cabo por Russell e Moore. O princípio da inferência da melhor explicação pode nos habilitar a resolver essa disputa. Considere, mais uma vez, nossa crença de que os diversos objetos físicos externos existem – objetos como as cadeiras, as mesas e os computadores, por exemplo. Cada um de nós tem uma grande quantidade de experiências visuais, táteis e auditivas (entre outras) desses objetos, experiências diversas mas estáveis. Qual é a melhor explicação para essa diversidade de experiências? Nosso explicacionismo amplo, apresentado no Capítulo 8, propõe que a melhor explicação vem da familiar crença de que os ditos objetos existem realmente, ou seja, existem independentemente da nossa crença na sua existência ou não existência.

Os idealistas que negam a existência objetiva dos objetos comuns em questão terão grande dificuldade para dizer o que, na sua opinião, melhor explica a nossa imensa gama de experiências desses objetos aparentes. Vale notar que não temos indício nenhum de que normalmente "evocamos imagens imaginárias" desses objetos. Por isso estamos autorizados a encarar com suspeita qualquer hipótese explicativa segundo a qual, no nosso estado normal de consciência desperta, não fazemos senão evocar imagens imaginárias. Não se trata aqui de refutar o idealismo, mas sim de lançar sobre as costas dos idealistas o pesado fardo de ter de dar uma explicação. Na nossa opinião, o realismo, ou a idéia de que os objetos físicos realmente existem, é o melhor meio de nos desincumbir desse fardo. É o melhor meio porque fornece a explicação que mais corresponde às nossas diversas experiências perceptivas. Na opinião de muitos filósofos, a estratégia da inferência da melhor explicação pode resolver os problemas filosóficos da existência de outras mentes, do conhecimento histórico, das entidades científicas não observáveis e do conhecimento por indução, entre outros.

Um dos problemas da inferência da melhor explicação é que as nossas *intuições* acerca de qual deve ser considerada a melhor explicação variam muito. É possível que as intuições sejam dependentes das teorias, na medida em que podem ser moldadas pelas nossas crenças prévias a respeito da natureza do universo e, em específico, acerca da natureza da causalidade. Nossos juízos sobre a explicação serão determinados pelas nossas crenças acerca dos agentes causais existentes no mundo, das espécies de interações causais que podem existir, etc. Por exemplo: a pessoa que acredita em certos casos de explicação teleológica será capaz de aceitar inferências explicativas que não serão aceitas por quem não aceita a explicação teleológica. (A explicação teleológica procede pela citação de objetivos ou finalidades.) Haverá também diferenças significativas entre as pessoas que aceitam as relações causais probabilísticas e as que só aceitam as deterministas.

Se a explicação de fato é tão importante para o conhecimento quanto pensamos, a variabilidade das noções de explicação ameaça introduzir uma perigosa espécie de relatividade nas nossas alegações de conhecimento. Para evitar uma atitude de "vale tudo" em relação ao conhecimento explicativo, temos de encontrar um meio racional para definir com exatidão o que é explicação e o que não é, e, além disso, para descobrir qual é a *melhor* explicação de alguma coisa. Ou seja, precisamos lançar mais luz sobre a natureza da explicação. Até termos em nossas mãos uma teoria das explicações que seja completa e satisfatória, o conhecimento derivado da inferência da melhor explicação será um pouco problemático.

A natureza problemática do conhecimento explicativo não é um defeito menor da nossa epistemologia geral, um defeitozinho que poderemos consertar quando tivermos tempo. Muito pelo contrário, tem uma importância crucial para a epistemologia como um todo, para toda a compreensão do ser humano como um ser *cognoscente*. Isso porque parece que todo o nosso conhecimento depende, de certa maneira, de algumas hipóteses explicativas centrais sobre o mundo e sobre nós mesmos, hipóteses que postulamos e aceitamos. A hipótese explicativa fundamental do naturalismo, por exemplo, vai moldar todas as inferências explicativas que os naturalistas fizerem sobre as características específicas do mundo, inclusive sobre eles mesmos; exercerá profunda influência sobre toda a busca de conhecimento do naturalista. A aceitação de uma hipótese explicativa diversa vai levar toda a busca de conhecimento da pessoa para outra direção. Precisamos de um método racional para decidir entre as diversas hipóteses explicativas fundamentais acerca do mundo – entre, por exemplo, o realismo e o idealismo no que diz respeito aos objetos de percepção.

O problema de decidir racionalmente entre diversas hipóteses explicativas num nível muito básico e metafísico apresenta dificuldades singulares. Amiúde, a racionalidade é determinada por uma visão de mundo fundamental, uma ontologia. A especificação de crenças racionais ou justificadas pressupõe uma estrutura metafísica de base. A dificuldade de justificar os postulados metafísicos fundamentais está em que nós não dispomos de outros postulados, ainda mais fundamentais, pelos quais possamos justificá-los.

Existem algumas restrições largamente aceitas que definem o que seria uma explicação aceitável. A maioria dos filósofos crê que a explicação *ad hoc*, por exemplo, é de modo geral inaceitável. A explicação *ad hoc* é uma explicação apresentada especificamente para salvar uma certa teoria do descrédito. Alguns adeptos da teoria da Terra plana, por exemplo, postulam a existência de uma conspiração da NASA para explicar as fotos da Terra esférica. De modo igualmente *ad hoc*, alguns médiuns explicam seus fracassos pela interferência da energia negativa dos que neles não acreditam. Se uma explicação proposta não tem nenhuma motivação ou justificação independente, é porque não foi apresentada de modo adequado e, portanto, não deve ser aceita.

Outra das restrições geralmente aceitas é a chamada navalha de Ockham. Trata-se do princípio de que as explicações não devem postular mais entidades do que as *necessárias* para explicar suficientemente os dados disponíveis. Muito embora essas restrições gerais sejam aceitas por muitos, as noções de explicação ainda variam significativamente num nível mais específico.

Para justificar uma profunda hipótese explicativa acerca da natureza do mundo, a melhor coisa que se pode postular é um conjunto de valores intelectuais fundamentais, com destaque para o duplo valor fundamental de buscar verdades explicativas significativas e evitar o erro. Caso se embuta a objetividade na *definição* de "verdade" (ver o Capítulo 4), esses mesmos valores vão aplicar-se também a restrições objetivas mais específicas sobre o que é uma explicação e qual explicação é a melhor. Quando obtemos por inferência uma hipótese explicativa, não buscamos somente uma explicação elegante, cujas conseqüências empíricas poderiam ser as mais variadas possíveis. Se o nosso único objetivo fosse o de contar uma boa história dotada de algum caráter explicativo, ver-nos-íamos às voltas com os diversos problemas do relativismo.

O objetivo intelectual de se obter uma história explicativa é equilibrado pelo objetivo de conhecer a verdade e evitar o erro. A menos que nossa *definição* de verdade seja relativista, podemos obstar assim uma atitude de "vale tudo" em relação à explicação e à inferência abdutiva: exigindo que a inferência abdutiva leve a verdades significativas. Em específico, nossas teorias explicativas precisam corresponder aos *dados* conhecidos, e a mera crença numa afirmação não pode ser considerada um dado. A experiência da percepção, por exemplo, tem de corroborar nossas teorias empíricas, e essa experiência não é mera matéria de crença: afinal de contas, vem da *percepção*. As experiências que temos dos objetos físicos aparentes, por exemplo, não é uma simples crença. Como notamos no Capítulo 5, essas experiências muitas vezes surgem *antes* de formarmos crenças a respeito delas. Já vimos também que essa consideração faz parte da objeção do isolamento às teorias coerentistas da justificação. Nossas experiências perceptivas precisam ser explicadas, e elas mesmas impõem restrições bem definidas às proposições que podem aspirar à justificação epistêmica por fornecer a melhor explicação dos dados em questão.

Certos filósofos têm idéias diferentes a respeito da relação que existe entre a inferência abdutiva e outras formas de inferência indutiva, como a "indução por simples enumeração". Como dissemos no Capítulo 7, a indução por simples enumeração começa com um determinado número de exemplos particulares e faz uma generalização a partir deles. Por exemplo: se você observar reiteradamente seu amigo Fred a estremecer quando ouve as palavras "queimadura de frio", poderá tirar como inferência a afirmação geral de que ele sempre estremece quando ouve "queimadura de frio". Como vimos, isso não basta para explicar seu comportamento, mas alguns filósofos disseram que a inferência da melhor explicação está implícita em toda inferência por enumeração. Segundo esses filósofos, temos de apelar para a explicação a fim de justificar a conclusão a partir das premissas.

Nossa inferência (de que Fred sempre estremece quando ouve as palavras "queimadura de frio") parte do princípio de que Fred não se comporta dessa maneira *somente* quando estamos ao lado dele. Pressupõe que o que observamos é uma amostra *representativa* do comportamento de Fred, e esse pressuposto só pode ser justificado pela alegação de que essa é a melhor explicação possível para o fato de possuirmos as informações que possuímos. Em específico, a inferência enumerativa é baseada na idéia de que uma *regularidade geral* do comportamento de Fred explica melhor o que vimos do que a afirmação de que Fred *só* se comporta dessa maneira quando estamos ao seu lado. Dadas todas as informações de que dispomos, a idéia de que Fred esteja representando um papel na nossa frente é para nós uma hipótese explicativa gratuita e infundada; e a hipótese de que estamos observando casos particulares de um comportamento regular e geral é uma explicação muito mais natural.

Outros filósofos disseram que a inferência abdutiva se reduz à comum indução enumerativa associada a outras formas conhecidas de inferência. Sua alegação é que nós só inferimos uma regularidade geral por trás do comportamento observado por causa de uma generalização indutiva a partir de outros casos, nos quais constatamos que as regularidades observadas são índices de padrões gerais. Várias vezes, no passado, constatamos que, quando observamos um determinado padrão de comportamento em outras pessoas, ele resulta de uma verdadeira regularidade de comportamento e não de um comportamento atípico, que só ocorre em certas circunstâncias. Em outras palavras, segundo essa corrente de pensamento, nossa identificação da melhor explicação para um fenômeno que observamos é determinada por uma simples generalização indutiva a partir de situações semelhantes que vimos no passado.

Evidentemente, a inferência abdutiva é muito próxima de outras formas de inferência indutiva e até mesmo da inferência dedutiva, muito embora não se saiba com certeza se ela pode, ou não, ser reduzida a uma outra forma qualquer de inferência. Mesmo que possa, convém considerá-la como uma forma particular e distinta em virtude da referência explícita que faz à explicação. Muitas inferências há que não fazem apelo algum ao papel da explicação. O estudo da abdução, portanto, sublinha a importância crucial das hipóteses explicativas para o nosso conhecimento do universo – que inclui o conhecimento de nós mesmos e das outras pessoas como sujeitos cognoscentes.

Os explicadores, a compreensão e a autoridade epistemológica

Para obter o conhecimento, não empreendemos uma busca desestruturada de pedaços aleatórios de informação, mas sempre procedemos a uma busca estruturada de verdades *significativas*. Evidentemente, alguns conhecimentos são mais importantes do que outros, em virtude do seu poder explicativo, dos vínculos com outros tipos de conhecimento, da sua utilidade e daquilo que revelam sobre o mundo. Parece-nos que poucas pessoas têm como meta intelectual a memorização de todas as proposições verdadeiras com que deparam e a formação de uma crença justificada em cada uma dessas proposições. Tal meta só seria adequada a quem quisesse concorrer ao campeonato mundial de *Trivial Pursuit**. (Na verdade, os fatos que precisam ser conhecidos pelos jogadores de *Trivial Pursuit* são altamente selecionados quanto ao seu significado cultural e histórico. A busca desestruturada de conhecimento que estamos contemplando aqui só seria adequada a uma versão muito mais trivial de *Trivial Pursuit*.)

Queremos dizer que os conhecedores humanos não são simples acumuladores de fatos, mas, antes de mais nada, são *teorizadores*. Encontram-se indícios disso nos mais antigos registros da história humana. Formamos teorias acerca dos outros seres humanos para entender as fontes da nossa motivação e compreender por que as pessoas agem desta ou daquela maneira. Formamos teorias acerca do mundo natural que nos rodeia para compreender como ele funciona e explicar por que ocorrem os acontecimentos naturais. Há quem prefira salientar uma outra meta importante: a capacidade de prever o futuro e controlar nosso ambiente. No nível prático, talvez seja esse o nosso valor mais básico. Nós nos esforçamos constantemente para controlar o nosso ambiente a fim de sobreviver e prosperar. No nível intelectual, porém, a meta fundamental é a *compreensão*. Como nós, os azande mencionados no Capítulo 7 buscam compreender seu ambiente, muito embora

▼

---

* Jogo de perguntas e respostas muito famoso nos EUA. Caracteriza-se pela manifesta inanidade dos temas abordados. (N. do T.)

suas teorias e métodos sejam diferentes dos nossos. Não há satisfação em se obter o conhecimento que nos habilita a prever o que vai acontecer e controlar o ambiente sem adquirir o conhecimento explicativo que nos permite compreender o ambiente e nós mesmos. Por causa disso, tornamo-nos teorizadores por excelência.

A explicação constitui uma motivação básica não só para a busca do conhecimento como também para seu estudo filosófico, que é por si só a busca de um tipo determinado de conhecimento. A própria epistemologia depende em grande medida de explicações diversas, explicações do ser humano como um *ser cognoscente*. Boa parte dos debates teóricos dessa ciência tratam de qual poderia ser a melhor explicação para algum aspecto da nossa natureza epistêmica. Por isso, a epistemologia também está sujeita a um critério mais elevado, a *metaepistemologia*. O modo pelo qual um sujeito toma partido nos debates epistemológicos e compreende o próprio projeto da epistemologia depende em boa medida das opiniões que ele tem sobre a natureza da explicação. Suas atitudes pressupõem um conjunto de valores intelectuais a serviço dos quais ele se dedica à tarefa de buscar o conhecimento.

Conformando-nos ao nosso explicacionismo amplo, propomos que, para resolver o problema da autoridade suprema em matéria de epistemologia, lancemos mão de um certo apego fundamental ao poder explicativo e à coerência explicativa, sempre tomando como referência o total dos indícios e dados disponíveis. Quando se pergunta se a autoridade suprema em matéria de epistemologia deve ser atribuída a um conjunto privilegiado de intuições, como as do "senso comum", por exemplo, ou a alguma teoria privilegiada, tirada da ciência ou da metafísica, por exemplo, devemos buscar a resposta numa reflexão sobre o que nos proporciona, sob o ponto de vista explicativo, a visão de mundo mais amplamente satisfatória. Podemos tolerar um método que, em seus argumentos, às vezes dê mais peso à intuição, às vezes aos juízos meditados, às vezes às grandes virtudes de uma teoria. Podemos tolerá-lo se ele for definido por uma busca constante de alguma meta explicativa mais fundamental. Os problemas levantados pelos céticos, por exemplo, só devem nos incomodar se ameaçarem pôr abaixo uma hipótese explicativa que, de outro modo, seria perfeitamente satisfatória. Se, por outro lado, os céticos se nos afigurarem como excessivamente refratários ao perigo e não chegarem assim a se aproximar da meta de adquirir verdades explicativas, poderemos deixá-los de lado sem preocupação alguma.

Na metaepistemologia, o critério fundamental é a máxima coerência explicativa de nossas teorias em relação a *todos* os dados disponíveis, que incluem os dados da experiência e os juízos ponderados a respeito de casos particulares de conhecimento. Às vezes, o exame de todos os dados disponíveis nos leva a concluir pela impossibilidade de se chegar a uma conclusão razoável, quer afirmativa, quer negativa, a respeito de algum assunto. Nesses casos, recomenda-se a atitude de esperar para ver. Muito embora os juízos ou intuições formados a respeito de casos particulares de conhecimento sejam um pouco relativos, a exigência de explicar os dados da experiência nos manterá afastados de formas condenáveis de relativismo; impedirá que nossas explicações sejam meros contos de fadas e obstará o problema do isolamento que aflige o coerentismo epistêmico, como dissemos no Capítulo 5. É assim que, quando chamamos a atenção para a melhor explicação proporcionada pela crença de que os objetos físicos existem, dissemos que ela é a que melhor explica a imensa gama de nossas *experiências sensoriais*. Essas experiências, como notamos, não são crenças, pois podem surgir antes do surgimento das crenças.

Posto que discordem os filósofos quanto aos dados disponíveis que devem ser levados em conta, a maioria deles concorda em que a *mera* crença não pode ser considerada um dado determinante. Ao que parece, a única relatividade que devemos aceitar é que deriva da relatividade da racionalidade instrumental (ver os Capítulos 7 e 8), a qual resulta da própria variabilidade dos nossos objetivos intelectuais. Trata-se de uma relatividade que a maioria das pessoas é capaz de aceitar – e talvez seja obrigada a aceitar. Mas, ao contrário do que dizem os relativistas, a objetividade do conhecimento e da justificação é garantida, desde que conhecimento e justificação sejam entendidos como espécies naturais; e não vemos motivo algum para não entendê-los como tais.

Segundo o nosso ponto de vista, o explicacionismo amplo pode se justificar como uma explicação. Ou seja, ele é a melhor explicação possível daquilo que buscamos quando fazemos um juízo epistêmico: uma certa espécie de racionalidade instrumental com a dupla finalidade cognitiva de chegar a uma verdade significativa e evitar o erro. Atende, assim, aos seus próprios critérios de justificação, o que é muito mais do que podemos dizer a respeito de outras teorias, como, por exemplo, certas versões radicais do ceticismo. Um dos principais motivos pelos quais usamos a inferência da melhor explicação é que, se não o fizéssemos, não poderíamos alcançar os objetivos explicativos que nos propusemos. Ou seja, não poderíamos chegar a uma suficiente racionalidade instrumental baseada na dupla meta cognitiva de chegar a uma verdade significativa e evitar o erro. Por isso, a metodologia que recomendamos é, como às vezes dizem os filósofos, uma metodologia reflexiva: a diretriz metodológica que favorecemos se aplica a essa mesma diretriz. Não estamos fazendo apelo a um argumento circular em favor da nossa opinião; estamos, antes, chamando a atenção para uma de suas virtudes lógicas.

Por fim, nossas intuições são significativas na epistemologia porque tentamos explicá-las. Nem por isso, porém, são elas dotadas de suprema autoridade em matéria de epistemologia, pois são passíveis de anulação à luz de preocupações teóricas mais amplas. O mesmo se aplica aos juízos ponderados do senso comum. As teorias de fundo a que damos preferência são dotadas de um peso considerável na epistemologia, pois buscamos sempre conservar o poder explicativo e a coerência da nossa visão de mundo. Essas teorias, porém, são falíveis e podem ser prejuízo da razão, vir a ser rejeitadas à luz de objetivos explicativos mais profundos. Essa interação entre as intuições e a teoria, limitada e determinada pelos objetivos explicativos fundamentais, coaduna-se com o explicacionismo amplo que apresentamos e defendemos. Inclui também o processo de formulação de teorias epistemológicas dentro de um *modelo geral de formulação teórica*, modelo esse que postula a abdução como método principal para a aquisição de conhecimento a respeito do universo. Para que seja o que deve ser, a epistemologia tem de ser capaz de abarcar nossos objetivos intelectuais fundamentais. Para o bem ou para o mal, os seres humanos, na qualidade de sujeitos cognoscentes reflexivos, são sempre explicadores – explicadores incorrigíveis.

GLOSSÁRIO

Abdução: A inferência que se faz por indução até chegar-se à melhor explicação (disponível) de um fenômeno; a escolha (e justificação) de uma hipótese pelo fato de oferecer a melhor explicação possível dos dados a serem explicados. (Ver o Capítulo 9.)

Anulabilidade: A característica própria da justificação em virtude da qual ela pode ser anulada ou modificada à luz de dados antes desconhecidos.

Certeza: A certeza pode ser psicológica ou epistêmica. Se psicológica, é uma atitude de plena confiança numa proposição; se epistêmica, é uma imunidade especial, como a infalibilidade ou a indubitabilidade, de que goza uma proposição.

Ceticismo: A idéia epistemológica de que não podemos ter, ou pelo menos não temos de fato, nenhum conhecimento ou crença justificada; o ceticismo pode ser restrito a um determinado domínio do conhecimento ou da justificação, como, por exemplo, o conhecimento de outras mentes, o conhecimento por indução, o conhecimento do passado ou o conhecimento do mundo objetivo. (Ver o Capítulo 8.)

Coerência: Tipo especial de relação de interligação entre proposições, que pode ser uma relação lógica, probabilística ou explicativa. A teoria coerentista da *verdade* define esta última em função da coerência entre todas as proposições de um determinado conjunto. A teoria coerentista da *justificação* define esta última em função da coerência entre todas as proposições de um determinado conjunto.

Coerentismo epistêmico: A idéia de que toda justificação é sistemática ou tem a natureza de uma inferência, em virtude das relações de interligação entre as crenças. (Ver o Capítulo 5.)

Condições do conhecimento: As características essenciais ou elementos da definição do conhecimento, que são a crença, a verdade e a justificação.

Confiabilismo: A idéia, bastante atual, de que a justificação epistêmica das crenças é determinada pela confiabilidade – ou o poder de conduzir à verdade – das fontes das mesmas crenças.

Conhecimento "a posteriori": O conhecimento que depende de uma experiência sensorial ou perceptiva específica. Segundo muitos filósofos, o conhecimento científico é um caso paradigmático de conhecimento *a posteriori*.

Conhecimento "a priori": O conhecimento que não depende de nenhuma experiência sensorial ou perceptiva. Segundo muitos filósofos, o conhecimento matemático é um caso paradigmático de conhecimento *a priori*.

Conhecimento inato: Um conhecimento que nasce com a pessoa, que não foi aprendido; contrapõe-se ao conhecimento adquirido pela experiência. (Ver o Capítulo 6.)

Conhecimento: Segundo a análise tradicional, uma crença verdadeira e justificada; em época mais recente, à luz do problema de Gettier, os epistemólogos propuseram diversas "quartas condições do conhecimento", de um tipo ou de outro. (Ver o Capítulo 5.)

Conteúdo propositivo: A informação representativa, verdadeira ou falsa, indicada por sentenças do tipo "isto é assim" ou "isto é aquilo". As sentenças declarativas expressam proposições, e estas últimas são o objeto das crenças.

Contextualismo epistêmico: A idéia de que a justificação teria dois níveis estruturais na medida em que algumas crenças seriam "contextualmente básicas" – ou seja, seriam naturalmente levadas em conta num determinado contexto de investigação –, e todas as demais crenças justificadas por inferência seriam dependentes dessas crenças básicas. (Ver o Capítulo 5.)

Crença: Estado psicológico de representação relacionado com uma proposição. O indício de que uma pessoa se encontra num estado de crença é uma tendência ou disposição a concordar com uma frase que expresse essa proposição, dentro de certas circunstâncias. (Ver o Capítulo 3.)

Critério, problema do: O problema, proposto pelos céticos, de explicar a relação entre os casos individuais de conhecimento e as diretrizes gerais de identificação dos casos de conhecimento. (Ver o Capítulo 8.)

Dedução: Uma forma de inferência logicamente válida na qual, se as premissas são verdadeiras, a conclusão é necessariamente verdadeira. A dedução não admite, portanto, que de premissas verdadeiras se tire uma conclusão falsa.

Deontológico: Que tem a qualidade de obrigação ou de dever ou que tem uma relação com essas coisas. Na língua portuguesa, o uso do verbo "dever" é tipicamente deontológico, uma vez que implica uma obrigação.

Dogmatismo: A atitude de recusar-se a admitir a real possibilidade de erro nos casos em que essa atitude não tem cabimento; o ato de aferrar-se a uma proposição a qualquer preço, sem dispor de provas suficientemente convincentes para fazê-lo.

Dúvida: A atitude psicológica de negar-se a adotar uma crença ou de suspender o juízo.

Eliminativismo: Uma forma extrema de materialismo que recomenda a pura e simples eliminação de certas terminologias (como, por exemplo, a terminologia mentalista) ou de certas disciplinas (como, por exemplo, a psicologia e a epistemologia tradicionais ou "populares").

Empirismo: A idéia de que a evidência dos sentidos – ou seja, as experiências visuais, auditivas, táteis, olfativas e gustativas – é uma evidência adequada ao verdadeiro conhecimento. (Empirismo *estrito*: a idéia de que *só* a evidência dos sentidos é adequada ao verdadeiro conhecimento.) (Ver o Capítulo 6.)

Epistemologia naturalizada: A idéia de que a epistemologia é de algum modo um ramo das ciências naturais, ou pelo menos depende totalmente delas.

Epistemologia: A teoria do conhecimento ou o estudo filosófico das condições essenciais, das fontes e dos limites do conhecimento.

Explanandum: A coisa (como, por exemplo, o acontecimento, fato ou proposição) que é explicada por uma explicação. A proposição explicativa é chamada *proposição explanante*.

Explicação: Resposta a um determinado tipo de pergunta "por quê", resposta essa que pode dar a compreensão de um determinado fato ou acontecimento. (Ver o Capítulo 9.)

Explicacionismo: A idéia epistemológica de que a justificação epistêmica deve ser compreendida como uma inferência abdutiva, mesmo que essa inferência não seja levada a cabo conscientemente ou mesmo que suas premissas não sejam acessíveis à consciência. (Ver *Abdução* e o Capítulo 8.)

Externalismo: A idéia de que a justificação epistêmica de uma crença não precisa de modo algum ser conscientemente acessível ao crente e de que os fatores justificantes podem localizar-se fora da pessoa que crê.

Falibilismo: A idéia de que a justificação epistêmica de proposições contingentes não é garantia da verdade; uma crença contingente pode ser falsa mesmo que esteja justificada para um determinado crente.

Fundacionalismo epistêmico: A idéia de que a justificação teria dois níveis estruturais na medida em que certos casos de justificação seriam fundamentais, ou seja, independentes de qualquer inferência, e todos os demais casos dependeriam de uma inferência derivada, em última análise, das justificativas fundamentais. (Ver o Capítulo 5.)

Holismo epistêmico: Ver *Coerentismo epistêmico.*

Holismo semântico: A idéia de que o significado de toda sentença depende do(s) significado(s) de outra(s) sentença(s); não deve ser confundido com o holismo ou o coerentismo epistêmicos.

Idealismo: A idéia de que a existência de alguma coisa ou classe de coisas depende do fato de um sujeito ter uma experiência, uma concepção ou uma crença relacionada a essa coisa ou classe de coisas; uma das versões do idealismo, associada à figura de George Berkeley, assevera que "ser é ser percebido".

Indução: A inferência probabilística, não dedutiva; numa inferência indutivamente válida, se as premissas são verdadeiras, a conclusão tem mais probabilidade de ser verdadeira do que de ser falsa. A indução, portanto, permite que uma inferência tenha premissas verdadeiras e uma conclusão falsa, mas exclui a possibilidade de que as premissas sejam verdadeiras e a conclusão seja *provavelmente* falsa. (Ver o Capítulo 6.)

Inferência da melhor explicação: Ver *Abdução.*

Infinitismo epistêmico: A idéia de que as regressões da justificação pela inferência são em número infinito. (Ver o Capítulo 5.)

Intencionalidade: A propriedade de "direcionar-se para algo" que caracteriza as atitudes mentais como as crenças, os desejos e os medos; uma crença *sobre* um determinado objeto ou estado de coisas tem por *intenção* esse objeto ou estado de coisas.

Internalismo: A idéia de que a justificação epistêmica de uma crença tem de ser conscientemente acessível ao sujeito cognoscente, ou de que as condições da justificação têm de ser de algum modo "internas" ao sujeito.

Introspecção: Processo mental pelo qual a pessoa toma consciência de alguns dos conteúdos de sua própria mente.

Intuições: Juízos espontâneos acerca do que é ou do que deve ser; muitos filósofos vêem as intuições como determinantes pré-teóricos do processo de teorização, quer na epistemologia, quer em outras áreas da filosofia.

Justificação epistêmica: A garantia ou evidência que indica – às vezes por probabilidade – a verdade de uma proposição, e que é necessária para o conhecimento propositivo. (Ver o Capítulo 5.)

Justificação pela inferência: A justificação de uma crença a partir de outra crença ou de um conjunto de crenças; a justificação pela inferência pode ser dedutiva ou indutiva. (Ver o Capítulo 5.)

Metafísica: O estudo filosófico da realidade em geral, o que inclui o estudo de todas as espécies de coisas reais; Aristóteles chamou-a de "a ciência do ser *enquanto* ser".

Naturalismo substitutivo: A versão extrema do naturalismo, segundo a qual as ciências naturais detêm o monopólio da explicação de todas as coisas relacionadas com o conhecimento, entre as quais do vocabulário, das afirmações e negações e das disciplinas cognitivas. (Ver o Capítulo 2.)

Naturalismo: A idéia de que as ciências naturais têm uma espécie de prioridade metodológica ou ontológica para explicar como o mundo é; o naturalismo assume, entre outras, as formas de naturalismo redutivo, naturalismo não redutivo e naturalismo eliminativo.

Normativo: Que tem relação com as normas ou critérios de avaliação; as proposições normativas contrapõem-se às meramente descritivas.

Objeção do isolamento: Uma objeção ao coerentismo epistêmico, segundo a qual essa teoria admite que crenças empiricamente justificadas contradigam a totalidade da evidência empírica a que a pessoa tem acesso, ou sejam improváveis dada essa evidência. No conjunto dessa evidência incluímos as experiências anteriores às crenças. (Ver o Capítulo 5.)

Objetividade: A característica comum às coisas cuja existência não depende de serem concebidas ou percebidas, nem de serem objeto de uma crença qualquer.

Ontologia: O estudo filosófico da existência em geral, ou seja, das espécies de coisas existentes.

Positivismo lógico: A opinião defendida pelo Círculo de Viena, segundo a qual a filosofia deve valer-se da lógica moderna (derivada de Frege e Russell), de várias técnicas analíticas e do princípio de verificação para direcionar toda a atividade filosófica para o progresso do conhecimento "científico" baseado na observação, excluindo assim da filosofia toda preocupação com a metafísica. (Ver o Capítulo 6.)

Pragmatismo substitutivo: A idéia contemporânea de que as considerações de utilidade devem substituir a tradicional busca filosófica da verdade objetiva, ou seja, do conhecimento de como o mundo realmente é. (Ver o Capítulo 2.)

Pragmatismo: A idéia de que o significado, a verdade ou o conhecimento dependem de algum modo de considerações práticas ou de considerações relacionadas com os objetivos específicos das pessoas. C. S. Peirce, William James, John Dewey e C. I. Lewis propuseram diferentes versões do pragmatismo.

Princípio de verificação: A idéia de que o sentido de uma proposição constitui o método de verificação da mesma proposição. O princípio foi advogado por Wittgenstein no final da década de 1920, bem como por vários positivistas lógicos associados ao Círculo de Viena fundado por Moritz Schlick.

Problema da regressão: O problema de explicar a natureza da justificação pela inferência, ou seja, da justificação pela qual uma crença se justifica por outra. (Ver o Capítulo 5.)

Problema de Gettier: O problema de encontrar uma outra versão ou uma alternativa para a análise do conhecimento como crença verdadeira e justificada, uma versão ou alternativa que resista aos contra-exemplos propostos ou inspirados por Edmund Gettier. (Ver o Capítulo 5.)

Proposição: O significado expresso por uma sentença declarativa; sentenças formuladas em línguas diversas podem expressar a mesma proposição significativa.

Racionalismo: A idéia de que alguns tipos de conhecimento não dependem dos dados obtidos pelos sentidos. (Racionalismo *estrito*: a idéia de que nenhum conhecimento depende dos dados dos sentidos e de que o conhecimento verdadeiro existe realmente.) (Ver o Capítulo 6.)

Realismo ingênuo: A idéia de que as coisas são exatamente como parecem ser quando apreendidas pelos cinco sentidos.

Realismo: A idéia de que alguma coisa ou classe de coisas existe mas não depende, para existir, do fato de um sujeito cognoscente experimentá-la, concebê-la ou formular uma crença a respeito dela, mesmo que a "coisa" em questão seja um estado mental.

Relativismo: No que diz respeito à verdade, a idéia de que esta pode variar de pessoa para pessoa ou de cultura para cultura devido às diferenças das crenças ou atitudes fundamentais. (Ver o Capítulo 4.)

Subdeterminação: A idéia de que nenhum conjunto de dados pode determinar inequivocamente a verdade ou a superioridade de uma teoria sobre as das teorias concorrentes; sempre haverá mais de uma teoria explicativa para um determinado conjunto de dados.

Transparência da crença: Suposta característica das crenças de tornar seus conteúdos imediatamente acessíveis aos crentes. (Ver o Capítulo 3.)

Triangulação: A justificação de uma crença pela evocação de vários métodos ou fontes de dados. Muitas pessoas julgam que as crenças obtidas por triangulação são em geral mais justificadas do que as que se obtêm por um único método ou de uma única fonte. (Ver o Capítulo 6.)

Verdade analítica: Afirmação cuja verdade se depreende simplesmente do significado dos termos que a compõem. Um exemplo clássico tirado dos livros de referência: "Nenhum solteiro é casado."

Verdade contingente: Uma verdade que não é necessariamente verdadeira; que poderia não ser verdadeira caso o mundo se encontrasse num estado diferente. Por exemplo, a declaração de que você está lendo este glossário é uma verdade contingente, pois você poderia estar fazendo outra coisa.

Verdade necessária: Uma verdade que não poderia ser falsa; segundo muitos filósofos, as verdades da lógica e da matemática são exemplos paradigmáticos de verdades necessárias. A afirmação "se você está lendo este glossário, então está lendo este glossário" não poderia ser falsa, por exemplo.

Verdade sintética: Afirmação que é verdadeira em virtude de outras considerações que não o sentido dos termos que a constituem; as verdades científicas são exemplos paradigmáticos de verdades sintéticas.

BIBLIOGRAFIA

ALSTON, William. "Concepts of Epistemic Justification." *The Monist* 68, 57-89. Nova publicação em Alston 1989, pp. 81-114, 1985.
———. *Epistemic Justification*. Ithaca, N.Y.: Cornell University Press, 1989.
ARMSTRONG, David M. *Belief, Truth, and Knowledge*. Cambridge: Cambridge University Press, 1973.
AUDI, Robert. *The Structure of Justification*. Cambridge: Cambridge University Press, 1993.
BARKOW, Jerome, Cosmides, Leda, e Tooby, John (orgs). *The Adapted Mind*. Oxford: Oxford University Press, 1992.
BEAUMONT, William. edição em facsímile. *Experiments and Observations on the Gastric Juice and the Physiology of Digestion*. Cambridge, Mass.: Harvard University Press, [1833] 1929.
BERKELEY, George. *An Essay Toward a New Theory of Vision*. Londres: Dent, [1709] 1910.
BLANSHARD, Brand. *The Nature of Thought*, vol. 2. Londres: Allen and Unwin, 1939.
———. "Reply to Nicholas Rescher". Em P. A. Schilpp (org.). *The Philosophy of Brand Blanshard*, pp. 589-600. LaSalle, Ill.: Open Court, 1980.
BONJOUR, Lawrence. *The Structure of Empirical Knowledge*. Cambridge, Mass.: Cambridge University Press, 1985.
BOYLE, Robert. *New Experiments Physicomechanical Touching the Spring of the Air and its Effects*. Em Boyle, *The Works*, vol. 1. Organização de Thomas Birch. Hildesheim: Greg Olms Verlagsbuchhandlung, [1660] 1965.

CARNAP, Rudolf. *The Logical Foundations of Probability*. Chicago, University of Chicago Press, 1950.
CHISHOLM, Roderick. *Theory of Knowledge*, 2ª ed. Englewood Cliffs, N.J.: Prentice Hall, 1977.
———. *The Problem of the Criterion*. Milwaukee: Marquette University Press, 1982.
———. *The Theory of Knowledge*, 3ª ed. Englewood Cliffs, N.J.: Prentice Hall, 1989.
CHURCHLAND, Paul. *A Neurocomputational Perspective*. Cambridge, Mass: MIT Press, 1989.
COHEN, L. J. "Can Human Irrationality Be Experimentally Demonstrated?" *Behavioral and Brain Sciences* 4, 317-70, 1981.
———. *The Dialogue of Reason*. Oxford: Oxford University Press, 1986.
CORNMAN, James. *Perception, Common Sense, and Science*. New Haven, Conn.: Yale University Press, 1975.
———. 1980. *Skepticism, Justification, and Explanation*. Dordrecht: Kluwer.
COSMIDES, Leda, e Tooby, John. "Cognitive Adaptations for Social Exchange". Em J. H. Barkow, Leda Cosmides e John Tooby (orgs.). *The Adapted Mind*, pp. 163-228. Nova York: Oxford University Press, 1992.
DAVIDSON, Donald. *Inquiries into Truth and Interpretation*. Oxford: Oxford University Press, 1980.
DENNETT, Daniel. "Three Kinds of Intentionality". Em Dennet, *The Intentional Stance*. Cambridge, Mass.: MIT Press, 1987.
DESCARTES, René. "Letter to Mersenne, 31 December 1940". Em *The Philosophical Writings of Descartes*, vol. 3: *The Correspondence*, pp. 165-66. Tradução de John Cottingham, Anthony Kenny et al. Cambridge: Cambridge University Press, [1640] 1991.
DOUGLAS, Mary. *Edward Evans-Pritchard*. Nova York: Penguin, 1981.
DRETSKE, Fred I. *Knowledge and the Flow of Information*. Cambridge, Mass.: MIT Press, 1981.
EVANS-PRITCHARD, Edward. *Witchcraft, Oracles, and Magic among the Azande*. Oxford: Oxford University Press, 1972.
FIRTH, Roderick. "Lewis on the Given". Em P. A . Schillp, org., *The Philosophy of C. I. Lewis*, pp. 329-50. LaSalle, Ill.: Open Court, 1969.
FISCHOFF, Baruch. "Value Elicitation: Is There Anything in There?" *American Psychologist* 46, 835-47, 1991.
FODOR, Jerry. *The Language of Thought*. Cambridge, Mass.: MIT Press, 1975.
———. *Representations*. Cambridge, Mass: MIT Press, 1981.
———. *Modularity of Mind*. Cambridge, Mass.: MIT Press, 1983.
FOLEY, Richard. *The Theory of Epistemic Rationality*. Cambridge, Mass.: Harvard University Press, 1987.

GARDNER, Howard. *The Mind's New Science*. Nova York: Basic Books, 1987.
GEERTZ, Clifford. *Local Knowledge*. Nova York: Basic Books, 1983.
GETTIER, Edmund. "Is Justified True Belief Knowledge?" *Analysis* 23, 121-23, 1963.
GIGERENZER, Gerd. "How to Make Cognitive Illusions Disappear: Beyond 'Heuristics and Biases'". *European Review of Social Psychology* 2, 83-115, 1991.
GILOVICH, Thomas. *How We Know What Isn't So*. Nova York: Free Press, 1991.
GOLDMAN, Alan. *Empirical Knowledge*. Berkeley, Calif.: University of California Press, 1988.
GOLDMAN, Alvin I. "A Causal Theory of Knowing". *Journal of Philosophy* 64, 357-72, 1967.
———. *Epistemology and Cognition*. Cambridge, Mass.: Harvard University Press, 1986.
———. *Liaisons: Philosophy Meets the Cognitive and Social Sciences*. Cambridge, Mass.: MIT Press, 1992.
GRIGGS, R. A., e Cox, J. R. "The Elusive Thematic-Materials Effect in Wason's Selection Task". *British Journal of Psychology* 73, 407-20, 1982.
HARMAN, Gilbert. *Change in View*. Cambridge, Mass.: MIT Press, 1986.
HELM, Paul. *Belief Policies*. Cambridge: Cambridge University Press, 1994.
HEMPEL, Carl. *Aspects of Scientific Explanation*. Nova York: Free Press, 1965.
HESS. E. H. "The Role of Pupil Size in Communication". Em Rita Atkinson e Richard Atkinson, orgs., *Mind and Behavior*. São Francisco: Freeman, 1980, 1975.
HUME, David. *An Enquiry Concerning Human Understanding*, organização de L. A. Selby-Bigge, 3ª ed. revisada por P. H. Nidditch. Oxford: Clarendon Press, [1748] 1975.
KITCHER, Philip. "The Naturalists Return". *Philosophical Review* 101, 53-114, 1992.
KRIPKE, Saul. *Naming and Necessity*. Cambridge, Mass.: Harvard University Press, 1980.
LEHRER, Keith. *Theory of Knowledge*. Boulder, col.: Westview, 1990.
LEWIS, C. I. *An Analysis of Knowledge and Valuation*. LaSalle, Ill.: Open Court, 1946.
LOFTUS, Elizabeth, e Ketcham, Katherine. *The Myth of Repressed Memory*. Nova York: St. Martin's Press, 1994.
LORD, C. G., Roos, Lee, e Lepper, M. R. "Biased Assimilation and Attitude Polarization: The Effects of Prior Theories on Subsequently Considered Evidence". *Journal of Personality and Social Psychology* 37, 2098-109, 1979.
MALCOLM, Norman. "Moore and Ordinary Language". Em P. A. Schillp, org. *The Philosophy of G. E. Moore*, pp. 345-68. Evanston, Ill.: Northwestern Union Press, 1942.

MEYERS, Robert. *The Likelihood of Knowledge*. Dordrecht: Kluwer, 1988.
MONTAIGNE, Michel de. "Apology for Raimund Sebond". Em *The Essays of Montaigne*. Nova York: Modern Library, [1576] 1933.
MOORE. G. E. "The Nature of Judgement". *Mind*, s.n., 8, 176-93, 1899.
——. "A Defence of Common Sense". Em J. H. Muirhead, org., *Contemporary British Philosophy*, 2ª Série, pp. 193-223. Londres: Allen and Unwin, 1925.
——. "Proof of an External World". *Proceedings of the British Academy* 25, 273-300, 1939.
——. "Certainty". Em Moore, *Philosophical Papers*, pp. 227-51. Londres: Allen and Unwin, 1959, 1941.
MORAWETZ, Thomas. *Wittgenstein and Knowledge*. Amherts, Mass.: University of Massachusetts Press, 1978.
MOSER, Paul K. *Knowledge and Evidence*. Cambridge: Cambridge University Press, 1989.
——. *Philosophy After Objectivity*. Nova York: Oxford University Press, 1993.
NISBETT, Richard, e Ross, Lee. *Human Inference: Strategies and Shortcomings*. Englewood Cliffs, N.J.: Prentice Hall, 1980.
PAP, Arthur. *Semantics and Necessary Truth*. New Haven, Conn.: Yale University Press, 1958.
POLLOCK, John. *Contemporary Theories of Knowledge*. Lanham, Md.: Rowman and Littlefield, 1986.
QUINE, W. V. "Two Dogmas of Empiricism". Em Quine, *From a Logical Point of View*, 2ª ed. Cambridge, Mass.: Harvard University Press, 1961, 1951.
——. "The Language and Scope of Science". Em Quine, *The Ways of Paradox*. Nova York: Random House, 1966, 1954.
——. *Word and Object*. Cambridge, Mass.: MIT Press, 1960.
——. "Epistemology Naturalized". Em Quine, *Ontological Relativity and Other Essays*. Nova York: Columbia University Press, 1969.
——. *Theories and Things*. Cambridge, Mass.: Harvard University Press, 1981.
——. *Pursuit of Truth*. Cambridge, Mass.: Harvard University Press, 1990.
RESCHER, Nicholas. *Cognitive Systematization*. Oxford: Blackwell, 1979.
RORTY, Richard. *Consequences of Pragmatism*. Mineápolis: University of Minnesota Press, 1982.
RUSSELL, Bertrand. *The Problems of Philosophy*. Oxford: Oxford University Press, 1912.
——. *Philosophy*. Londres: Norton, 1927.
——. *An Inquiry into Meaning and Truth*. Londres: Allen and Unwin, 1940.
——. "My Mental Development". Em P. A. Schillp, org., *The Philosophy of Bertrand Russell*, pp. 3-20. Evanston, Ill.: Northwestern Union Press, 1944.

———. *Human Knowledge: Its Scope and Limits*. Nova York: Simon & Schuster, 1948.
———. "Logical Positivism". Em Russell, *Logic and Knowledge*, pp. 367-82. Organização de R. C. Marsh. Londres: Allen and Unwin, 1956, 1950.
———. *My Philosophical Development*. Londres: Allen and Unwin, 1959.
SELLARS, Wilfrid. "Epistemic Principles". Em H.-N. Castañeda, org., *Action, Knowledge, and Reality*, pp. 332-48. Indianápolis: Bobbs-Merrill, 1975.
SEXTUS Empiricus. *Outlines of Pyrrhonism*. Tradução de R. G. Bury. Cambridge, Mass.: Harvard University Press, 1933.
SIMON, Herbert. *Reason in Human Affairs*. Stanford: Stanford University Press, 1983.
SOSA, Ernest. *Knowledge in Perspective*. Cambridge: Cambridge University Press, 1991.
STICH, Stephen. "Belief and Subdoxastic States". *Philosophy of Science* 45, 499-518, 1978.
———. *From Folk Psychology to Cognitive Science: The Case Against Belief*. Cambridge, Mass.: MIT Press, 1983.
———. "Rationality". Em Daniel Osherson e Edward Smith, orgs., *Thinking: An Invitation to Cognitive Science*, vol. 3, pp. 173-96. Cambridge, Mass.: MIT Press, 1990.
STROUD, Barry. *The Significance of Philosophical Skepticism*. Oxford: Oxford University Press, 1984.
TAYLOR, Charles. "Rationality". Em Martin Hollis e Steven Lukes, orgs., *Rationality and Relativism*, pp. 87-105. Oxford: Blackwell, 1982.
TROUT, J. D. *Measuring the Intentional World*. Nova York: Oxford University Press, 1998.
TVERSKY, Amos, e Kahneman, Daniel. 1973. "Availability: A Heuristic for Judging Frequency and Probability". *Cognitive Psychology* 5, 207-32.
———. "Judgement under Uncertainty: Heuristics and Biases". *Science* 185, 1124-31, 1974.
———. "Rational Choice and the Framing of Decisions". Em K. S. Cook e M. Levi, orgs., *The Limits of Rationality*, pp. 60-89. Chicago: University of Chicago Press, 1986.
WASON, Peter, e Johnson-Laird, Philip. *Psychology of Reasoning*. Cambridge, Mass.: Harvard University Press, 1972.
WINCH, Peter. "Understanding a Primitive Society". *American Philosophical Quarterly* 1, 307-24. Nova publicação em B. R. Wilson, org., *Rationality*, pp. 78-111. Nova York: Harper and Row, 1970, 1964.
WITTGENSTEIN, Ludwig. *Philosophical Investigations*, 3ª ed. Tradução de G. E. M. Anscombe. Londres: Macmillan, 1958.
———. *On Certainty*. Oxford: Blackwell, 1969.

PARA SABER MAIS

1. A epistemologia: um primeiro exame

ANTOLOGIAS

Dancy, Jonathan, e Sosa, Ernest (orgs). *A Companion to Epistemology.* Oxford: Blackwell. (Trata-se de uma obra de referência composta de artigos curtos sobre vários temas da epistemologia e inclui uma pequena bibliografia para cada tema.) 1992.

French, P. A., Uehling, T. E., e Wettstein, H. K. (orgs). *Midwest Studies in Philosophy, Vol. V: Studies in Epistemology.* Mineápolis: University of Minnesota Press, 1980.

Moder, Paul K., e vander Nat, Arnold (orgs). *Human Knowledge: Classical and Contemporary Approaches,* 2ª ed. Nova York: Oxford University Press, 1995.

Nagel, Ernest, e Brandt, Richard (orgs). *Meaning and Knowledge: Systematic Readings in Epistemology.* Nova York: Harcourt, Brace, and World, 1965.

OBRAS ESPECÍFICAS

Chisholm, Roderick M. *The Theory of Knowledge,* 3ª ed. Englewood Cliffs, N.J.: Prentice Hall, 1989.

Hill, Thomas. *Contemporary Theories of Knowledge.* Nova York: Macmillan, 1961.

Lehrer, Keith. *Theory of Knowledge.* Boulder, Col.: Westview, 1990.

Russell, Bertrand. *The Problems of Philosophy.* Oxford: Oxford University Press, 1912.

2. Uma explicação do conhecimento

ANTOLOGIAS

Goldman, Alvin I. (org). *Readings in Philosophy and Cognitive Science*. Cambridge, Mass.: MIT Press, 1993.
Kornblith, Hilary (org). *Naturalizing Epistemology*, 2ª ed. Cambridge, Mass.: MIT Press, 1994.
Tomberlin, J. E. (org). *Philosophical Perspectives*. Atascadero, Calif.: Ridgeview, 1988.

OBRAS ESPECÍFICAS

Goldman, Alvin I. *Epistemology and Cognition*. Cambridge, Mass.: Harvard University Press, 1986.
Pollock, John. *Contemporary Theories of Knowledge*. Lanham, Md.: Rowman and Littlefield, 1986.
Quine, W. V. *Pursuit of Truth*. Cambridge, Mass.: Harvard University Press, 1990.
Sosa, Ernest. *Knowledge in Perspective*. Cambridge: Cambridge University Press, 1991.

3. A crença

ANTOLOGIAS

Bogdan, R. J., (org.) *Belief: Form, Content, and Function*. Oxford: Oxford University Press, 1986.
Cassam, Quassim, (org.) *Self-Knowledge*. Oxford: Oxford University Press, 1994.
Greenwood, John D., (org.) *The Future of Folk Psychology*. Cambridge: Cambridge University Press, 1991.
Griffiths, A. P., (org.) *Knowledge and Belief*. Oxford: Oxford University Press, 1967.
Salmon, Nathan, e Soames, Scott, (org.) *Propositions and Attitudes*. Oxford: Oxford University Press, 1988.

OBRAS ESPECÍFICAS

Baker, Lynn Rudder. *Saving Belief*. Princeton: Princeton University Press, 1987.
Cohen, L. J. *An Essay on Belief and Acceptance*. Oxford: Oxford University Press, 1992.
Fodor, Jerry. *Psychosemantics: The Problem of Meaning in the Philosophy of Mind*. Cambridge, Mass.: MIT Press, 1987.
Garfield, Jay L. *Belief in Psychology: A Study in the Ontology of Mind*. Cambridge, Mass.: MIT Press, 1988.

Stich, Stephen. *From Folk Psychology to Cognitive Science: The Case Against Belief.* Cambridge, Mass.: MIT Press, 1983.

4. A verdade

ANTOLOGIAS

Harris, James F., e Severens, Richard H., (orgs.) *Analyticity: Selected Readings.* Chicago: Quadrangle, 1970.
Moore, A. W., (org.) *Meaning and Reference.* Oxford: Oxford University Press, 1993.
Pitcher, George, (org.) *Truth.* Englewood Cliffs, N.J.: Prentice Hall, 1964.

OBRAS ESPECÍFICAS

Alston, William P. *A Realist Conception of Truth.* Ithaca, N.Y.: Cornell University Press, 1996.
Davidson, Donald. *Inquiries into Truth and Interpretation.* Oxford: Oxford University Press, 1984.
Devitt, Michael. *Realism and Truth*, 2a. ed. Oxford: Blackwell, 1991.
Kirkham, Richard L. *Theories of Truth.* Cambridge, Mass.: MIT Press, 1992.
Mackie, J. L. *Truth, Probability, and Paradox.* Oxford: Oxford University Press, 1973.

5. A justificação e além

ANTOLOGIAS

Bender, John W., (org.) *The Current State of the Coherence Theory.* Dordrecht: Kluwer, 1989.
Moser, Paul K., (org.) *Empirical Knowledge*, 2a. ed. Lanham, Md.: Rowman and Littlefield, 1996.
Pappas, George S., (org.) *Justification and Knowledge.* Dordrecht: D. Reidel, 1979.
Pappas, George S., e Swain, Marshall, (orgs.) *Essays on Knowledge and Justification.* Ithaca, N.Y.: Cornell University Press, 1978.

OBRAS ESPECÍFICAS

Alston, William P. *Epistemic Justification.* Ithaca, N.Y.: Cornell University Press, 1989.
Audi, Robert. *The Structure of Justification.* Cambridge: Cambridge University Press, 1993.

BonJour, Lawrence. *The Structure of Empirical Knowledge*. Cambridge, Mass.: Cambridge University Press, 1985.

Chisholm, Roderick M. *The Foundations of Knowing*. Mineápolis: University of Minnesota Press, 1982.

Foley, Richard. *The Theory of Epistemic Rationality*. Cambridge, Mass.: Harvard University Press, 1987.

Goldman, Alvin I. *Liaisons: Philosophy Meets the Cognitive and Social Sciences*. Cambridge, Mass.: MIT Press, 1992.

Moser, Paul K. *Knowledge and Evidence*. Cambridge: Cambridge University Press, 1989.

Sosa, Ernest. *Knowledge in Perspective*. Cambridge: Cambridge University Press, 1991.

6. As fontes do conhecimento

ANTOLOGIAS

Akins, Kathleen, (org.) *Perception*. Nova York: Oxford University Press, 1995.

Antony, Louise, e Witt, Charlotte, orgs. *A Mind of One's Own*. Boulder, col.: Westview, 1993.

Dancy, Jonathan, (org.) *Perceptual Knowledge*. Oxford: Oxford University Press, 1988.

Schmitt, Frederick F., (org.) *Socializing Epistemology: The Social Dimensions of Knowledge*. Lanham, Md.: Rowman and Littlefield, 1994.

Sperber, Dan, Premack, David, e Premack, Ann, orgs. *Causal Cognition: A Multidisciplinary Debate*. Oxford: Oxford University Press, 1995.

Stich, Stephen, (org.) *Innate Ideas*. Berkeley: University of California Press, 1975.

OBRAS ESPECÍFICAS

Carruthers, Peter. *Human Knowledge and Human Nature*. Oxford: Oxford University Press, 1992.

Coady, C. A. J. *Testimony: A Philosophical Study*. Oxford: Oxford University Press, 1992.

Coffa, J. Alberto. *The Semantic Tradition from Kant to Carnap: To the Vienna Station*. Cambridge: Cambridge University Press, 1991.

Cornman, James. *Perception, Common Sense, and Science*. New Haven, Conn.: Yale University Press, 1975.

Dretske, Fred I. *Knowledge and the Flow of Information*. Cambridge, Mass.: MIT Press, 1981.

Elman, Jefrey L., Bates, Elizabeth A., Johnson, Mark H., et al. *Rethinking Innateness*. Cambridge, Mass.: MIT Press, 1996.

Gardner, Howard. *The Mind's New Science: A History of the Cognitive Revolution*. Nova York: Basic Books, 1987.

Goldman, Alvin L. *Epistemology and Cognition*. Cambridge, Mass.: Harvard University Press, 1986.

7. A racionalidade

ANTOLOGIAS

Benn, S. I., e Mortimore, G. W., (orgs.) *Rationality and the Social Sciences*. Londres: Routledge, 1976.

Cook, Karen S., e Levi, Margaret, (orgs.) *The Limits of Rationality*. Chicago: University of Chicago Press, 1990.

Elster, Jon, (org.) *Rational Choice*. Nova York: New York University Press, 1986.

Hollis, Martin, e Lukes, Stephen, orgs. *Rationality and Relativism*. Oxford: Blackwell, 1982.

Kahneman, Daniel, Slovic, Paul, e Tversky, Amos, (orgs.) *Judgement under Uncertainty: Heuristics and Biases*. Cambridge: Cambridge University Press, 1982.

Moser, Paul K., (org.) *Rationality in Action*. Cambridge: Cambridge University Press, 1990.

Wilson, Bryan R., (org.) *Rationality*. Nova York: Harper and Row, 1970.

OBRAS ESPECÍFICAS

Dawes, Robyn M. *Rational Choice in an Uncertain World*. Nova York: Harcourt, Brace, Jovanovich, 1988.

Foley, Richard. *Working Without a Net*. Nova York: Oxford University Press, 1993.

Gilovich, Thomas. *How We Know What Isn't So*. Nova York: Free Press, 1991.

Rescher, Nicholas. *Rationality*. Oxford: Oxford University Press, 1988.

Simon, Herbert. *Reason in Human Affairs*. Stanford: Stanford University Press, 1983.

Stein, Edward. *Without Good Reason: The Rationality Debate in Philosophy and Cognitive Science*. Oxford: Oxford University Press, 1996.

Stich, Stephen. *The Fragmentation of Reason*. Cambridge, Mass.: MIT Press, 1990.

8. O ceticismo

ANTOLOGIAS

Burnyeat, Myles, (org.) *The Skeptical Tradition*. Berkeley: University of California Press, 1983.

Clay, Marjorie, e Lehrer, Keith, (orgs.) *Knowledge and Skepticism*. Boulder, col.: Westview, 1989.

Luper-Foy, Steven, (org.) *The Possibility of Knowledge*. Lanham, Md.: Rowman and Littlefield, 1987.

Roth, Michael, e Ross, Glenn, (orgs.) *Doubting: Contemporary Perspectives on Skepticism*. Dordrecht: Kluwer, 1990.

OBRAS ESPECÍFICAS

Alston, William P. *The Reliability of Sense Perception*. Ithaca, N.Y.: Cornell University Press, 1993.

Amico, Robert P. *The Problem of the Criterion*. Lanham, Md.: Rowman and Littlefield, 1993.

Fogelin, Robert J. *Pyrrhonian Reflections on Knowledge and Justification*. Nova York: Oxford University Press, 1994.

Fumerton, Richard. *Metaepistemology and Skepticism*. Lanham, Md.: Rowman and Littlefield, 1995.

Moser, Paul K. *Philosophy After Objectivity*. Nova York: Oxford University Press, 1993.

Rescher, Nicholas. *Skepticism*. Oxford: Blackwell, 1980.

Strawson, P. F. *The Significance of Philosophical Skepticism*. Oxford: Oxford University Press, 1985.

9. A epistemologia e a explicação

ANTOLOGIAS

Boyd, R., Gasper, P., e Trout, J. D., (orgs.) *The Philosophy of Science*. Cambridge, Mass.: MIT Press/Bradford Books, 1991.

Knowles, Dudley, (org.) *Explanation and its Limits*. Cambridge: Cambridge University Press, 1990.

Ruben, David-Hillel, (org.) *Explanation*. Oxford: Oxford University Press, 1993.

OBRAS ESPECÍFICAS

Garfinkel, Alan. *Forms of Explanation*. New Haven, Conn.: Yale University Press, 1981.

Goldman, Alan. *Empirical Knowledge*. Berkeley, Calif.: University of California Press, 1988.

Harman, Gilbert. *Thought*. Princeton: Princeton University Press, 1973.

Hempel, Carl. *Aspects of Scientific Explanation*. Nova York: Free Press, 1965.

Kitcher, Philip. *The Advancement of Science*. Nova York: Oxford University Press, 1993.

Lipton, Peter. *Inference to the Best Explanation*. Londres: Routledge, 1991.

Lycan, William. G. *Judgement and Justification*. Cambridge: Cambridge University Press, 1988.

Salmon, Wesley. *Four Decades of Scientific Explanation*. Mineápolis: University of Minnesota Press, 1989.

Thagard, Paul. *Computational Philosophy of Science*. Cambridge, Mass.: MIT Press, 1988.

Trout, J. D. *Measuring the Intentional World*. Nova York: Oxford University Press, 1998.

ÍNDICE REMISSIVO

Abdução. *Ver* Inferência da melhor explicação
Abordagem substancialista da racionalidade. *Ver* Racionalidade, intrínseca
Adler, A., 55
Alston, W., 42, 96, 98, 101
Analítica, verdade, 21, 82-3. *Ver também* Distinção entre análise e síntese
"Anéis em O", 27
Annis, D., 103
Anulabilidade. *Ver* Justificação, e anulabilidade
Argumento a partir do erro. *Ver* Ceticismo, e o argumento a partir do erro
Aristóteles, 6, 33, 73, 75, 81, 84, 95, 136, 138, 190, 191
Armstrong, D. M., 48
Astronomia ptolomaica, 86, 122, 190
Atitudes intencionais. *Ver* Atitudes proposicionais
Atitudes propositivas, 48-9, 68
Audi, R., 96, 101

Autoconhecimento, 54
Autocontradição, 36-7, 62
Autojustificação, 97, 188
Azande, 146-7, 161, 200

Bayesianismo, 149-51
Beaumont, W., 120-1
Behaviorismo, 59, 116
Behaviorismo lógico. *Ver* Behaviorismo
Berkeley, G., 54, 116, 185
Blanshard, B., 77, 92
BonJour, L., 92, 100-1
Bosch, 48
Boyle, R., 126
Bradley, F. H., 181, 183
Brentano, F., 187

Carnap, R., 36
Carroll, L., 29
Causalidade, 193, 195-6
Certeza, 9, 13, 96, 171-5. *Ver também* Ceticismo, e certeza

Ceticismo, 8, 11-4, 16-7, 28, 52, 127, 163
  acadêmico, 11
  e certeza, 165 (ver também Certeza)
  e confiabilidade, 169
  e conhecimento, 16, 163-4
  e justificação, 16, 163-4
  e o argumento a partir do erro, 166, 177 (ver também Sonhos, argumento dos)
  e o problema da regressão, 88, 91 (ver também Regressão, problema da)
  e o problema do critério, 166-8
  parcial (restrito), 11, 165
  Pirroniano, 12, 177
  total, 11
Chisholm, R., 41, 96, 103, 167, 172, 187
Chomsky, N., 115, 159
Churchland, P. M., 58
Ciência, 38, 91, 132, 176, 178, 186
Cientificismo. *Ver* Cientificismo substitutivo
Cientificismo substitutivo, 34, 37
Científico, conhecimento, 11, 28, 117
Coerentismo, 91-5
  como teoria da verdade. *Ver* Verdade, teoria da coerência da
  explicativo, 92
  objeção do isolamento ao, 94-5, 201
Cohen, L. J., 159-60
Conceitos, 182
Condições do conhecimento. *Ver* Conhecimento
Confiabilismo, 98
Confirmação. *Ver* Justificação
Confirmação, desvio por. *Ver* Desvio por confirmação

Conhecimento, 17, 29-30, 105. *Ver também* Conhecimento *a posteriori*; Conhecimento *a priori*
  análise tradicional (análise tripartite) do, 17-20, 33, 105-6
  aspecto social do, 128-9
  e confiabilidade (*ver* Confiabilismo)
  e justificação (*ver* Justificação)
  e os exemplos de Gettier (*ver* Gettier, problema de)
  inato, 114 (*ver também* Inatismo conceitual)
  intuitivo (*ver* Intuição)
  pela descrição, 131
  propositivo, 17
  teoria causal do, 105-6
Conhecimento *a posteriori*, 20-4
Conhecimento *a priori*, 20-4, 113
Conhecimento ético, 28-9
Conteúdo propositivo, 49
Contextualismo, 103-5, 189
Contextualização, 153
Contingente, verdade, 22-3, 81
Copérnico, N., 34, 86
Cornman, J., 103
Cosmides, L., e Tooby, J., 155-9
Crença, 18, 47, 119
  atribuição de, 51-2
  como um estado que contém uma informação, 49-50
  como uma disposição, 60
  desculpável, 42
  e concordância, 60
  fundadora (*ver* Fundacionalismo)
  graus de, 49
  implícita, 60
  objetos de, 48-9
Critério, problema do. *Ver* Ceticismo, e o problema do critério

Dados epistêmicos pré-analíticos, 187
Dança da chuva, 42
Davidson, D., 53
Decisões, teoria das, 148
Dedução, 141, 155. *Ver também*
    Justificação dedutiva
Dennett, D., 160
Deontologia. *Ver* Justificação,
    deontológica
Descartes, R., 9, 33, 54, 96, 114, 138,
    166, 172, 185
Desdobramento, 36
Desvio
    por confirmação, 154-5
    por disponibilidade, 152-4
Dewey, J., 80
Disponibilidade, desvio por. *Ver*
    Desvio por disponibilidade
Distinção entre análise e síntese, 21-4,
    82-3
Dogmatismo, 13-4
Domínios de conhecimento, 28, 166
Dretske, F., 94

Efeito da desinformação, 125
Eliminativismo, 59, 61-5
Empirismo, 111, 116, 184
    básico, 112
    conceitual, 112
    lógico (*ver* Positivismo lógico)
Epistêmica, humildade. *Ver*
    Humildade epistêmica
Epistemologia, 6, 171, 181, 201. *Ver*
    também Meta-epistemologia
    naturalizada (*ver* Epistemologia
    naturalizada)
Epistemologia feminista, 7, 130-3
Epistemologia naturalizada, 37, 175
Erro. *Ver* Ceticismo, e o argumento a
    partir do erro

Espécie natural, 31-2, 176
Espinosa, B., 77, 92
Estados qualitativos, 50
Estados que contêm informação. *Ver*
    Crença, como um estado que
    contém uma informação
Estados subdoxásticos, 55-6, 102
Evans-Pritchard, E., 146
Evidência, 18, 35, 85-6, 119, 136,
    198-9, 202
    pela experiência (*ver* Experiência)
    pelo testemunho (*ver* Testemunho)
Evolução, 8, 138
Experiência, 20, 97, 184-5, 202
Explicação, 38-9, 189-203. *Ver*
    também Explicacionismo amplo
Explicacionismo amplo, 37-40,
    176-80, 189-90, 195-6, 201-2
Externalismo, 99, 101

Factualidade, exigência de, 34-5
Falibilismo, 86
Feitiçaria, 145-7, 161
Feldman, R., 107
Fenomenalismo lingüístico, 103
Filosofia da linguagem, 22
Firth, R., 98
Fischoff, B., 155
Fodor, J., 57, 59, 115
Foley, R., 96
Frege, G., 117
Freud, S., 55
Fundacionalismo, 95-103
    modesto, 96, 99, 102
    radical, 96

Garantia. *Ver* Justificação
Gardner, H., 59
Geertz, C., 188

Gettier, E., 106
Gettier, problema de, 105-9, 164
Gigerenzer, G., 160
Gilovich, T., 152, 160
Goldman, Alan, 102
Goldman, Alvin I., 38, 62, 98-9, 105
Griggs, R. A., e Cox, J. R., 158

Harman, G., 92
Hegel, G., 77, 92, 182
Helm, P., 58
Hempel, C., 192
Hess, E. H., 56
Holismo epistêmico, 121. *Ver também* Coerentismo
Hume, D., 116-7, 136, 185
Humildade epistêmica, 13
Husserl, E., 187

Idealismo, 181-2, 194-5
Inatismo conceitual, 112, 115
Incorrigibilidade, 50
Indiana, (hindu), filosofia, 6
Indícios confiáveis, 88, 95, 128-9, 169. *Ver também* Qualidade de conduzir à verdade
Indubitabilidade, 9, 96, 164
Indução, 141, 198. *Ver também* Justificação, indutiva
Infalibilidade, 9, 96, 164
Inferência, justificação pela. *Ver* Justificação, pela inferência
Inferência da melhor explicação, 102, 167, 194, 202-3. *Ver também* Explicação
Infinitismo, 90
Intencionalidade, 48
Internalismo, 101
Introspecção, 55-7

Intuição racional. *Ver* Intuição
Intuição, 122
Intuições, 25, 121, 170, 181, 195, 203
Irracionalidade, 138, 140, 147-8, 151-62
Irrevisabilidade, 164
Isolamento, objeção do. *Ver* Coerentismo, objeção do isolamento ao

James, W., 80
Jornada nas estrelas, 93
Jung, C. G., 56
Justificação, 17, 80, 85, 118, 137, 187
avaliativa, 42-3 (*ver também* Normatividade)
causal, 105
contextual (*ver* Contextualismo)
dedutiva, 86
deontológica, 41-2
e a obrigação epistêmica (*ver* Obrigação epistêmica)
e anulabilidade, 87, 99, 107
e coerência (*ver* Coerentismo)
e confiabilidade (*ver* Confiabilismo)
e o infinitismo epistêmico (*ver* Infinitismo)
e explicação, 93, 102, 127 (*ver também* Explicacionismo amplo)
e falibilidade (*ver* Falibilismo)
fundadora (*ver* Fundacionalismo)
indutiva, 86
não-inferencial, 96, 99-100 (*ver também* Fundacionalismo)
pela inferência, 87, 96 (*ver também* Regressão, problema da)
regressão infinita da (*ver* Infinitismo; Regressão, problema da)
ter e demonstrar, 97

ÍNDICE REMISSIVO | 231

Kant, I., 24, 32-3, 54, 85, 136, 182
Kitcher, P. S., 39
Kripke, S., 23

Lehrer, K., 92, 107
Leibniz, G., 185
Lewis, C. I., 96-9
Linguagem comum, 31, 122, 189
Linguagem do pensamento, 115
Locke, J., 33, 116, 185
Loftus, E., e Ketcham, K., 124
Lord, C. G., Ross, L., e Lepper, M. R., 154

Malcolm, N., 189
Mastins, 48-9
Matemático, conhecimento, 11, 28-30, 164
McKinley, W., 51, 123
McTaggart, J., 181
Memória, 24, 123-5, 152
Meta-epistemologia, 202. *Ver também* Epistemologia
Metafísico, conhecimento, 118
Metodismo, 168
Metro-padrão, 32
Meyers, R., 96
Montaigne, M. de, 166
Moore, G. E., 171-5, 179, 181-6, 195
Morawetz, T., 103

Não-inferencial, justificação. *Ver* Justificação, não-inferencial
Naturalismo, 33, 39-40, 98, 176, 196
Naturalismo substitutivo, 34, 37, 176. *Ver também* Epistemologia naturalizada
Navalha de Ockham, 197
Necessária, verdade, 23, 81
Nisbett, R., e Ross, L., 154, 160

Normatividade, 41-5, 139, 150, 178
Notas de um dólar, 71

Obrigação epistêmica, 42
ocorrente, 50-1
como representação, 48, 51
teórica, 119
transparência da, 54-7

Pap, A., 24
Particularismo, 168, 171
Peirce, C. S., 90
Percepção, 24
Pirro de Élis, 11
Platão, 6, 32-3, 85, 114
Pobreza do estímulo, argumento da, 114
Pollock, J., 96, 108
Popular, psicologia. *Ver* Psicologia, popular
Positivismo. *Ver* Positivismo lógico
Positivismo lógico, 116-7
Pragmatismo substitutivo, 34
Pragmatismo, 33, 80, 170-1. *Ver também* Pragmatismo substitutivo
Presley, E., 76
Princípio de Caridade, 53
Problema da Idade Mínima para Beber, 157, 159
Problema do critério. *Ver* Ceticismo, e o problema do critério
Proposições sintéticas *a priori*, 22-3, 113
Proposicional, conhecimento. *Ver* Conhecimento, proposicional
Proposicional, conteúdo. *Ver* Conteúdo proposicional
Psicologia, 34, 37, 59, 97
cognitiva, 24, 59, 62, 178
popular, 62-3
social, 59, 62

Qualidade de conduzir à verdade, 138, 168-9. *Ver também* Confiabilismo
Quine, W. V., 34, 36, 58, 82, 145, 177

Raciocínio circular, 16, 75, 78, 166-8, 177
Racionalidade, 135-62
   epistêmica e não-epistêmica, 137
   instrumental, 136, 142, 177, 202
   intrínseca, 136-7, 146
   limitada, 149
   prática e teórica, 135-6
   social, 129
Racionalismo, 111, 185
   básico, 112
Razão, 20, 113
Razões, 135. *Ver também* Evidência; Justificação
Realismo, 182, 195-6
Reducionismo, 39
Referência, 76
Regressão, problema da, 88-103
Regressão infinita. *Ver* Regressão, problema da
Reid, T., 172, 187
Relações de idéias, 112
Relativismo, 14-7, 29, 69-73, 78, 139, 198, 202
Rescher, N., 92
Rorty, R., 34
Russell, B., 33, 96, 117, 181-6, 195

Schlick, M., 118
Sellars, W., 92, 100-3
Semelhanças familiares, 30
Senso comum, 121, 171, 183-5, 187. *Ver também* Intuições

Ser humano, a desagradável situação cognitiva do, 170
Sexto Empírico, 167
Simon, H., 149
Sintética, verdade, 21-2, 82, 113. *Ver também* Distinção entre análise e síntese
Snark, 29
Social, psicologia. *Ver* Psicologia, social
Sócrates, 6, 11, 114
Sonhos, argumento dos, 166-7, 174-5. *Ver também* Ceticismo
Sosa, E., 98-9
Stich, S., 51, 56-7, 160
Stroud, B., 170
Subdeterminação, 119-20

Tarski, A., 75
Taxa-base, falácia da, 151-2
Taylor, C., 146
Tese da transparência. *Ver* Crença, transparência da
Testemunho, 24, 122, 128-33
Tomada de decisões
   com certeza, 148-9
   com incerteza, 148-61
   correndo-se um risco, 148-9
Toyotas, 88
Triangulação, 129
Tversky, A., e Kahneman, D., 152-3, 160

Unificação teórica, 125-8
Urantia Book, 93

Verdade, 17, 67
   analítica (*ver* Analítica, verdade)
   aproximada, 57-8

como meta cognitiva, 177, 197, 200, 202-3
contingente (*ver* Contingente, verdade)
definição e identificação dos critérios de, 70-2
e justificação, 17, 70-2, 81, 83-4, 86-7 (*ver também* Justificação)
e relações causais, 77
necessária (*ver* Necessária, verdade)
teoria da coerência da, 77-80, 91-2
teoria da correspondência da, 73
teoria pragmática da, 80-1 (*ver também* Pragmatismo)
sintética (*ver* Sintética, verdade)
Verificação, princípio da, 118

Wason, P., e Johnson-Laird, P., 155
Weismann, F., 117
Winch, P., 146
Wittgenstein, L., 31, 103, 117

Zande, crenças. *Ver* Azande